Gerhard Wagner (Hrsg.)

Kraft Gesetz

Gerhard Wagner (Hrsg.)

Kraft Gesetz

Beiträge zur
rechtssoziologischen
Effektivitätsforschung

VS VERLAG

Bibliografische Information der Deutschen Nationalbibliothek
Die Deutsche Nationalbibliothek verzeichnet diese Publikation in der
Deutschen Nationalbibliografie; detaillierte bibliografische Daten sind im Internet über
<http://dnb.d-nb.de> abrufbar.

1. Auflage 2010

Alle Rechte vorbehalten
© VS Verlag für Sozialwissenschaften | Springer Fachmedien Wiesbaden GmbH 2010

Lektorat: Frank Engelhardt

VS Verlag für Sozialwissenschaften ist eine Marke von Springer Fachmedien.
Springer Fachmedien ist Teil der Fachverlagsgruppe Springer Science+Business Media.
www.vs-verlag.de

Umschlaggestaltung: KünkelLopka Medienentwicklung, Heidelberg
Umschlagbild: Ruben Wagner
Gedruckt auf säurefreiem und chlorfrei gebleichtem Papier
Printed in Germany

ISBN 978-3-531-17645-1

Inhaltsverzeichnis

Vorwort

Die Klärung der „Effektivität" – d. h. der „Wirksamkeit" – von Rechtsnormen gehört zu den zentralen Forschungsproblemen nicht nur der Rechtssoziologie, sondern der Soziologie insgesamt. Denn ebenso wie Konvention ist Recht ein Ordnungsbegriff. Konventionelle und rechtliche Normen bewirken, dass in sozialen Gebilden wie Familie, Organisation und Stadt oder in gesellschaftlichen Bereichen wie Politik, Wirtschaft und Religion, mit denen sich die anderen Bindestrich-Soziologien beschäftigen, die typischen Abläufe sozialen Handelns so ablaufen, wie sie ablaufen sollen bzw. ablaufen müssen. Von einer gewissen Dauerhaftigkeit oder Größe an gibt es nichts Soziales, das nicht konventionell und/oder rechtlich geregelt wäre.

Während es die Soziologie versäumt hat, eine „Konventionssoziologie" einzurichten, ist die Rechtssoziologie seit langem institutionalisiert. Dennoch hat sie bis heute keine hinreichend komplexe einheitliche Theorie formuliert, mit der sich die Wirksamkeit von Rechtsnormen erklären ließe. So konstatierte Thomas Raiser 2007, es gebe kein „allgemein anerkanntes und verwendbares Modell der Faktoren, von denen die Wirksamkeit des Rechts abhängt".[1] 2008 fand denn auch in Luzern eine Tagung statt, die die Frage „Wie wirkt Recht?" zum Thema hatte. Obwohl weitere Erkenntnisse gesammelt wurden, ist, wie die verstreut publizierten Tagungsbeiträge zeigen,[2] deren Integration in eine Theorie nicht gelungen. Dies dürfte nicht zuletzt darauf zurückzuführen sein, dass man sich zu wenig in die Grundlagenforschung hineinbegibt, um auch die im weitesten Sinne philosophischen, wissenschaftstheoretischen und methodologischen Aspekte der Problematik zu berücksichtigen. Diese Lücke möchte der vorliegende Sammelband wenigstens einigermaßen schließen und so einen Beitrag leisten zur Formulierung einer einheitlichen Theorie hinsichtlich der Effektivität von Rechtsnormen.

---

1   Thomas Raiser, *Grundlagen der Rechtssoziologie.* Tübingen: Mohr Siebeck 2007, S. 255.
2   Josef Estermann (Hg.), *Interdisziplinäre Rechtsforschung zwischen Rechtswirksamkeit, Rechtsanalyse und Rechtsgestaltung. Beiträge zum Kongress „Wie wirkt Recht?".* Beckenried: Orlux 2009; Reinhard Kreissl (Hg.), *Citizen by Proxy und Individualrechte. Über das Rechtssubjekt und seine Stellvertreter.* Münster: LIT 2009; *Zeitschrift für Rechtssoziologie* 30, 2009, Heft 1; Michelle Cottier et al. (Hg.), *Wie wirkt Recht? Ausgewählte Beiträge zum ersten gemeinsamen Kongress der deutschsprachigen Rechtssoziologie-Vereinigungen, Luzern 3.-6. September 2008.* Baden-Baden: Nomos 2010.

Der Text von Hubert Rottleuthner und Margret Rottleuthner-Lutter mit dem Titel „Effektivität von Recht: Der Beitrag der Rechtssoziologie" stellt ausgehend von dem vorherrschenden instrumentellen Rechtsverständnis die Frage, welche Wirkungen mit dem Erlass von Gesetzen erzielt werden, inwieweit Gesetze also effektiv und effizient sind. Nach einer Klärung von Grundbegriffen der rechtssoziologischen Effektivitätsforschung (Wirkung, Wirksamkeit, Effizienz, soziale Geltung, Befolgung, Adressaten von Rechtsnormen, Regelungsformen, positive und negative Sanktionen, Nebenwirkungen, Mitnahmeeffekte) werden deren Methoden diskutiert, insbesondere quasiexperimentelle Designs in Form von Zeitreihenanalysen, mit denen das Problem der Kausalität bei der Setzung von Rechtsnormen behandelt werden kann. Schließlich wird das Modell von Karl-Dieter Opp und Andreas Diekmann zur Erklärung der Befolgung von Rechtsnormen vorgestellt und diskutiert.

Karl-Dieter Opp diskutiert in seinem Text „Wann befolgt man Gesetze? Entwicklung und Probleme einer Theorie" die Entwicklung eines 1971 erstmals formulierten theoretischen Modells, das Bedingungen für die Befolgung von Gesetzen angibt. Die Faktoren der ersten Stufe dieser Theorie sind der Grad der Informiertheit über das Gesetz; der Grad, in dem die von Individuen akzeptierten Normen von den Gesetzesnormen abweichen; der Grad der erwarteten negativen Sanktionen bei einer Gesetzesübertretung sowie die subjektive Wahrscheinlichkeit dieser Sanktionen. Danach wird in der Theorie eine Reihe von Variablen zweiter Stufe spezifiziert, die diese unabhängigen Variablen beeinflussen. Der Beitrag befasst sich sodann mit Modifikationen und Problemen der Theorie, die in der Literatur diskutiert wurden. So wurde vorgeschlagen, zusätzliche Sanktionsarten wie die negative Sanktionierung der Befolgung eines Gesetzes sowie die Häufigkeit, mit der Individuen in normrelevante Situationen kommen, einzubeziehen. Es folgt eine detaillierte Meta-Analyse der empirischen Forschung zur Überprüfung der Theorie. Dabei haben sich die erwarteten Wirkungen der normativen Abweichung vom Gesetz, die negative Sanktionierung der Gesetzesbefolgung und die normrelevanten Situationen besonders gut bestätigt. Schließlich werden weitere Probleme der Theorie und Lösungsvorschläge diskutiert und Möglichkeiten für die weitere empirische Forschung skizziert.

Doris Mathilde Lucke geht in ihrem Text „,Unwissenheit schützt vor Strafe nicht.' Wissen und Wirkung im Recht" von einer theoretischen und empirischen Forschungslücke hinsichtlich der Zusammenhänge zwischen dem im Rechtssystem vorhandenen Wissen und der hiermit erzielten Wirkung aus. Demzufolge behandelt ihr zwischen Rechtssoziologie, Wissen(schaft)ssoziologie und Professionsforschung angesiedelter Beitrag ausgewählte Aspekte der Wissensrezeption in juristischen Kontexten. Auf grundlagentheoretischer Ebene, die auch Erkenntnisse aus der sozialwissenschaftlichen Verwendungsforschung einbezieht, werden (Vor-)Überlegungen dazu angestellt, wie Wissen und Nicht-Wissen die Wirksamkeit bzw. Unwirksamkeit von Gesetzen beeinflussen und die Effizienz von Recht insgesamt zu steigern in der Lage sind oder aber diese umgekehrt möglicherweise verringern. Im Angesicht eines grundlegenden Strukturwandels des Wissens, der sich sowohl auf den Umgang mit dem juristischen Fachwissen als auch mit dem außerjuristischen wissenschaftlichen Wissen und dem Alltagswissen der juristischen und wissenschaftlichen Laien auswirkt, wird einerseits die Notwendigkeit neuer Wissenspolitiken des Rechts, besonders im Management von Nicht-Wissen, abgeleitet und andererseits auf die Notwendigkeit einer wissen(schaft)ssoziologisch akzentuierten Neuorientierung der Rechtssoziologie hingewiesen.

Der Text von Stefanie Eifler mit dem Titel „Die Definition der Situation und die Befolgung oder Inanspruchnahme von Gesetzen" bezieht die Frage nach der Effektivität von Recht auf die Analyse der sozialen Bedingungen, unter denen Akteure Rechtsnormen befolgen. Im Mittelpunkt stehen straf- und ordnungsrechtliche Normen, die zum einen eine Wertung bestimmter Formen sozialen Handelns beinhalten und deren Ausführung zum anderen mit negativen Sanktionen belegen. Diese Frage wurde bislang ebenso im Rahmen rechts- wie devianzsoziologischer Theorien behandelt. Während devianzsoziologische Theorien von der Frage ausgehen, unter welchen sozialen Bedingungen Akteure gegen Normen verstoßen, beleuchten die prinzipiell mit der kontrolltheoretischen Tradition der Devianzsoziologie kompatiblen rechtssoziologischen Theorien die Gründe für die Befolgung von Normen. Letztlich lassen sich beide Fragen als zwei Seiten einer Medaille thematisieren, indem man die rechts- und devianzsoziologische Perspektive in den Bezugsrahmen einer allgemeinen Handlungstheorie stellt. Im Unterschied zu bisherigen Theorien der Befolgung von Gesetzen wird dabei die Bedeutung von normrelevanten Situationen bzw. Gelegenheiten herausgestellt, indem die „Definition der Situation" durch die handelnden Akteure explizit in die Analyse einbezogen und von der „Entscheidung" für oder gegen eine Befolgung von Normen analytisch getrennt wird. Dabei werden verschiedene allgemeinsoziologische Perspektiven, die sich mit dem Konzept des „Frames" eben diesem Aspekt der Analyse sozialen Handels widmen, erörtert und auf die Fragestellung des Beitrags bezogen. Ausgehend von Studien der Verfasserin zur situationsbezogenen Analyse kriminellen Handelns in alltäglichen Handlungsvollzügen wird schließlich ein theoretischer Bezugsrahmen entwickelt und im Hinblick auf Möglichkeiten für seine empirische Analyse diskutiert.

Hubert Treiber behandelt in seinem Text „Wie wirkt Recht? Methodische Aspekte bei der Erforschung von Wirkungszusammenhängen" die Frage nach der Wirksamkeit von Recht anhand zweier Fallstudien aus dem Öffentlichen Recht. Zum einen anhand des deutschen Städtebauförderungsgesetzes von 1971, das zwei Sanierungstatbestände (Bausubstanz- und Funktionsschwächesanierung) als formal gleichrangig aufführte, während sich die Kommunen, die einen Förderungsantrag stellten, für die Funktionsschwächesanierung entschieden, die zu Flächenabriss und Neubebauung (für die Bedürfnisse des tertiären Sektors) führte. Dies bedeutete, dass all jene „Ziele", die mit der Bausubstanzsanierung (= Modernisierung) verbunden waren, mit dieser Entscheidung hinfällig wurden (konfligierende Ziele). So ist zu fragen, warum es in der Regel zur Funktionsschwächesanierung kam, obwohl das Gesetz die andere Option als gleichrangig vorsah. Hat der Gesetzgeber möglicherweise sogar durch bestimmte Maßnahmen die Funktionsschwächesanierung ebenfalls favorisiert („gesteuert")? Zum anderen geht es um die Fallstudie zum „Grundstückserwerb durch Ausländer" in der Schweiz, welche zeigt, dass einzelne Kantone die entsprechenden Gesetze des Bundes ganz nach ihren Bedürfnissen handhaben. Wirkung ist hier eine der möglichen Verwirklichungen dessen, was seitens der kantonalen Verwaltungen tatsächlich gewollt war. Selektiver Ineffektivität auf Seiten des Bundes entspricht selektive Effektivität auf Seiten der kantonalen Verwaltungen. Da es sich hier um Aussagen im Sinne von Möglichkeitsurteilen handelt, also um Generalisierungen auf der Basis weniger Fälle, worauf Fritz W. Scharpf unter Hinweis auf Max Weber aufmerksam gemacht hat, ist auf die Wahrscheinlichkeits- bzw. Spielraumtheorie von Johannes von Kries einzugehen. Ausblickend wird noch der Fall angesprochen, dass beim verbreiteten kooperativen Verwaltungsvollzug oftmals Kooperation an die Stelle von Recht tritt, so dass statt Wirkung (von Recht) Verhandlungserfolg gefragt ist, der üblicherweise nach wohlfahrtsökonomischen Kriterien bewertet wird.

Gerhard Wagner geht in seinem Text „Kraft Gesetz: Überlegungen zur Kausalität von Rechtsnormen" von der Beobachtung aus, dass in der Umgangssprache und im juristischen Sprachgebrauch oft von der Kraft von Gesetzen die Rede ist. Der Beitrag zeigt, dass sich dahinter mehr als eine Metapher verbirgt, indem er die klassischen soziologischen Ansätze Emile Durkheims und Max Webers, welche Rechtsnormen als kollektive Vorstellungen konzipieren, an neuere Ansätze der Philosophie des Geistes und der Naturphilosophie anschließt. So lassen sich Rechtsnormen als kollektiv geteilte, funktional-kausale mentale Eigenschaften begreifen, die auf biochemischen und letztlich physikalischen Eigenschaften supervenieren. Dabei zeigt sich nicht nur, dass die Identität der mentalen Eigenschaften mit Konfigurationen von Vorkommnissen fundamentaler physikalischer Eigenschaften die kausale Wirksamkeit von Rechtsnormen gewährleistet, sondern auch, dass Kausalität als eine Kausalität von Kräften zu begreifen ist. Aufgrund dieser Identität haben Rechtsnormen in einem realen Sinne die Kraft, entsprechende Abläufe sozialen Handelns zu bewirken. Damit erweist sich die Floskel der „Gesetzeskraft" als philosophisch begründbare Bezeichnung eines empirischen Sachverhalts, dessen Klärung der rechtssoziologischen Effektivitätsforschung obliegt.

Der Herausgeber dankt den Autorinnen und Autoren für die konstruktive Zusammenarbeit, Frank Engelhardt für seine Bereitschaft, den Band in das VS-Programm aufzunehmen, sowie Mathias Glaß, Peter Gostmann und Claudius Härpfer für Anregungen und Hilfestellungen.

Effektivität von Recht
Der Beitrag der Rechtssoziologie

Hubert Rottleuthner und Margret Rottleuthner-Lutter

In gängigen Vorstellungen, die auch in den Medien präsentiert werden, erscheint Recht als ein Instrument zur Steuerung sozialer Prozesse und zwar vor allem mit Hilfe von Geboten/Verboten, an die negative Sanktionen geknüpft sind für den Fall, dass die Gebote/Verbote nicht befolgt werden. Als effektiv werden solche Rechtsnormen dann angesehen, wenn sie in hohem Maße befolgt werden.[1] Von diesem, wohl vor allem am Strafrecht orientierten „Standard-Modell" von Recht wollen wir uns in vier Schritten entfernen, denn:

1. Gesetze haben nicht nur eine *instrumentelle* Funktion, sondern auch eine expressive, deklarative oder symbolische.
2. Das Recht arbeitet nicht nur mit *negativen* Sanktionen, die an die Verletzung von Geboten/Verboten geknüpft sind.
3. Das Recht besteht nicht nur aus *Geboten/Verboten*, sondern weist eine Fülle verschiedener Regelungsformen auf. So spielen etwa Rechtsnormen eine große Rolle, mit denen Anreize gesetzt werden. Besonders wichtig sind Rechtsnormen, die eine *konstitutive* Funktion haben.
4. Unter *Wirksamkeit* (Effektivität) von Gesetzen sollte verstanden werden, dass die Ziele des Gesetzgebers tatsächlich erreicht werden. Die Wirksamkeit von Gesetzen (in diesem Sinne) bemisst sich nicht nur daran, dass die Normen *befolgt* werden. Es kommt auch darauf an, dass die Befolgung von Gesetzen Wirkungen zeitigt, die erst zielführend sind. Man muss also von einer Kaskade von

---

1   Diese Auffassung findet man auch bei sehr bekannten Rechtstheoretikern, etwa bei Hans Kelsen, Was ist juristischer Positivismus?, in: *Juristenzeitung* 20, 1965, S. 465-469, hier S. 465: „Als Recht wird hier eine normative Ordnung verstanden, die ein bestimmtes menschliches Verhalten dadurch herbeizuführen sucht, daß sie vorschreibt, daß im Falle eines gegenteiligen, des sogenannten rechtswidrigen Verhaltens, des ‚Unrechts', ein Zwangsakt als Unrechtsfolge, als sogenannte Sanktion erfolgen soll. In diesem Sinne ist das Recht eine normative Zwangsordnung." Hans Kelsen, *What is Justice?* Berkeley: University of California Press 1960, S. 268 setzt auch die Effektivität einer Norm mit ihrer Befolgung gleich, wenn er eine Rechtsnorm für gültig erklärt, „if it belongs to a legal order that is by and large efficacious, i.e., if the individuals whose conduct is regulated by the legal order in the main actually do conduct themselves as they should according to the legal order."

Wirkungszusammenhängen ausgehen: Setzung der Norm – Befolgung – Wirkungen der Befolgung (=Zielerreichung?). Problematisch ist der Begriff der Befolgung und in welchem Sinne konstitutive Rechtsnormen effektiv sind.

Im Anschluss daran wird es fünftens um methodische Fragen der Klärung der Effektivität von Recht gehen:

5. Als wirksam werden Gesetze mitunter auch verstanden, wenn sie *kausale* Wirkungen entfalten. Wenn man die Setzung von Rechtsnormen als Ursache ansieht: wie lassen sich dann (kausale) Wirkungen untersuchen? Als eine Möglichkeit wird die Durchführung von „interrupted time-series"-Quasi-Experimenten empfohlen.

1. Gesetze haben nicht nur eine *instrumentelle* Funktion, sondern auch eine expressive, deklarative oder symbolische.

Vorherrschend ist heute sicherlich ein *instrumentelles* Verständnis von Gesetzgebung: Gesetze sind Instrumente zur Erreichung erwünschter oder zur Beseitigung unerwünschter Zustände. In der DDR und anderen realsozialistischen Gesellschaften wurde der Gesetzgebung gar die Funktion zugeschrieben, eine ganze Gesellschaftsformation zu verändern und als „Hebel" zum Aufbau des Sozialismus zu dienen. Ein instrumentelles Verständnis von Gesetzgebung war aber nicht immer das dominante. Wir kennen Zeiten mit Kodifikationen, in denen diese eher als Sammlungen, Dokumentationen dessen dienten, was ohnedies vor allem von den Gerichten praktiziert wurde. In der rechtstheoretischen Tradition wurde lange Zeit ein „*expressives*" Verständnis von Recht, speziell von Gesetzgebung vertreten: Recht galt als „Ausdruck" des Volksgeistes (v. Savigny), der ökonomischen Basis (Marx/Engels[2]), der sozialen Solidarität (Durkheim). Bei Eugen Ehrlich fand das in der Gesellschaft „lebende Recht" schließlich seinen

---

2   Bei ihnen findet die instrumentelle Perspektive Eingang in die Rechtstheorie über den Gedanken der „Rückwirkung" des rechtlichen Überbaus auf die ökonomische Basis. Den realen Ansatzpunkt dafür bildete die Fabrikgesetzgebung in England. Siehe etwa Karl Marx, *Das Kapital*. Erster Band, in: *Marx-Engels-Werke* (MEW), Bd. 23. Berlin: Dietz 1962 [1890], S. 504-505; siehe auch die klassischen Stellen bei Friedrich Engels, Brief an Conrad Schmidt vom 27. Oktober 1890, S. 490-491 in: *Marx-Engels-Werke* (MEW), Bd. 37. Berlin: Dietz 1967 und seinen Brief an Franz Mehring vom 14. Juli 1893, S. 98 in: *Marx-Engels-Werke* (MEW), Bd. 39. Berlin: Dietz 1968.

Ausdruck in den „Rechtssätzen" des staatlichen Gesetzgebers.[3] Das Bundesverfassungsgericht hat in seiner ersten Abtreibungs-Entscheidung einen weiteren Gesichtspunkt hervorgehoben: „Der Effizienz der Regelung im Ganzen darf der Grundrechtsschutz im Einzelnen nicht geopfert werden. Das Gesetz ist nicht nur Instrument zur Steuerung gesellschaftlicher Prozesse nach soziologischen Erkenntnissen und Prognosen, es ist auch bleibender Ausdruck sozialethischer und – ihr folgend – rechtlicher Bewertung menschlicher Handlungen; es soll sagen, was für den Einzelnen Recht und Unrecht ist."[4]

In Gesetzen, wohl speziell des Strafrechts und vielleicht auch in den Grundrechten, kommen demnach fundamentale Wertungen zum Ausdruck – ganz gleich, ob diese Gesetze tatsächlich befolgt werden. Auf jeden Fall sollen die Bürger wissen, dass sie im Fall einer Nichtbefolgung der Norm gegen offiziell deklarierte Wertvorstellungen verstoßen. Man könnte hier von einer *deklarativen* Funktion von Gesetzen sprechen.

Davon wäre wiederum die *symbolische* Funktion von Gesetzgebung und von Politik (die sich meist rechtlicher Mittel bedient) zu unterscheiden. Der Ausdruck „symbolische" Politik oder Gesetzgebung wird meist pejorativ verwendet; es handele sich „nur" um symbolische Politik. Gemeint ist damit, dass der Gesetzgeber – meist populistisch (wiederum ein Negativum) – den Anschein von Aktivität erzeugen will, um ein positiv besetztes Ziel zu erreichen; die gewählten Maßnahmen führen aber tatsächlich nicht zur Zielerreichung – sei es, dass es in den Gesetzen an Verfahrensregeln fehlt, die eine wirksame Durchsetzung der schönen Ziele erlauben,[5] sei es, dass die Maßnahmen nur ganz geringe oder gar kontraproduktive Effekte zeitigen. Das kennt man etwa aus der Gesetzgebung zur Alkohol-Prohibition.[6]

---

3   Allerdings findet sich bei Ehrlich auch schon der Ansatz zu einem instrumentellen Verständnis von staatlichen Rechtsnormen (bei ihm „Rechtssätzen"). Siehe Eugen Ehrlich, *Grundlegung der Soziologie des Rechts.* Berlin: Duncker & Humblot 1967 [1913], S. 164. „Der Rechtssatz ist nicht nur das Ergebnis, er ist auch ein Hebel der gesellschaftlichen Entwicklung, er ist für die Gesellschaft ein Mittel, in ihrem Machtkreise die Dinge nach ihrem Willen zu gestalten. Durch den Rechtssatz erlangt der Mensch eine wenn auch beschränkte Macht über die Tatsachen des Rechts; im Rechtssatz tritt eine gewollte Rechtsordnung der in der Gesellschaft selbsttätig entstandenen Rechtsordnung gegenüber."

4   BVerfG vom 25. Februar 1975, in: *Neue Juristische Wochenschrift* 1975, S. 580.

5   Klassisches Beispiel: das norwegische Hausangestelltengesetz; vgl. Vilhelm Aubert, Einige soziale Funktionen der Gesetzgebung, S. 284-309 in: Ernst E. Hirsch und Manfred Rehbinder (Hg.), *Studien und Materialien zur Rechtssoziologie (Kölner Zeitschrift für Soziologie und Sozialpsychologie,* Sonderbd. 11). Köln, Opladen: Westdeutscher Verlag 1967.

6   Weitere Beispiele: Ein medial aufgeputschter Fall von „Sozialmissbrauch" („Florida-Rolf" 2003 – der Mann lebte bereits seit 24 Jahren in den USA und bezog dort Sozialhilfe aus der BRD) führte zu einer raschen Novelle des SGB XII. Der Anspruch auf Sozialhilfezahlungen ins Ausland betraf damals ca. 1.000 Deutsche; viele kehrten daraufhin zurück; die Sozialämter mussten die Rückreise bezahlen; die Betroffenen hatten dann zu Hause Anspruch auf einen hö-

2. Das Recht arbeitet nicht nur mit *negativen* Sanktionen, die an die Verletzung von Geboten/Verboten geknüpft sind.

Ein Gegenmodell konnte Gulliver auf seiner ersten Reise ins Land Lilliput erleben: „Gemeinhin heißt es zwar, Belohnung und Strafe seien die beiden Angelpunkte, um die sich das gesamte Geschäft des Herrschens drehe, doch konnte ich noch nie beobachten, dass diese Maxime in irgendeiner Nation wirklich in die Tat umgesetzt wird – ausgenommen bei den Lilliputanern. Wer imstande ist, hinreichende Beweise dafür beizubringen, dass er dreiundsiebzig Monde lang getreulich die Gesetze seines Landes befolgte, der hat je nach Stand und Lebensart ein Anrecht auf gewisse Vergünstigungen sowie auf eine entsprechende Summe Geldes aus einem eigens zu diesem Zwecke eingerichteten Fonds. Ferner wird ihm der Titel eines *Snilpall* oder ‚Gesetzestreuen' verliehen, welcher seinem Namen beigefügt wird, aber nicht auf seine Nachkommen übergeht. Und als ich ihnen erzählte, bei uns würden die Gesetze allein mittels Bestrafung durchgesetzt und von Belohnung sei gar keine Rede, da sahen diese Leute darin einen ungeheuren Fehler unserer Politik. Darum ist auch in ihren Gerichtsgebäuden die Göttin der Gerechtigkeit mit sechs Augen dargestellt, zwei vorn, ebenso viele hinten und eines an jeder Seite als Symbol für ihre Umsicht, sowie mit einem Beutel voller Gold in ihrer rechten und einem Schwert, das in der Scheide steckt, in ihrer linken Hand, um anzuzeigen, dass sie geneigt ist, eher zu belohnen als zu strafen."[7]

Es geht also nicht um die Belohnung der Übererfüllung von Pflichten oder eines Plansolls (dafür kann es Orden, Medaillen, Auszeichnungen geben); auch nicht um Vergünstigungen wie Schadensfreiheitsrabatte etwa in der Kraftfahrzeugversicherung bei längerem unfallfreiem Fahren (sie setzt kein unfallfreies Fahren voraus, sondern nur, dass kein Schaden gemeldet wird). Belohnt wird bei den Lilliputanern die bloße Normkonformität, also dass ich in einem bestimmten Zeitraum niemanden ermordet, beraubt, bestohlen, verletzt, beleidigt etc. habe. Warum haben wir nicht ein solches Modell? Es sprechen einige pragmatische und ein prinzipielles Argument dagegen:

---

heren Sozialhilfesatz. – Die „Reichensteuer" – von der SPD unter dem Motto „mehr Steuergerechtigkeit" im Austausch gegen die Erhöhung der Mehrwertsteuer in der Großen Koalition 2005 durchgesetzt – sollte ab Januar 2007 1,3 Mrd. € bringen; realistische Schätzungen gehen von 300 Mio. aus.

7   Jonathan Swift, *Gullivers Reisen*. Übersetzt von Christa Schuenke. Zürich: Manesse 2006 [1726], S. 49 (I, 6).

- Was sollten „hinreichende Beweise" dafür sein, dass man sich rechtsnormkonform verhalten hat? Angesichts einer ungeheuren Dunkelziffer dürfte eher der belohnt werden, der nicht erwischt wird.
- Der Kontrollaufwand dürfte sehr hoch sein.
- Die Kosten eines „Konformitäts-Fonds" dürften kaum zu kalkulieren sein.
- Für besonders Reiche stellt das Modell keinen Anreiz dar; für krankhaft Kriminelle wohl auch nicht.
- Prinzipiell wäre zu argumentieren, dass es moralisch obszön ist, jemanden für etwas Selbstverständliches auch noch zu belohnen, z. B. dafür, nicht gemordet zu haben.[8] – Ein weiteres prinzipielles Argument, das sich bei Thomas von Aquin findet, überzeugt nicht: „Zu belohnen hat [...] jeder das Recht; aber bestrafen darf nur der Anwalt des Gesetzes [ministrus legis], kraft dessen Vollmacht die Strafe verhängt wird. Deswegen wird Belohnen [praemiare] nicht als Tätigkeit des Gesetzes angegeben, sondern nur das Bestrafen [punire]."[9] Auch Eltern haben oder hatten eine Kompetenz zu bestrafen.

Allein, gibt es bei uns nicht doch ein solches Modell, dass konformes Verhalten belohnt wird? In der christlichen Religion verhält es sich wohl so: Es gibt kein Beweis- oder Kontrollproblem, weil Gott alles sieht; die Kostenfrage erübrigt sich angesichts der Unbeschränktheit paradiesischer Belohnungen und wer mit den Geboten Gottes lebt, kann gerechtfertigt werden (wenn man nicht als strenger Lutheraner nur auf die Gnade Gottes vertrauen kann). Aber auch im irdischen Leben finden wir Beispiele für positive Sanktionen bei Normkonformität. Das Zeitungsarchiv gibt folgende Befunde her: „Präsident Suharto hat 38 Beamte der Zentralprovinz von Kalimantan mit der Medaille ,Satya Lencana Karya Setya' ausgezeichnet, weil sie 25 Jahre Dienst geleistet haben, ohne den Interessen des Volkes und des Staates zu schaden."[10] Sowie unter dem Titel „Belohnung statt Bestechung": „Im malaysischen Bundesstaat Pahang sollen Polizisten belohnt werden, die Bestechungsgelder ablehnen. Die Vergütung soll doppelt so hoch wie das angebotene Schmiergeld sein, wenn die für den Korruptionsversuch Verantwortlichen verhaftet werden können. Die Regel gilt für Bestechungsversuche mit Beträgen unter 200 Ringgit (40 €). Über höhere Belohnungen für höhere abgelehnte Zahlungen wird von Fall zu Fall entschieden."[11] In

---

8 Egon Krenz hat bei seinen Auftritten nach seiner Haftentlassung die Grenzsoldaten und Polizisten der DDR gepriesen, weil sie bei der Maueröffnung nicht geschossen hätten; sie hätten dafür gesorgt, dass Sekt statt Blut geflossen sei. Ist das verdienstvoll, gar heldenhaft? Der „Normalfall" wäre dann wohl gewesen, dass sie geschossen hätten ...

9 Thomas von Aquin, *Summa theologica*. STh I-II q. 92, 2,3 resp.

10 *Frankfurter Allgemeine Zeitung* vom 27. November 1991.

11 *Tagesspiegel* vom 3. Februar 2005.

einem baltischen Staat bot jemand den Politikern einige tausend Dollar an, wenn sie beweisen könnten, dass sie nicht korrupt sind.

Ausgehend von der lernpsychologischen Erkenntnis, dass Belohnungen als Verstärker von konformen Einstellungen tauglicher sind als negative Sanktionen, wurden in Berlin ab 2007 an verschiedenen Standorten, vor allem im Umfeld von Schulen, Kindergärten oder Krankenhäusern, „Dialog-Displays" eingerichtet. Wer sich an die Geschwindigkeitsbegrenzung hält, wird mit einem grün leuchtenden „Danke" belohnt. Raser werden mit einem roten „langsam" gemahnt. Geblitzt wird nicht. Ende 2008 gab es acht dieser Displays. Die Zahl der Temposünder habe sich um 43–64 Prozent, die Durchschnittsgeschwindigkeit um 1,8 bis 6 km/h verringert.[12]

Am 5. Oktober 2009 begann an drei Berufsschulen in und um Paris ein Versuch „Geldprämie". Französische Berufsschulrektoren wollen ihre Schüler dazu bringen, regelmäßig am Unterricht teilzunehmen und sich in der Klasse korrekt zu verhalten. Wenn das einer ganzen Klasse ein Jahr lang gelingt, bekommt die Klasse (also nicht ein einzelner Schüler) am Jahresende einen Betrag von bis zu 10.000 €. Damit können dann gemeinsame Projekte finanziert werden wie eine Klassenreise oder Führerscheinstunden für alle. Die Mittel kommen vom „Hochkommissariat für die Jugend", das eigens dafür geschaffen wurde. Eine Rechtfertigung war: Die Kosten von Schulabbrechern kämen der Gesellschaft teurer als die ausgelobten Mittel. Eine kollektive Belohnung stärke auch den Kameradschaftsgeist und die Solidarität in der Klasse.[13]

3. Das Recht besteht nicht nur aus *Geboten/Verboten*, sondern weist eine Fülle verschiedener Regelungsformen auf.

Eine weitere Korrektur am „Standard-Modell" von Recht besteht in der Feststellung, dass Rechtsnormen nicht nur aus Verboten oder Geboten bestehen, sondern dass es eine Fülle weiterer Regelungsformen gibt.[14] Es werden z. B. monetäre *Anreize* geboten, um ein erwünschtes Verhalten zu stimulieren (steuerliche Abzugsmöglichkeiten, Agrarsubventionen, Wohnungsbauprämien, billige Kredite

---

12   *Tagesspiegel* vom 26. Februar 2009.
13   *Frankfurter Allgemeine Zeitung* vom 6. Oktober 2009 („Geldprämien für ein Jahr ohne Schuleschwänzen").
14   Ein Versuch, empirisch, d. h. anhand einer Analyse des Bundesgesetzblattes, zu ermitteln, welche rechtlichen Regelungsformen es tatsächlich gibt, findet sich bei Hubert Rottleuthner, *Einführung in die Rechtssoziologie*. Darmstadt: Wissenschaftliche Buchgesellschaft 1987, S. 52.

für Wärmedämmungsmaßnahmen, Elterngeld etc.[15]). Das EEG (Erneuerbare-Energien-Gesetz von 2000, novelliert 2004, 2008) führte aufgrund der gesetzlich gesicherten langfristigen Renditen[16] zur im Alltag wahrnehmbaren Vermehrung von Solarstrom- und Windkraftanlagen. Mitunter – gerade im Familienbereich – ist nicht klar, ob hier Anreize vorliegen (z. B. für eine höhere Fertilität) oder ob Kompensationen für besondere Belastungen (z. B. für kinderreiche Familien) gezahlt werden. Nur bei dieser Regelungsform durch Anreize taucht das Problem der Mitnahmeeffekte („free rider") auf, d. h. die monetären Anreize werden von Personen in Anspruch genommen, die ohnedies bereit waren, das erwünschte Verhalten zu zeigen. So gaben im Januar 2009 auf die Frage „Welche Rolle spielt beim geplanten Autokauf die sog. Abwrackprämie?" 55% zur Antwort, dass sie sich auch ohne die Abwrackprämie (in Höhe von 2.500 €) ein neues Auto gekauft hätten bzw. davon nicht profitieren konnten. Für 33% war die Abwrackprämie der (ausschlaggebende) Grund (und 12% war die Abwrackprämie nicht bekannt.)[17] Hier liegt ein Problem der *Effizienz*, d. h. des Verhältnisses von Kosten und Nutzen vor: In den Fällen, in denen das Verhalten ohnedies gezeigt worden wäre, wurde vom Staat zu viel gezahlt.

In vielen rechtlichen Bereichen finden sich *Regelungsangebote*, also Normen, von denen man Gebrauch machen kann (aber nicht muss). Der Gesetzgeber stellt Optionen zur Verfügung, die von den Adressaten[18] genutzt werden können; tun sie es nicht, gelten die gesetzlichen Regeln. Das ist etwa im gesamten Bereich so genannter privatautonomer Regelungen der Fall, also im vertraglich vereinbarten Verkehr, bei Ehestandsvereinbarungen oder Testamenten. Neben den „dispositiven", d. h. privatautonom abdingbaren Regelungen gibt es in die-

---

15 Der Fall der Rückkehrprämie für ausländische Arbeitnehmer ist behandelt bei Rottleuthner, *Einführung in die Rechtssoziologie*, S. 64ff. – Zum Elterngeld siehe Hubert Rottleuthner und Margret Rottleuthner-Lutter, Recht und Kausalität, in: Michelle Cottier et al. (Hg.), *Wie wirkt Recht? Ausgewählte Beiträge zum ersten gemeinsamen Kongress der deutschsprachigen Rechtssoziologie-Vereinigungen, Luzern 3.-6. September 2008*. Baden-Baden: Nomos 2010.

16 Die Erwartungen sollten für 20 Jahre kalkulierbar sein. Für 2010 ist allerdings eine Reduzierung der Abnahmetarife vorgesehen, was von der Rechtsdogmatik als „unechte Rückwirkung" angesehen und gerechtfertigt wird. – Dies auch zum Thema der „Erwartungssicherung durch Recht".

17 Siehe *Frankfurter Rundschau* vom 23. Januar 2009. Eine Studie des Instituts für Wirtschaftsforschung Halle (IWH) stellte im Frühjahr 2009 fest, dass drei von vier Autos auch ohne die Prämie gekauft worden wären. Der Finanzminister bezeichnete die Mitnahmeeffekte als gewollt: „Es ging uns darum, dass derjenige, der ein neues Auto will, es jetzt kauft und das Geld nicht erst 2010 ausgibt." Siehe *Tageszeitung* vom 4. Mai 2009.

18 Normadressaten sind freilich nicht nur die Bürger, sondern auch die Mitglieder des Rechtsstabes (Richter, Staatsanwälte, Polizisten etc.). Selbst der Gesetzgeber kann Normadressat sein, z. B. von Entscheidungen des Bundesverfassungsgerichts, denen Gesetzeskraft zukommt (§ 31 BVerfGG).

sem Feld zwingende gesetzliche Normen, die nicht zur privaten Verfügung stehen. Grenzen sind etwa die „guten Sitten" oder der „ordre public".

Weite Bereiche des Privatrechts, des Gesellschafts- und Arbeitsrechts aber auch des Öffentlichen Rechts bestehen aus *konstitutiven Normen*, d. h. aus Normen, durch deren korrekten Gebrauch bestimmte soziale Sachverhalte überhaupt erst zur Existenz gebracht werden. Der realistische und nicht bloß legitimatorische Kern der klassischen Theorien des Gesellschaftsvertrags dürfte darin bestehen, dass allererst durch solche rechtliche Normen eine „Gesellschaft" konstituiert wird. Man kann eine Ehe eingehen, Verträge schließen, dadurch in die Position eines Mieters oder Vermieters gelangen, man kann einen Verein oder eine Aktiengesellschaft gründen, eine Universität kreieren, einen Betriebsrat bilden, ein Parlament mit Abgeordneten in die Welt setzen; durch die Befolgung spezifischer Regeln gelangt man in den Status eines Angestellten, Beamten, Studierenden, Professors, einer Bundeskanzlerin etc. Dies sind alles keine „natürlichen" Gebilde in einem vorgesellschaftlichen „Naturzustand". Gesellschaft ist durch und durch rechtlich konstituiert. Durch die (korrekte) rechtliche Schöpfung solcher „Institutionen" und Positionen werden Rechtsfolgen ausgelöst; mit ihrer Existenz sind Rechte, Pflichten und weitere Optionen (z. B. in ehelichen Beziehungen) verbunden. Dass eine Ehe, ein Vertrag, ein Testament etc. „wirksam" zustande kamen, besagt nichts über irgendwelche kausalen Wirkungen, sondern über Rechtswirkungen, die mit solchen Einrichtungen verbunden sind. Der Begriff der „Wirksamkeit" ist im juristischen Kontext also ein völlig anderer als in einem der rechtssoziologischen Wirksamkeitsforschung. Werden die konstitutiven Normen nicht korrekt angewendet, so können diese Rechtswirkungen eben nicht eintreten; man begeht aber damit kein Unrecht. Wenn bei einer Trauungszeremonie das „Ja" verweigert wird, mag das zu moralischer Empörung und filmreifen Komplikationen führen; die rechtliche Konsequenz ist aber „nur", dass die Ehe nicht wirksam zustande gekommen ist. Bestraft wird niemand.[19] Deshalb ist übrigens die Annahme von Niklas Luhmann unzutreffend, dass das Rechtssystem mit dem Code von Recht/Unrecht arbeite.[20] Mindestens so bedeutsam ist die Grundunterscheidung zwischen rechtlich wirksam/unwirksam.

---

19   Das „Kranzgeld" (als eine Form des zivilrechtlichen Schadensersatzes, nicht der strafrechtlichen Sanktion) wurde in der DDR bereits 1957, in der BRD 1998 abgeschafft.
20   So bei Niklas Luhmann, *Das Recht der Gesellschaft*. Frankfurt am Main: Suhrkamp 1993, S. 165ff.

4. Unter *Wirksamkeit* (Effektivität) von Gesetzen sollte verstanden werden, dass die Ziele des Gesetzgebers tatsächlich erreicht werden.

Im „Standard-Modell", wie wir es etwa bei Kelsen (s. o. Fn. 1) gefunden haben, bemisst sich die Effektivität einer Norm an ihrer *Befolgung*. Als effektiv werden dann Rechtsnormen betrachtet, wenn sie in hohem Maße befolgt und/oder im Übertretungsfall vom Rechtsstab sanktioniert werden. Dies hat Theodor Geiger in seinen Vorstudien zu einer Soziologie des Rechts in Form einer „Wirkungsalternative" festgehalten.[21] Die „Verbindlichkeit" (v) einer Norm (das muss keine Rechtsnorm sein) bemisst sich daran, in welchem Maße die Norm von den Akteuren befolgt und/oder von einer Gruppenöffentlichkeit sanktioniert wird. Die folgenden aus Geigers „Vorstudien" übernommenen Formeln sind nicht als mathematische Gleichungen zu verstehen; mit ihnen kann man nicht „rechnen". Der Bruchstrich in der ersten Formel trennt nicht Zähler von Nenner, sondern hat die umgangssprachliche Bedeutung von „gegenüber" oder „in Richtung von". Die Pfeile beinhalten keine Rechenoperation. Die abkürzende Schreibweise täuscht Präzision nur vor. Wir führen die beiden Formeln hier gleichwohl an, weil sie zum klassischen Bestandteil der rechtssoziologischen Effektivitätsforschung gehören[22].

$$v = s \rightarrow \begin{cases} \rightarrow g \, \dfrac{A}{\div} \\[2mm] \rightarrow \bar{g} \, \dfrac{A_c}{\div} \rightarrow r \, \dfrac{\Omega}{A_c} \end{cases}$$

v: Verbindlichkeit einer Norm
s: normrelevante Situation
g: Gebaren (konform) (Negation: $\bar{g}$)
A: Akteur (gegenüber einer unbestimmten Menge $\div$)
A_c: Akteur abweichend
r: Reaktion, Sanktion
Ω: unbestimmte Gruppenöffentlichkeit (daraus wird dann bei Rechtsnormen der Rechtsstab)

In seinem Effektivitätsquotienten (e)[23] wird dieser Gedanke in eine Form gebracht, die angeblich eine Quantifizierung erlaubt. Den einzelnen Variablen g

---

21   Theodor Geiger, *Vorstudien zu einer Soziologie des Rechts.* Neuwied, Berlin: Luchterhand 1964, S. 70.
22   Siehe etwa Thomas Raiser, *Grundlagen der Rechtssoziologie.* Tübingen: Mohr Siebeck 2007, S. 110ff., 240.
23   Geiger, *Vorstudien zu einer Soziologie des Rechts*, S. 71.

und r wären Zahlenwerte zuzuordnen (hier kursiv; im Fall von r fehlen sie bei Geiger; der Wert ist hier hinzugefügt $= d$)

$$e = (s \rightarrow bg) + [(s \rightarrow c\,\overline{g}\,) \rightarrow d\mathrm{r}]$$

Kritisch lässt sich dazu vermerken:

- Viele Normen lassen sich nicht mit Bezug auf eine s (normrelevante Situation) darstellen; wie häufig war ich heute in der Situation, jemanden (nicht) zu ermorden? Wie häufig habe ich die Geschwindigkeitsbegrenzung übertreten bei einer Fahrt von x nach y während einer Stunde?
- Sollte in der „Wirkungsalternative" die Befolgung durch die Akteure nicht schwerer wiegen als die Reaktion der Gruppenöffentlichkeit oder des Rechtsstabes? In einem Fall hoher Befolgung wäre z. B. e=95 (zu addieren wären wohl nur die Werte für b und d: -80+15):

$$100\mathrm{s} \rightarrow 80\mathrm{g} + 20\,\overline{g}\, \rightarrow 15\mathrm{r}$$

Bei niedriger Befolgung, aber dann hoher Sanktionierung, könnte e stark anwachsen (e=98):

$$100\mathrm{s} \rightarrow 50\mathrm{g} + 50\,\overline{g}\, \rightarrow 48\mathrm{r}$$

- Der Begriff der Befolgung ist doppeldeutig. Man könnte einmal darunter ein Verhalten verstehen, das der Norm entspricht. Ein solches norm-korrespondierendes Verhalten wäre aus der Perspektive eines Beobachters festzustellen. Das wäre Kants „Legalität", die sich nur auf das „Äußere" des Verhaltens bezieht, ohne Beachtung der Motive der Befolgung.[24] – Dagegen vertritt Geiger einen anderen Begriff von Befolgung: „In tatsächlichem Einklang mit der Norm handeln, heißt nicht notwendig: die Norm befolgen."[25] Demnach muss sich der Handelnde der Norm – des Tatbestandes wie der Rechtsfolge – bewusst sein, die er befolgt. Er muss sich „wegen der Norm" konform verhalten.

---

24   Immanuel Kant, Metaphysik der Sitten, S. 203-494 in: *Kants Werke*. Akademie-Textausgabe, Bd. 6. Berlin: de Gruyter 1968 [1797], hier S. 219: „Man nennt die bloße Übereinstimmung oder Nichtübereinstimmung einer Handlung mit dem Gesetze ohne Rücksicht auf die Triebfeder derselben die Legalität (Gesetzmäßigkeit), diejenige aber, in welcher die Idee der Pflicht aus dem Gesetze zugleich die Triebfeder der Handlung ist, die Moralität (Sittlichkeit) derselben." – Allerdings bezieht sich eine rechtliche Betrachtung durchaus auch auf das „Innere" der Handlung, wenn es z. B. um Probleme von Vorsatz, Absicht oder Gutgläubigkeit geht.

25   Geiger, *Vorstudien zu einer Soziologie des Rechts*, S. 87.

Im Fall des Gebrauchs eines Regelungsangebots ist es unabdingbar, dass der Akteur die Gebrauchsnorm kennt; das ist aber bei Geboten/Verboten etwa des Strafrechts nicht der Fall. Hier sollte man unterscheiden zwischen der beobachtbaren Tatsache einer Normkorrespondenz und der eine Erklärung heischenden Frage, warum sich jemand normentsprechend verhält.

• Vor allem aber ist bei Geiger (wie bei Kelsen) zu kritisieren, dass unter „Effektivität" nur die Befolgung (und eventuell die sanktionierende Reaktion) verstanden wird. Wir schlagen statt dessen einen anderen Begriff von Effektivität/Wirksamkeit vor: Eine Rechtsnorm ist effektiv, wenn vermittelt durch ihre Befolgung die Ziele des Gesetzgebers erreicht werden. Bei den meisten Kernnormen des Strafrechts werden die legislativen Ziele schon durch die Befolgung der Norm erreicht; es gibt wohl hinter dem Verbot des Mordes kein weiteres Ziel, das dadurch realisiert werden soll. Sehr häufig ist aber die Befolgung einer Norm nur ein Mittel zur Erreichung der Ziele. Das Ziel des Gesetzgebers im Fall der Regulierung des Straßenverkehrs besteht nicht darin, dass die Gebote/Verbote befolgt werden: dass die Geschwindigkeitsbegrenzungen eingehalten werden; dass man als Fußgänger nicht bei roter Ampel über die Straße geht; dass man den Sicherheitsgurt anlegt und Kindersitze einbaut etc. Dem Gesetzgeber geht es um die Reduzierung der Zahl der Unfälle oder um eine Minderung der Schwere der Unfallfolgen. Bei der Untersuchung der Wirksamkeit können sich wahre Kaskaden ergeben. Ein Beispiel: Es wird ein Werbeverbot in Fußballstadien erlassen – das Verbot wird befolgt – es wird weniger geraucht – die Volksgesundheit bessert sich. (Eine Nebenfolge, die wohl in Kauf genommen wird, ist eine Abnahme des Tabaksteueraufkommens.) Die Kunst der Gesetzgebung besteht darin, Handlungsweisen zu regeln, deren Ausführung oder Unterlassung zu erwünschten Wirkungen führt. Diese erstrebten Wirkungen kann der Gesetzgeber nicht direkt anordnen. Lebt gesund, vermehrt euch, beschleunigt die Gerichtsverfahren, verbessert die Situation auf dem Arbeitsmarkt etc. – es bliebe bei bloßen Appellen. Das hat Max Weber schon sehr klar gesehen: „Daß weniger Kinder zu sterben pflegen, wenn das Fernbleiben der stillenden Mütter von der Arbeit als konventionelle und rechtliche ‚Norm' gilt, ist gewiss Folge des Geltens jener Norm, und wenn sie eine gesatzte Rechtsnorm ist, auch einer der rationalen Zwecke von deren Schöpfern. Aber ‚anordnen' können sie natürlich nur dieses Fernbleiben, nicht jenes Wenigersterben."[26]

Die Abfolge von Normsetzung → Befolgung → Wirkungen der Befolgung (Zielerreichung?) lässt sich gut darstellen an dem Gebot, beim Autofahren einen

---

26 Max Weber, *Rechtssoziologie*. Neuwied, Berlin: Luchterhand 1967, S. 97.

Sicherheitsgurt zu benutzen. Die Gurtanlegepflicht wurde für Fahrer und Beifahrer zum 1. Januar 1976 eingeführt, allerdings ohne eine Sanktion bei Nichtbefolgung.[27] Die Anlegequote stieg mit diesem Zeitpunkt gleichwohl an. Zum 1. August 1984 wurde ein Bußgeld in Höhe von 40,- DM eingeführt, was die Anlegequote auf über 90% schnellen ließ – ein schönes Beispiel gegen Regelungsskeptiker, dass man mit Hilfe von Rechtsnormen durchaus Verhalten steuern kann. Das Ziel des Gesetzgebers war es aber nicht, dass Fahrer und Beifahrer den Gurt anlegen, sondern lag in der Reduzierung der Schwere von Unfallfolgen. Die Frage ist dann, ob durch das Anlegen des Sicherheitsgurtes Verletzungen und Tötungen von Kraftfahrzeuginsassen durch Verkehrsunfälle vermindert werden konnten. Dieser Zusammenhang ist nicht mehr intentional zu beeinflussen (wie der zwischen Normsetzung und Befolgung), sondern liegt im Bereich physikalischer und medizinischer Gesetzmäßigkeiten. Die Effektivitätsforschung kann

Abb. 1: Entwicklung der Gurtanlegequote (1976-2008)[28]

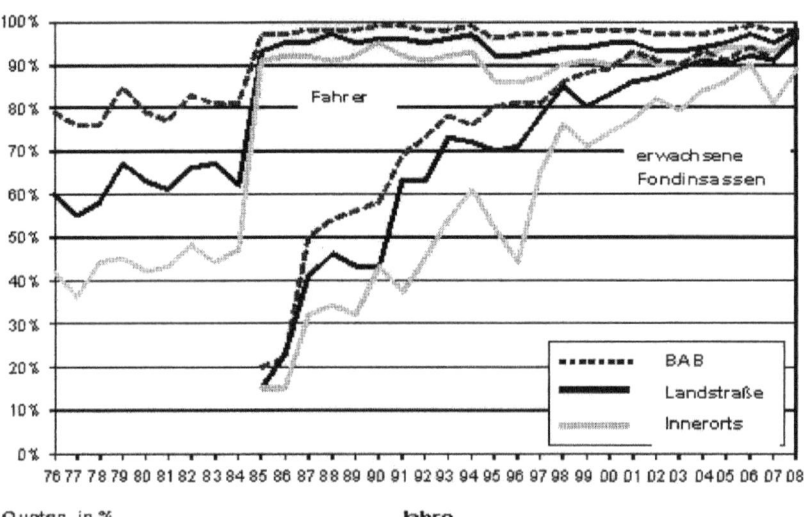

also nicht bei der Messung der Befolgung einer Norm stehen bleiben, sondern muss auch die Wirkungen der Befolgung oder Nicht-Befolgung einer Norm

---

27   Im Kelsenschen Standard-Modell kann man sich dann fragen, ob es sich überhaupt um eine Rechtsnorm handelt.

28   Quelle: BASt-Info 5/09; zu früheren Werten ab 1974 siehe Rottleuthner, *Einführung in die Rechtssoziologie*, S. 60ff.; aktuelle Zahlen veröffentlicht die Bundesanstalt für Straßenwesen.

analysieren. Dieser Doppelschritt ist in diesen beiden Abbildungen dargestellt. Abb. 1 präsentiert die Entwicklung der Gurtanlegequote. Abb. 2 ist fokussiert auf den zeitlichen Ausschnitt ca. 15 Monate vor und nach der Einführung des Bußgeldes zum 1. August 1984 (Pfeil in Abb. 2) mit dem drastischen Anstieg der Anlegequote. Wie hat sich diese Verhaltensänderung auf die Opferzahlen bei Verkehrsunfällen ausgewirkt? Es ist deutlich zu sehen, dass die Zahl der getöteten Fahrer und Beifahrer zurückgegangen ist (die saisonalen Schwankungen sind vor allem auf das Fahraufkommen zurückzuführen; im Winter wird weniger gefahren).

Abb. 2: Zahl der bei Verkehrsunfällen getöteten Fahrer und Beifahrer (1983-1985)

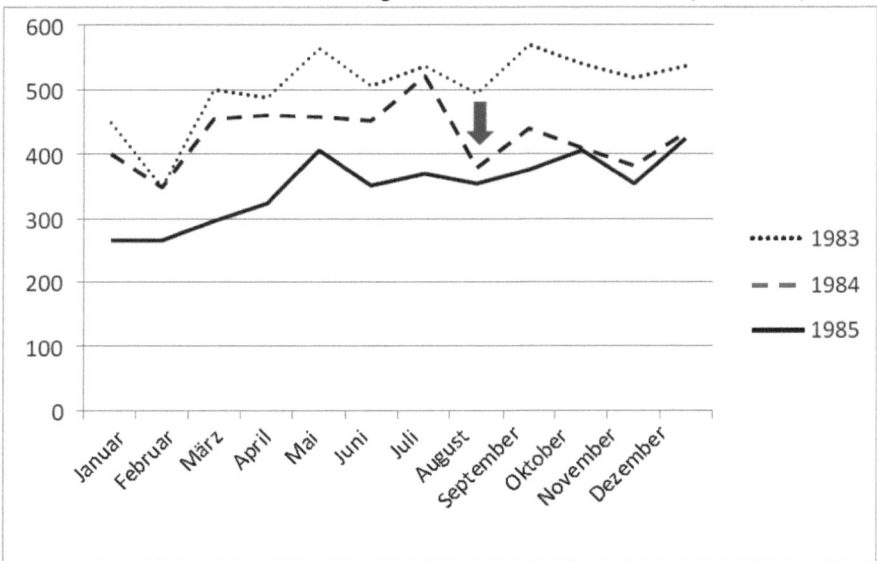

Die folgende Abbildung 3[29] zeigt die Grundstruktur der Rechtswirkungsforschung, in der es sowohl um die Befolgung von Rechtsnormen geht wie um die Wirkungen der Befolgung, die zu den erwünschten Zielen führen können – aber auch zu unerwünschten, beabsichtigten oder unbeabsichtigten, vielleicht auch in Kauf genommenen Nebenwirkungen. Die Beispiele für diverse Nebenwirkungen

---

29 Entnommen aus Hubert Rottleuthner, Wirkungsforschung im Bereich des Verfahrensrechts, S. 43-64 in: Hagen Hof und Gertrud Lübbe-Wolff (Hg.), *Wirkungsforschung zum Recht I. Wirkungen und Erfolgsbedingungen von Gesetzen* (*Interdisziplinäre Studien zu Recht und Staat*, Bd. 10). Baden-Baden: Nomos 1999, hier S. 58.

sind zahlreich: Die Alkohol-Prohibition in den USA (1920-1933) führte zur Verbreitung von Schwarzbrennen mit Gesundheitsschäden und zur Schaffung eines kriminellen Milieus mit Beschaffungskriminalität. Die Einführung einer Zins-Steuer hatte in den 1990er Jahren eine Kapitalflucht ins Ausland zur Folge. Strafrechtliche Verbote im Privatbereich (Rassenschande im NS; Homosexualität [in der BRD bis 1994] u. a.) führten zu Denunziantentum in der Nachbarschaft, zur Nutzung des Polizei- und Justizapparates für private Zwecke. Bei Steigerung der Sozialabgaben wird die Zunahme von Schwarzarbeit prognostiziert. Ein spezielles Problem ergibt sich durch die möglicherweise kontraproduktive Wirkung von Schutzgesetzen: Eine Verstärkung des arbeitsrechtlichen Kündigungsschutzes könnte zu weniger Einstellungen führen. Antidiskriminierungsregeln geben Anlass zu Umgehungsmanövern. § 12 des Allgemeinen Gleichbehandlungsgesetzes (AGG) führte zu einem für viele Anwälte lukrativen Schulungsboom.[30] Bei Erhöhung des Mieterschutzes wird mit geringerem Wohnungsbau gedroht.

Es kann auch weitere Ursachen geben, die neben der Befolgung zur Realisierung der erstrebten Wirkungen beitragen können. So hat die starke Zunahme der Sicherheitsgurtanlegequote nach Einführung eines Bußgeldes im Sommer 1984 zu einer Abnahme der Unfalltoten geführt. Dass in den letzten Jahren die Zahl der Unfalltoten weiter gesunken ist, kann man nicht mehr der Erhöhung der Anlegequote zuschreiben; die blieb konstant auf hohem Niveau. Relevant könnten eine bessere Sicherheitsausrüstung der Kraftwagen und Verbesserungen im Straßenbau gewesen sein, vermutlich auch eine Verbesserung des Rettungswesens und der medizinischen Versorgung nach Straßenverkehrsunfällen.[31]

Für eine rechtssoziologische Wirksamkeitsforschung ergibt sich ein spezielles Problem durch die Unklarheit der legislativen Zielvorgaben. Dem Gesetzgeber mag es um die Beschleunigung oder Vereinfachung von Verfahren gehen: Er will den Arbeitsmarkt beleben, er erlässt ein „Wachstumsbeschleunigungsgesetz", alles Mögliche soll flexibilisiert werden, vom Elterngeld erhofft er sich eine Erhöhung der Fertilität etc. Was genau unter diesen Zielen zu verstehen ist, welche Zustände eingetreten sein müssen, damit von Wirksamkeit im Sinne der Zielerreichung geredet werden könnte, bleibt meist unklar. Als Rechtssoziologe oder Rechtssoziologin kann man dann nur die tatsächlich erreichten Zustände beschreiben und muss es dem Gesetzgeber überlassen, darüber zu befinden, ob er

---

30   Durch geeignete Schulungsmaßnahmen konnte der Arbeitgeber nachweisen, dass er der Pflicht nachgekommen war, die erforderlichen Maßnahmen zum Schutz vor Benachteiligung zu treffen.

31   Auch wenn es makaber klingt: Wenn es durch medizinische Maßnahmen gelingt, den Tod nach einem Unfall über eine – international vereinbarte – Frist von mehr als 30 Tagen nach dem Unfall aufzuschieben, zählt der dann Tote „nur" als schwer verletzt.

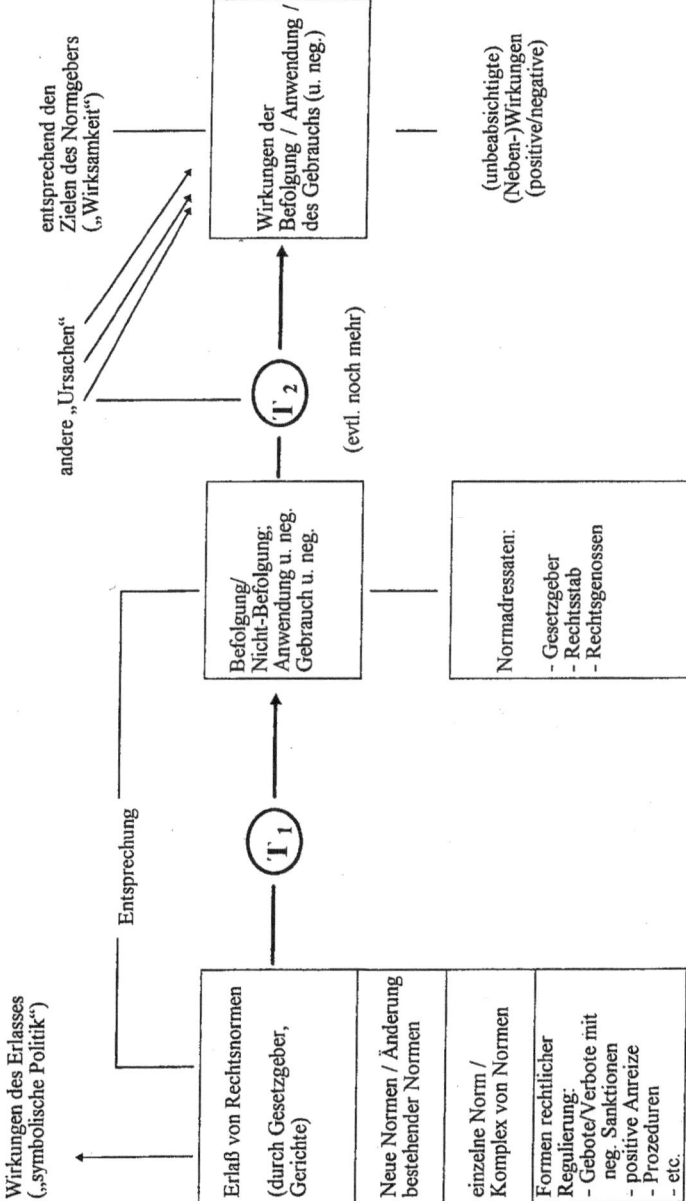

Abb. 3: Allgemeine Struktur der Rechtswirkungsforschung

damit zufrieden ist. Allerdings gibt es auch sehr präzise Ziel-Parameter, etwa was die angestrebte CO_2-Reduktion in den nächsten Jahren, gar Jahrzehnten angeht oder die Zahl der Kita-Plätze, die laut Kinderförderungsgesetz zur Verfügung gestellt werden sollen. Solche präzisen Festlegungen sind stets ein Wagnis für den Gesetzgeber.

Schließlich werfen die oben so betonten konstitutiven Rechtsnormen ein grundsätzliches Problem auf. Was könnten die Ziele des Gesetzgebers sein, wenn er Handlungsmöglichkeiten zur Verfügung stellt, von denen Gebrauch gemacht werden kann, aber nicht muss? Ist das Ziel, dass von diesen Möglichkeiten in möglichst hohem Maße Gebrauch gemacht wird? Das kann es nicht sein. Es geht ja nicht darum, dass möglichst viele Verträge geschlossen, Testamente aufgesetzt, Ehen eingegangen werden. Es genügt, wenn ein Bundesparlament geschaffen wird, das eine Bundeskanzlerin wählt etc. Es geht nicht um Quantitäten, sondern um *die Bereitstellung eines Raumes geordneter Freiheit durch Recht.* Das würde weg von der Rechtssoziologie zur Rechtsphilosophie Kants führen und seiner Bestimmung des Rechts als einer Ordnung der freien Entfaltung der Persönlichkeit, die nur eine Grenze in den Rechten der anderen findet. Wäre ein solcher Zustand in irgendeiner Weise soziologisch operationalisierbar, um feststellen zu können, in welchem Maße er erreicht ist?

Im Abb. 3 ist unterschieden zwischen einer Abfolge von Theorien: T_1 und T_2. Mit Theorien vom Typ T_1 soll die Befolgung von Rechtsnormen erklärt werden; mit Theorien vom Typ T_2 werden Erklärungen über die Wirkungen der Befolgung oder Nichtbefolgung von Rechtsnormen gegeben. Ein Beispiel für T_1 ist das Opp-Diekmann-Modell (Abb. 4).[32] Es geht um die Erklärung der Befolgung von Rechtsnormen, nicht der Wirksamkeit, wenn diese sich erst aufgrund der Wirkungen der Befolgung ergibt. Theorien vom Typus T_2 sind meist solche aus dem Bereich der Medizin, Technik etc., wie man am Beispiel des Gurtanlegens oder auch bei der Befolgung von Rauchverboten und deren Auswirkungen auf den Gesundheitszustand sehen kann.

---

32 Karl-Dieter Opp, *Soziologie im Recht.* Reinbek: Rowohlt 1973, S. 190-218; Andreas Diekmann, *Die Befolgung von Gesetzen. Empirische Untersuchungen zu einer rechtssoziologischen Theorie.* Berlin: Duncker & Humblot 1980. Die Variablen von Opp sind in einer Grafik lokalisiert in Rottleuthner, *Einführung in die Rechtssoziologie,* S. 64. Die Arbeit von Diekmann stellt einen Versuch dar, die Oppsche Theorie empirisch zu überprüfen. Das Fragezeichen an dem Pfeil, der von der Variable „Grad der Informiertheit" ausgeht, ist durch den Hinweis von Diekmann veranlasst, dass Fälle denkbar sind, in denen ein hoher Grad von Informiertheit gerade Voraussetzung für die Missachtung des Gesetzes ist, etwa in Fällen des Subventionsbetrugs.

Abb. 4: Theorie zur Erklärung der Befolgung von Rechtsnormen (Opp-Diekmann-Modell)

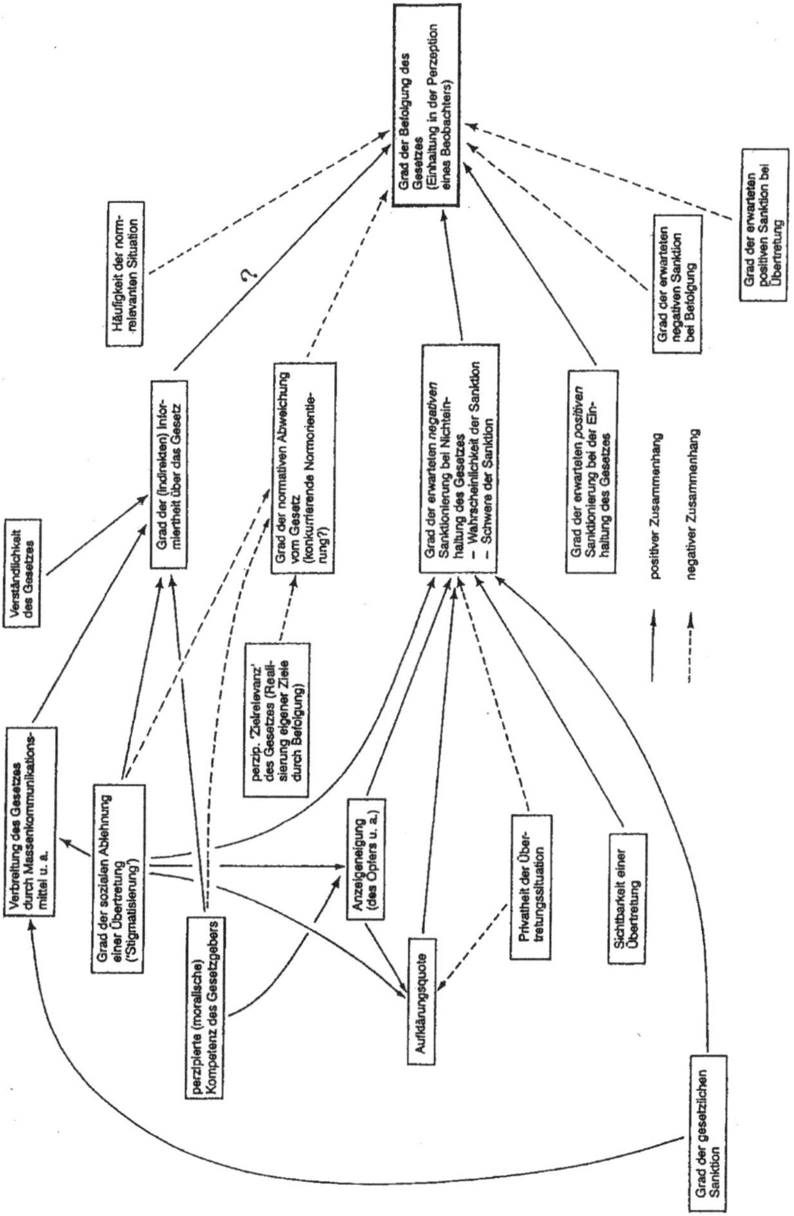

In der Oppschen Theorie wird der Begriff der Befolgung in einem, wenn man so sagen kann, Kantschen Sinne verwendet. Die abhängige Variable bildet das normentsprechende Verhalten, wie es aus der Perspektive eines Beobachters festgestellt werden kann. Mit Hilfe der anderen, unabhängigen Variablen[33] soll der Grad der Befolgung erklärt werden. Dabei geht es um das „Innere" der Handlungen, d. h. um Motive oder Gründe. Ausgangspunkt der vorliegenden Theorie zur Erklärung der Befolgung von Normen ist ein Modell rationalen Handelns. Die erklärenden Variablen beziehen sich meist auf psychische Zustände der Adressaten der Normen (dann ist von „perzipiert" die Rede). Dabei spielen Kosten-Nutzen-Kalküle eine zentrale Rolle, nämlich die subjektive Einschätzung der Wahrscheinlichkeit und Schwere der (positiven oder negativen) Sanktion(en) bei Befolgung oder Nichtbefolgung. Daneben gibt es auch in Form einer „konkurrierenden Normorientierung" ein nicht-konsequentialistisches Element – wie auch die Einschätzung der (moralischen) Kompetenz des Gesetzgebers. Das Modell arbeitet ohne die klassischen soziologischen Variablen zur Erklärung abweichenden Verhaltens wie Schicht, Geschlecht, Alter, ethnischer Hintergrund etc. Die Variablen des Modells sind sozusagen „in den Köpfen" der Akteure repräsentiert. Insofern handelt es sich um einen psychologischen Ansatz. Allerdings – und hier liegt eine Inkonsistenz vor – gibt es auch „objektive" Variablen, über deren Perzeption durch die Akteure nichts gesagt wird: die Verbreitung des Gesetzes in Massenkommunikationsmitteln, der Grad der sozialen Ablehnung (nicht deren Wahrnehmung; die fiele unter die erwartete Sanktion), die Anzeigeneigung des Opfers, die Aufklärungsquote (nicht die subjektive Wahrscheinlichkeit der Entdeckung) und die Höhe der gesetzlichen Sanktion (die nicht mit der subjektiven Einschätzung übereinstimmen muss). Diese „objektiven" Variablen kann man nicht mehr durch Befragung der Akteure feststellen. Die Überprüfung der Theorie wird aufgrund der Mischung von subjektiven und objektiven Variablen stets einen Methoden-Mix voraussetzen, d. h. hier die Verknüpfung von Befragung (der Akteure) und Beobachtung und Inhaltsanalyse (bei den objektiven Variablen). Wollte man auch die abhängige Variable durch Befragung ermitteln, könnte sich das Problem ergeben, dass durch Beobachtung ein abweichendes Verhalten festgestellt wird, der Befragte das aber bestreitet, was in kriminologischen Untersuchungen ja nicht ungewöhnlich wäre.

---

33 Die Theorie ist mit ihren erklärenden Variablen mehrstufig. Es gibt erklärende Variablen 1. Stufe (die Hypothesen-Pfeile führen direkt zur abhängigen Variable „Grad der Befolgung"), die selbst wieder abhängig sind von unabhängigen Variablen 2. Stufe.

5. Methodische Fragen

Als „wirksam" werden Gesetze auch dann bezeichnet, wenn sie in irgendeiner Weise kausal sind, eben „wirken". „Jedoch beweist eine erhebliche Abweichung von den Gesetzesbestimmungen noch keineswegs, daß das Gesetz ohne Einfluss gewesen ist – ebenso wie die Einhaltung der Vorschriften keinen sicheren Beweis für die Wirksamkeit des Gesetzes darstellt."[34] Hier heißt Wirksamkeit wohl, dass die Norm irgendeinen Einfluss auf die Handlungsbestimmung hatte, den man als kausal bezeichnen könnte. Die Setzung einer Rechtsnorm wäre als „Ursache" zu interpretieren für eine Menge von Wirkungen. Zu fragen wäre etwa, ob die Befolgung der Norm als Wirkung ihrer Setzung zu interpretieren ist. Nach unserem Verständnis von Befolgung muss das nicht der Fall sein. Überhaupt scheint das Modell von Ursache und Wirkung für die Analyse der Befolgung von Normen ebenso untauglich zu sein wie das von Befehl und Gehorsam. Gesetze fungieren auch im Opp-Diekmann-Modell eher als Einstellungsobjekte, zu denen man sich verhalten kann, d. h. über die ich mich informieren kann, die in ein Kosten-Nutzen-Kalkül eingehen können oder die ich in prinzipielle moralische Überlegungen aufnehmen kann.[35]

Zur Überprüfung von Kausalhypothesen kann das gesamte Methodenrepertoire zur Anwendung gebracht werden, das zur Kontrolle von Drittvariablen entwickelt wurde.[36] Dabei stellen experimentelle Designs zwar grundsätzlich den Königsweg dar zur Gewährleistung der internen Validität. Im rechtlichen Bereich sind aber Experimente – mit der Aufteilung in Experimental- und Kontrollgruppen – aufgrund des Gleichheitssatzes nicht durchführbar. Man kann die Bevölkerung nicht per Zufallszuweisung (Randomisierung) in zwei Gruppen einteilen und nur der einen die Todesstrafe androhen, um etwas über deren abschreckende Wirkung herauszufinden. Es kommen dann vor allem quasi-experimentelle Designs in Betracht. Unter dem Begriff des Quasi-Experiments führen Donald T. Campbell und Julian C. Stanley[37] Untersuchungsansätze ein, in denen Kontroll- und Experimentalgruppen nicht randomisiert sind. Eine Variante des quasi-experimentellen Designs ist das so genannte *„interrupted time-series"-Quasi-Experiment*. Der Idee nach handelt es sich um einen Vorher-Nachher-Vergleich. Das *interrupted time-series*-Design setzt voraus, dass über einen längeren Zeitraum – sowohl vor als auch nach der zu evaluierenden Maßnahme –

---

34 Aubert, Einige soziale Funktionen der Gesetzgebung, S. 287.
35 Siehe dazu Rottleuthner und Rottleuthner-Lutter, Recht und Kausalität.
36 Siehe ebd.
37 Donald T. Campbell und Julian C. Stanley, Experimental and Quasi-Experimental Designs for Research and Teaching, S. 448–631 in: Nathaniel Lees Gage (Hg.), *Handbook of Research and Teaching*. Chicago: McNally 1963.

Messwiederholungsdaten vorliegen. Die Zeitreihe wird entsprechend untergliedert in eine Präinterventions-Phase und in eine Postinterventions-Phase. Forschungslogisch entspricht die Phase vor der Intervention einer Kontrollgruppe, während die Postinterventions-Phase die Rolle der Experimentalgruppe einnimmt. Die Wirksamkeit einer Intervention zeigt sich daran, dass zwischen den beiden Phasen eine „Unterbrechung" – etwa eine kurz- oder längerfristige Niveauverschiebung – im Zeitreihenverlauf auftritt. Sind nach der Intervention keine Änderungen im Verlauf der Reihe zu bemerken, die über die üblichen Schwankungen in der Präinterventions-Phase hinausgehen, so gilt dies als Indiz für die Wirkungslosigkeit der Intervention. Ein Vergleich der beiden Phasen erlaubt allerdings nicht nur festzustellen, ob eine Unterbrechung erfolgte, sondern gestattet auch einen Einblick in den *Wirkungsverlauf* der Intervention.

Eine entsprechende, sehr umfangreiche Untersuchung haben wir anhand der ZPO-Vereinfachungsnovelle von 1977 durchgeführt.[38] Ziel dieser Novelle war eine Beschleunigung von zivilgerichtlichen Verfahren der ersten Instanz. Den Richtern und Richterinnen stellte das Gesetz mehrere Möglichkeiten zur Gestaltung von Verfahren zur Verfügung – Alternativen, von denen der Gesetzgeber annahm, dass sie zu einer Verkürzung der Verfahrensdauer führen. Von den zahlreichen Zeitreihen, die für unterschiedliche Verfahrenstypen gebildet wurden, präsentieren wir in Abb. 5 die Gruppe der gewöhnlichen Zivilprozesse, die erstinstanzlich an den Amtsgerichten in der Zeit vom 1. Januar 1975 bis zum 31. Dezember 1980 eingegangen waren und in der gemessenen Dauer (in Tagen) erledigt wurden. In Abb. 5 ist neben der empirischen Zeitreihe (durchgezogene Linie) auch die nach dem Gesamtmodell der Box-Jenkins-Methode geschätzte Reihe (gestrichelte Linie) eingezeichnet. Das Datenmaterial konnte auf der Basis der Zählkarten, die in der amtlichen Justizstatistik für jedes Verfahren anzulegen sind, aufbereitet werden. Dank dieser sehr detaillierten Informationsbasis ließ sich die durchschnittliche Dauer der im Untersuchungszeitraum eingegangen Verfahren im Wochenabstand für 313 Messzeitpunkte berechnen. Die statisti-

---

38   Margret Rottleuthner-Lutter, *Evaluation mit Hilfe der Box-Jenkins-Methode. Eine Untersuchung zur Überprüfung der Wirksamkeit einer legislativen Maßnahme zur Erhöhung der richterlichen Arbeitseffektivität im Bereich der Zivilgerichtsbarkeit.* Frankfurt am Main, Bern, New York: Peter Lang 1986; Margret Rottleuthner-Lutter, Werden unsere Richter durch Gesetz fleißiger? Evaluation einer legislativen Maßnahme durch eine Interventionsanalyse, S. 23-45 in: Friedhelm Meier (Hg.), *Prozeßforschung in den Sozialwissenschaften. Anwendungen zeitreihenanalytischer Methoden.* Stuttgart, New York: Gustav Fischer 1988; Margret Rottleuthner-Lutter, Evaluation einer legislativen Maßnahme. Ein Beispiel für den Einsatz von Zeitreihenanalysen in der Evaluationsforschung, in: *Zeitschrift für Soziologie* 18, 1989, S. 392-404; Hubert Rottleuthner und Margret Rottleuthner-Lutter, *Die Dauer von Gerichtsverfahren. Evaluation der ZPO-Vereinfachungsnovelle.* Baden-Baden: Nomos 1990.

Abb. 5: Durchschnittliche Verfahrensdauer (in Tagen) der in einer Woche an den Amtsgerichten in der BRD und West- Berlin eingegangenen Zivilprozesse (vom 1.1.1975 bis zum 31.12.1980)

——— empirische Zeitreihe

------- nach dem Gesamtmodell geschätzte Reihe

(aus: M. Rottleuthner-Lutter, Evaluation einer legislativen Maßnahme. Ein Beispiel für den Einsatz von Zeitreihenanalysen in der Evaluationsforschung. in: Zeitschrift für Soziologie 1989. S. 392-404 (395))

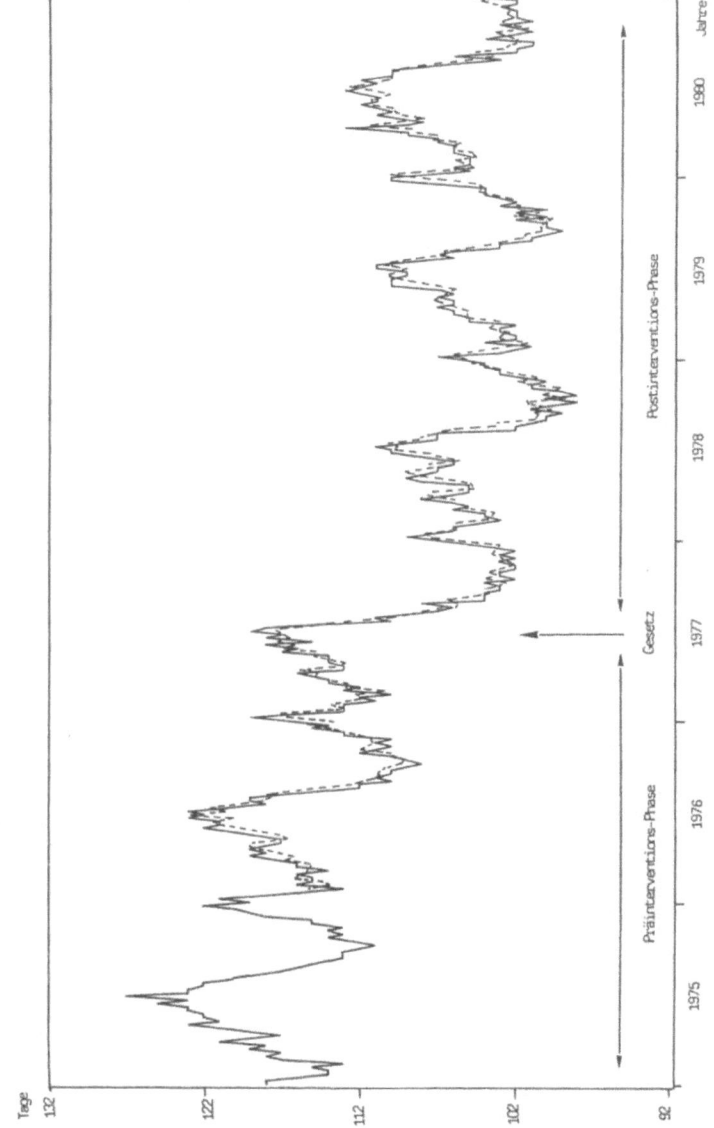

sche Analyse zeigt folgenden Wirkungsverlauf: Zwei Wochen nach dem Inkrafttreten des Gesetzes verringert sich die durchschnittliche Verfahrensdauer bereits um 3,1 Tage. Die Dauer verkürzt sich graduell (nach 5 Wochen ist ein Verkürzungseffekt von 7,5 Tagen erreicht). Dieser Effekt stabilisiert sich langfristig bei 8 Tagen.[39] – Die Untersuchung gibt Aufschluss über die Wirksamkeit der ZPO-Vereinfachungsnovelle und den Wirkungsverlauf nach ihrem Inkrafttreten, sie enthält aber keine Informationen darüber, welchen Gebrauch die Gerichte von den im Gesetz angebotenen Verfahrensalternativen (insbesondere früher erster Termin oder schriftliches Vorverfahren) gemacht haben.

Leider muss man feststellen, dass das methodische Potential des *interrupted time-series*-Quasi-Experiments im Rahmen soziologischer Wirksamkeitsforschung (etwa im Vergleich zu den Wirtschaftswissenschaften) nicht ausgeschöpft wird. Messwiederholungs-Daten stünden für eine mitunter durchaus mühsame Aufbereitung zur Verfügung. Die Verfahren zu ihrer statistischen Auswertung (z. B. Box-Jenkins-Methode) werden in den gängigen Statistik-Programmpaketen angeboten. Sie sind zwar sehr komplex, aber nutzbar – und nützlich.

---

39 Allerdings liegt hier wieder ein Beispiel für die Zielunklarheit der Gesetzgebung vor (s. o.). Der Gesetzgeber sprach nur von „Beschleunigung"; der rechtssoziologische Evaluationsforscher kann ihn dann nur informieren über die tatsächlich erreichte Zielgröße. Es bleibt dem Gesetzgeber überlassen festzustellen, ob das Ziel erreicht wurde.

Wann befolgt man Gesetze?
Entwicklung und Probleme einer Theorie[1]

Karl-Dieter Opp

Gegenstand dieses Aufsatzes ist eine Theorie über die Befolgung von Gesetzen, die der Autor 1971 vorgeschlagen hat.[2] Im Folgenden soll zunächst diese Theorie dargestellt werden. Sodann werden Modifikationen diskutiert und es wird gezeigt, inwieweit sich die Theorie empirisch bestätigt hat. Ausgehend von den Forschungsergebnissen werden Möglichkeiten der Weiterentwicklung behandelt. Schließlich werden einige Vorschläge für die weitere empirische Forschung gemacht.

Die Theorie

Zunächst soll die ursprüngliche Fassung der Theorie[3] und eine erste Modifikation in Form eines Kausaldiagramms vorgestellt werden. Die zu beantwortende Frage lautet, inwieweit ein Gesetz befolgt wird, so dass die abhängige Variable „Befolgung eines Gesetzes" oder „gesetzeskonformes Verhalten" ist.[4] „Befolgung" bedeutet, dass das Gesetz objektiv – d. h. aus der Sicht eines Beobachters – eingehalten wird. Dies ist oft schwierig zu entscheiden, wenn nämlich das

---

1   Ich möchte Christian Lüdemann und dem Herausgeber dieses Buches, Gerhard Wagner, herzlich danken für wertvolle Hinweise zur Modifikation einer vorherigen Version dieses Aufsatzes.

2   Karl-Dieter Opp, Einige Bedingungen für die Befolgung von Gesetzen, in: *Kriminologisches Journal* 3, 1971, S. 1-26. Die folgende Darstellung bezieht sich auf Karl-Dieter Opp, *Soziologie im Recht*. Reinbek: Rowohlt, 1973, da hier die Fassung von 1971 modifiziert wurde. Siehe auch die Darstellung in Karl-Dieter Opp, Einige Bedingungen für die Befolgung von Gesetzen, S. 214-243 in Klaus Lüdersson und Fritz Sack (Hg.), *Seminar „Abweichendes Verhalten"*, Bd. 1. Frankfurt am Main: Suhrkamp 1975, in der ein Kausaldiagramm hinzugefügt wurde.

3   Opp, *Soziologie im Recht*.

4   Andreas Diekmann, Bedingungen für die Befolgung von Gesetzen – eine empirische Überprüfung der rechtssoziologischen Theorie von Opp, in: *Kriminologisches Journal* 7, 1975, S. 182-202 nennt die abhängige Variable „Übertretung" von Gesetzen. Der Grund ist, wie er schreibt, dass damit die Beziehung zu Theorien abweichenden Verhaltens deutlich gemacht werden soll. Diese Umbenennung ist jedoch keine Änderung der Theorie, sondern nur eine Umkodierung, wie Diekmann selbst betont. Da in der übrigen Literatur zu der hier diskutierten Theorie meist von „Befolgung" gesprochen wird, wollen wir diese Formulierung beibehalten.

Gesetz so unklar ist, dass niemand weiß, was genau gefordert oder verboten wird. Wir wollen aber hier von solchen Fällen absehen und davon ausgehen, dass klar ist, was ein Gesetz vorschreibt oder verbietet.

Es kommt bei der Vielzahl existierender Gesetze vor, dass sich Personen hinsichtlich der Vorschriften eines Gesetzes irren oder ein Gesetz nicht kennen und entsprechend falsche Vorstellungen über die Vorschriften eines Gesetzes haben. Wir gehen hier davon aus, dass die „objektive" Konformität – also die Konformität aus der Sicht eines Beobachters – von Interesse ist. Dies ist also unsere abhängige Variable.

Die bloße Existenz eines Gesetzes reicht für dessen Befolgung jedoch nicht aus, da bestehende Gesetze in mehr oder weniger hohem Grade befolgt werden. Die Frage ist also: Was sind die Bedingungen, die zu einer mehr oder weniger starken Befolgung eines Gesetzes führen? Eine erste Bedingung ist der *Grad der Informiertheit* über das Gesetz. Da erklärt werden soll, ob Gesetze aus der Sicht eines Beobachters befolgt werden, muss sich „Informiertheit" ebenfalls auf den tatsächlichen Inhalt des Gesetzes beziehen. Die Hypothese lautet also: Je genauer man über ein Gesetz informiert ist, desto eher wird man das Gesetz befolgen. Wir werden später auf diese Variable zurückkommen.

Eine weitere Bedingung für die Befolgung von Gesetzen sind die existierenden informellen Normen. Oft greifen Gesetze in das Alltagsleben von Personen ein, indem informell (z. B. von einer kulturellen Subgruppe wie einer „Gang") erwartetes Verhalten gesetzlich verboten oder informell verbotenes Verhalten gesetzlich erlaubt wird. Es geschieht auch, dass eine Gesetzesnorm bestehen bleibt, dass sich aber die Alltagsnormen verändert haben. Entsprechend ist der *Grad der normativen Abweichung* von einem Gesetz dafür von Bedeutung, inwieweit man das Gesetz befolgt. Damit ist das Ausmaß gemeint, in dem eine Person andere als die formellen Gesetzesnormen für verbindlich hält. Je größer also die normative Abweichung ist, desto kleiner ist die Wahrscheinlichkeit, dass ein Gesetz befolgt wird.

Es erscheint plausibel, dass für die Befolgung eines Gesetzes Sanktionen von Bedeutung sind. Hierzu gehören zunächst die *erwarteten negativen Sanktionen bei einer Gesetzesübertretung.* Je stärker diese sind, desto geringer ist die Wahrscheinlichkeit, dass ein Gesetz übertreten wird. Mehrere Punkte sind hier wichtig. (1) Dieser Faktor bezieht sich auf die subjektiv erwarteten, also nicht auf die tatsächlich eintretenden Sanktionen. Beide können sich unterscheiden. Für das Handeln ist nur von Bedeutung, wie die Einschätzung der *subjektiven Wahrscheinlichkeit* ist, sanktioniert zu werden. (2) Nicht nur die subjektive Wahrscheinlichkeit einer Bestrafung ist wichtig für die Befolgung eines Gesetzes, sondern auch die *Bewertung* der Sanktion, d. h. als wie schlimm eine Person eine mehr oder weniger sicher erwartete Sanktion empfindet. (3) Die Wirkung von Wahrscheinlichkeit und Bewertung ist multiplikativ, d. h. die Wirkung der Wahrscheinlichkeit hängt davon ab, für wie schlimm man eine Sanktion findet und umgekehrt. (4) Die erwartete negative Sanktionierung bezieht sich auf formelle *und informelle* Sanktionen.[5]

Die negative Sanktionierung der Übertretung eines Gesetzes ist jedoch nicht die einzige Art von Sanktion, die bei der Befolgung oder Übertretung eines Gesetzes auftritt. Es ist weiter denkbar, dass die Befolgung positiv sanktioniert wird. So könnte das (gesetzlich vorgeschriebene) Anlegen von Gurten generell positiv bewertet werden und diejenigen, die das Gesetz befolgen, werden positiv sanktioniert, wenn sie Gurte anlegen. Entsprechend ist das Ausmaß der *erwarteten positiven Sanktionen bei der Befolgung von Gesetzen* wichtig: Je stärker diese sind, desto wahrscheinlicher ist die Befolgung eines Gesetzes. Hier gelten ebenfalls die Punkte (1) bis (4), die bei der negativen Sanktionierung der Übertretung behandelt wurden.

In der Literatur wird eine Vielzahl weiterer Faktoren erwähnt, die für die Erklärung gesetzeskonformen Verhaltens bedeutsam sein sollen. Es erscheint plausibel, dass diese Faktoren nicht direkt auf die Gesetzeskonformität wirken, sondern nur indirekt. D. h. diese anderen Variablen wirken auf die bisher behandelten unabhängigen Variablen. Es handelt sich bei diesem Teil der Theorie also um eine *Anschlusstheorie*, die die bisher behandelten Variablen der ersten Stufe erklärt. Die gesamte Theorie der Gesetzesbefolgung ist also ein mehrstufiges Kausalmodell, wie das Kausaldiagramm in Abbildung 1 deutlich macht. Der Leser bzw. die Leserin möge zunächst den rechten Teil des Diagramms mit den neuen Variablen ignorieren. Betrachten wir zunächst nur die Variablen höherer Stufe.

Die Theorie enthält insgesamt zehn zusätzliche Variablen.[6] Da in diesem Aufsatz das Kausalmodell erster Stufe (also nur die Variablen, die direkt auf die Befolgung wirken) im Mittelpunkt steht, sollen hier nur fünf der zehn Variablen kurz behandelt werden. Dies sind die *Aufklärungsquote*, die *Anzeigeneigung* der Bevölkerung, der Grad der sozialen *Stigmatisierung* einer Handlung, die perzipierte *Kompetenz des Gesetzgebers* (die die Legitimität und somit Akzeptanz eines Gesetzes erhöht), und die *Privatheit* der Übertretungssituation. Die Beziehungen dieser Variablen zueinander und zu den Variablen der ersten Stufe des

---

5   Dies ist in Opp, *Soziologie im Recht*, S. 197 vielleicht nicht ganz klar, da im Beispiel nur gesetzliche, d. h. formelle Sanktionen erwähnt werden. Die Hypothese ist aber generell für Sanktionen formuliert.

6   Siehe das Kausaldiagramm in Opp, Einige Bedingungen für die Befolgung von Gesetzen, S. 229.

Modells sollen hier jedoch nicht im Einzelnen kommentiert werden. Die Bedeutung der Beziehungen dürfte hinreichend verständlich sein.[7]

Abbildung 1: Die Theorie der Befolgung von Gesetzen als Kausalmodell

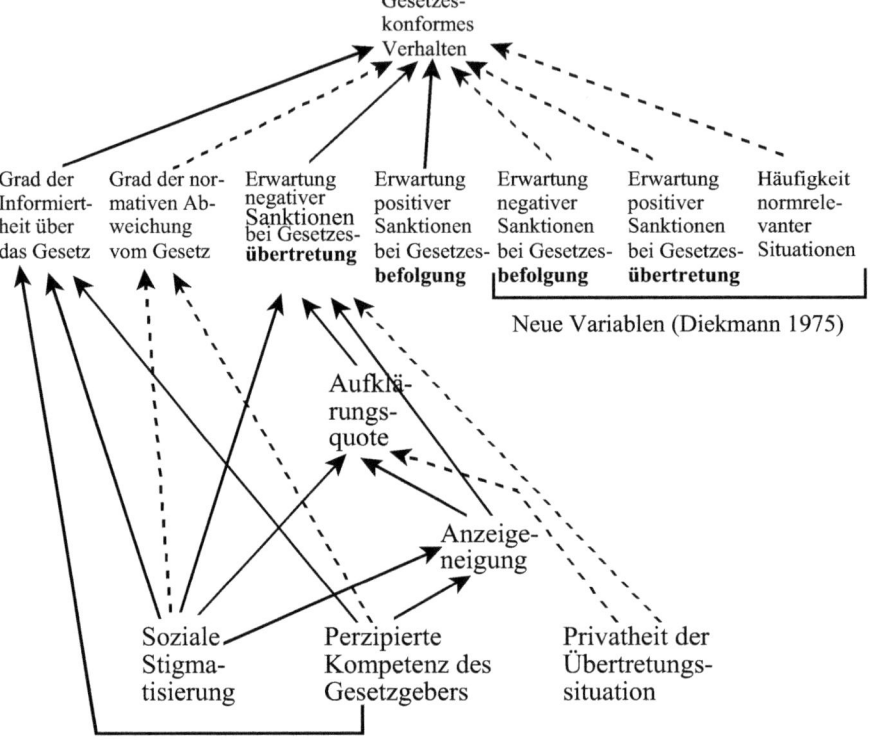

Durchgezogene Pfeile bezeichnen positive Beziehungen (je größer ..., desto größer ...), gestrichelte Pfeile negative Beziehungen (je größer ..., desto kleiner ...).

---

7   Einige Variablen des erweiterten Modells sind nicht Eigenschaften von Personen, sondern Eigenschaften von Kollektiven, also Makroeigenschaften, wie z. B. die Aufklärungsquote. Diese Makrovariablen können als Kontextvariablen behandelt werden, also als Eigenschaften der sozialen Umgebung, die vom Individuum wahrgenommen werden. Es handelt sich also um individuelle Eigenschaften. So können Individuen z. B. eine mehr oder weniger hohe Aufklärungsquote eines Delikts wahrnehmen.

Einige Modifikationen der Theorie

Die folgenden Überlegungen befassen sich vor allem mit einigen Möglichkeiten, wie der Anwendungsbereich der Theorie erweitert werden kann und durch welche neuen Faktoren die Theorie ergänzt werden könnte.

Die Erweiterung des Anwendungsbereichs der Theorie: Die Erklärung der Befolgung von Normen

Die Theorie bezieht sich auf die Befolgung von *Gesetzen*. Gesetze sind eine Teilklasse von Normen. Es erscheint daher plausibel, dass die Bedingungen, die zur Befolgung von Gesetzen führen, auch für die *Befolgung von Normen* generell von Bedeutung sind. Entsprechend schlägt Andreas Diekmann vor, den Anwendungsbereich der Theorie auf die Befolgung von Normen zu erweitern.[8] Dies erscheint plausibel: Ob eine (informelle) Norm – wie etwa über die Höhe des Trinkgeldes in Restaurants – befolgt wird, hängt davon ab, inwieweit man über die Norm informiert ist, inwieweit man eine andere Norm für verbindlich hält (normative Abweichung) und inwieweit die genannten Sanktionen bei Befolgung oder Abweichung erwartet werden. Der Einfachheit halber soll die Theorie jedoch im Folgenden nur für die Befolgung von Gesetzen diskutiert werden.

Die Erweiterung der Sanktionsarten

Die oben dargestellte Fassung der Theorie enthält zwei Arten von Sanktionen – siehe Tabelle 1: negative Sanktionen bei Übertretung und positive Sanktionen bei Befolgung eines Gesetzes. Dies dürften die am weitesten verbreiteten Reaktionen sein. Im Prinzip wäre es aber auch denkbar, dass die *Befolgung* eines Gesetzes *negativ* sanktioniert wird, etwa in Gruppen, die dem Gesetz negativ gegenüberstehen. Weiter könnte die *Übertretung* eines Gesetzes *positiv* sanktioniert wird. Diekmann schlägt daher vor, diese beiden Arten von Sanktionen in die Theorie aufzunehmen.[9] Entsprechend können vier Arten von Sanktionen unterschieden werden: positive Sanktionierung von Befolgung und Übertretung einerseits und negative Sanktionierung von Befolgung und Übertretung andererseits. Tabelle 1 fasst diese verschiedenen Sanktionsmöglichkeiten zusammen. Entsprechend vermindern negative Sanktionen bei der Befolgung die Wahrscheinlichkeit, dass ein Gesetz befolgt wird. Positive Sanktionen bei Nichtbefol-

---

8   Diekmann, Bedingungen für die Befolgung von Gesetzen [= Diekmann 1975 in Abb. 1], S. 186.
9   Ebd.

gung erhöhen dagegen die Wahrscheinlichkeit, dass ein Gesetz nicht befolgt wird.

Tabelle 1: Arten der Sanktionierung bei der Befolgung und Nicht-Befolgung von Gesetzen

Art der Sanktionen	Bei *Befolgung* von Gesetzen	Bei *Nicht-Befolgung* von Gesetzen
Negative Sanktionen	NEU	+
Positive Sanktionen	+	NEU

Die Bedeutung normrelevanter Situationen

Diekmann schlägt weiter vor, die Variable Häufigkeit *normrelevanter Situationen* in die Theorie einzubeziehen. Diese ist umso größer, „je häufiger sich eine Person in Situationen befindet, in denen sie zwischen den Verhaltensalternativen Befolgung oder Übertretung der Norm wählen kann".[10] Bei der Schwarzfahrerstudie ist dies die Häufigkeit der Nutzung öffentlicher Verkehrsmittel.[11] Je häufiger man sich also in normrelevanten Situationen befindet, desto eher wird man auch Gesetze übertreten.

Warum wirkt diese Variable negativ auf gesetzeskonformes Verhalten, d. h. warum sinkt die Befolgung von Gesetzen, wenn Personen häufig in normrelevanten Situationen sind? Zunächst einmal ist es logisch zwingend, dass nur jemand, der in eine Situation kommt, in der eine Norm gebrochen werden kann, diese Norm brechen kann. Wenn z. B. eine Person nie öffentliche Verkehrsmittel nutzt, kann sie auch nicht schwarzfahren. Nur wenn sich jemand in einer normrelevanten Situation befindet, kann also eine Norm gebrochen werden. Allerdings ist auch das Gegenteil möglich. Die meisten Personen, die öffentliche Verkehrsmittel nutzen, kaufen gültige Fahrkarten. Es fragt sich also, warum die Hypothese lautet, dass die Häufigkeit, in der sich jemand in einer normrelevanten Situation befindet, die Gesetzesübertretung *erhöht*. Wenn jemand in seinem Leben nur einmal ein öffentliches Verkehrsmittel benutzt hat, dann ist der Maximalwert für die Häufigkeit des Schwarzfahrens 1. Bei 100 Nutzungen ist der Maximalwert 100. Entsprechend wäre zu vermuten: Wenn die Bedingungen für Schwarzfahren vorliegen, dann müsste bei häufiger Verkehrsmittelnutzung auch Schwarzfahren

---

10 Ebd., S. 187.
11 Ebd., S. 190.

häufiger sein. Entsprechend bezeichnet die „Häufigkeit normrelevanter Situationen" die *Opportunitätsstrukturen* für Schwarzfahren. Allerdings sind dies auch Opportunitätsstrukturen für konformes Verhalten, nämlich Zahlung der Beförderungsgebühr. Häufigkeit normrelevanter Situation müsste also in einem *Interaktionseffekt* mit den Bedingungen für gesetzesabweichendes Verhalten stehen. D. h. die Wirkung „normrelevanter Situationen" hängt ab von dem Ausmaß, in dem Bedingungen für gesetzesabweichendes Verhalten vorliegen. Solche Interaktionseffekte wurden bisher nicht überprüft.

Die Erweiterung der Theorie ist im rechten Teil von Abbildung 1 enthalten. Da wir uns hier jedoch nur auf die Theorie erster Stufe konzentrieren wollen, soll nicht versucht werden, Hypothesen über den Einfluss der Variablen der zweiten bis vierten Stufe auf die neuen Variablen der ersten Stufe zu formulieren. Dies wäre eine Aufgabe für die weitere Forschung.

Was heißt „Informiertheit"?

Eine weitere sinnvolle Modifikation der Theorie betrifft die Definition der Variable *Informiertheit*. Die ersten Untersuchungen widerlegen die Hypothese, dass die Informiertheit über das Gesetz eine Wirkung auf dessen Befolgung hat.[12] Die Variable müsste so definiert werden, dass ein geringer Grad an Informiertheit vorliegt, „wenn eine Person irrtümlich Verhaltensweisen als erlaubt betrachtet, die der Gesetzgeber verbietet, nicht aber wenn eine Person umgekehrt Verhaltensweisen als verboten bezeichnet, die der Gesetzgeber erlaubt".[13] Wenn z. B. jemand glaubt, dass Fahren mit bis zu 1,5 Promille Alkohol erlaubt ist, dann ist die Person gemäß dieser Definition nur in geringem Grade informiert.

Befolgung und Inanspruchnahme von Gesetzen

Hubert Rottleuthner behauptet, die Theorie sei nur anwendbar, wenn ein Gesetz aus Geboten oder Verboten besteht.[14] Nun gibt es aber Gesetze bzw. Regulierungen, „die mit finanziellen Anreizen und Entschädigungen arbeiten oder die Verfahrensangebote enthalten, von denen Gebrauch gemacht werden kann. Für die-

---

12 Ebd.
13 Andreas Diekmann, *Die Befolgung von Gesetzen. Empirische Untersuchungen zu einer rechtssoziologischen Theorie.* Berlin: Duncker & Humblot 1980, S. 39; vgl. auch die Diskussion bei Manfred Pfeiffer und Heinz Hautzinger, *Auswirkungen der Verkehrsüberwachung auf die Befolgung von Verkehrsvorschriften.* Bergisch Gladbach: Bundesanstalt für Straßenwesen 2001, S. 11-12.
14 Hubert Rottleuthner, *Einführung in die Rechtssoziologie.* Darmstadt: Wissenschaftliche Buchgesellschaft 1987, S. 54-77.

sen Regelungstyp scheint das Modell nicht adäquat zu sein".[15] Das Beispiel, das Rottleuthner behandelt, ist das Gesetz zur Förderung der Rückkehrbereitschaft von Ausländern von 1983. Arbeitnehmer aus Nicht-EG-Ländern, die als Folge eines Konkurses oder einer Betriebsstillegung oder nach sechsmonatiger Kurzarbeit arbeitslos wurden, konnten u. a. eine Rückkehrhilfe von DM 10.500 erhalten. Um zu prüfen, ob unsere Theorie anwendbar ist, wenn es sich um diese Art von Gesetzen – nennen wir sie der Kürze halber *Leistungsgesetze* – handelt, gehen wir von folgenden möglichen Situationen aus – siehe Tabelle 2. Eine Person könnte zum einen die Voraussetzungen für die Inanspruchnahme des Gesetzes erfüllen oder auch nicht erfüllen. In beiden Fällen könnte die Person versuchen, die Leistungen des Gesetzes in Anspruch zu nehmen oder auch nicht. Bei Nichterfüllung der Voraussetzungen und Inanspruchnahme läge der Versuch einer Leistungserschleichung vor, also eine Gesetzesübertretung. In allen anderen Fällen verhält sich eine Person gesetzeskonform. Es ist wichtig, dass wir hier den *Versuch* der Inanspruchnahme behandeln. Ob ein solcher Versuch erfolgreich ist oder nicht, hängt von anderen Akteuren ab, etwa den Beamten, die die Anträge auf eine Entschädigung prüfen.

Tablle 2: Gesetzeskonformes Verhalten und Gesetzesübertretung bei der Inanspruchnahme von Gesetzen

Erfüllung der Voraussetzungen für die Inanspruchnahme von Gesetzen	Versuch der Inanspruchnahme von Gesetzen	
	Ja	Nein
Ja	Gesetzeskonformität	Gesetzeskonformität
Nein	**Gesetzesübertretung**	Gesetzeskonformität

Kann die genannte Gesetzesübertretung durch die Theorie über die Befolgung von Gesetzen erklärt werden? Wir betrachten hier nur die Variablen der ersten Stufe. Wenn der *Grad der Informiertheit* hoch ist, dann bedeutet dies, dass eine Person die Voraussetzungen für die Inanspruchnahme von Leistungen kennt. Wenn die Person Fehlinformationen hat, d. h. irrtümlich glaubt, die Voraussetzungen zu erfüllen, dann ist die Person in geringem Maße informiert und wird entsprechend versuchen, die Leistung zu erhalten. Der *Grad der normativen Abweichung* bedeutet, dass die informellen Normen von den gesetzlichen Regeln abweichen. Diese Normen könnten zum einen beinhalten, dass bestimmte Leistungen nicht in Anspruch genommen werden sollten. So war es vor langer Zeit

---

15   Ebd., S. 62.

verpönt, staatliche Hilfen bei Arbeitslosigkeit anzunehmen oder zu beantragen. Eine solche Norm würde dazu beitragen, dass die angebotenen Leistungen nicht in Anspruch genommen werden. Versuche, auf „illegale" Weise – etwa durch Fälschung von Unterlagen – Leistungen zu erhalten, wären wahrscheinlich, wenn solche Verhaltensweisen normativ gerechtfertigt werden. Normative Abweichung macht also den Versuch wahrscheinlich, bei Nicht-Vorliegen der Voraussetzungen Leistungen zu erhalten.

Inwieweit können die verschiedenen Arten von *Sanktionen* für den Versuch der Inanspruchnahme eines Gesetzes von Bedeutung sein? Informelle Sanktionen bei „Gesetzesbefolgung" beziehen sich auf die Ermutigung oder auch Ablehnung von Seiten des sozialen Umfelds, eine Leistung bei Vorliegen der Voraussetzungen in Anspruch zu nehmen. Solche positiven oder negativen informellen Sanktionen könnten auch für die Inanspruchnahme einer Leistung bei *Nicht*-Vorliegen der Voraussetzungen auftreten. Weiter sind die gesetzlichen negativen Sanktionen von Versuchen, durch falsche Angaben Leistungen zu erschleichen, von Bedeutung.

Inwieweit spielen *normrelevante Situationen* – also die Häufigkeit, mit der sich eine Person in Situationen befindet, in denen sie zwischen der Befolgung oder Übertretung der Norm wählen kann (siehe vorher) – eine Rolle? Eine normrelevante Situation liegt z. B. vor, wenn eine Person zumindest einige der Voraussetzungen für eine Leistung erfüllt. In dieser Situation hat die Person dann die Möglichkeit, unzutreffende Voraussetzungen anzugeben oder zu fälschen. Ob die normrelevante Situation zu gesetzesabweichendem Verhalten führt, hängt davon ab, inwieweit andere Bedingungen für normabweichendes Verhalten wie z. B. die normative Abweichung vorliegen. Diese Überlegungen bestätigen, was vorher gesagt wurde, dass nämlich die Wirkung normrelevanter Situationen von dem Ausmaß abhängt, in dem Bedingungen für gesetzesabweichendes Verhalten vorliegen. Diese Überlegungen zeigen, dass unsere Theorie auch angewendet werden kann, wenn die Inanspruchnahme von Gesetzen erklärt werden soll.

Klassifikationen der Faktoren

Wie kann man die Faktoren für die Befolgung von Gesetzen in genereller Weise charakterisieren? Thomas Raiser schlägt ein Klassifikationsschema der Faktoren für die Wirksamkeit eines Gesetzes vor. Er unterscheidet „Wirksamkeitsfaktoren" in der Sphäre der Norm und des Normgebers, im Bereich der Vollzugs- und Sanktionsinstanzen, im Bereich des allgemeinen Rechtsbewusstseins der Bevölkerung einschließlich der allgemein anerkannten Wertvorstellungen, im Bereich der Bezugsgruppen der Normadressaten und schließlich in der Person des Norm-

adressaten.[16] Ausgehend von unserer Theorie könnte man dieses Schema verein-
fachen: Zum einen besteht die Theorie aus Faktoren, die sich auf den *Normgeber*
beziehen (etwa die Art der Formulierung des Gesetzes, welche die „Verständ-
lichkeit des Gesetzes" – eine Variable unseres Modells – beeinflusst); weiter
beziehen sich die Faktoren auf die *formalen Sanktionsinstanzen*, auf die *informelle soziale Umwelt des Normadressaten* (mit ihren informellen Sanktionen
und Wertvorstellungen) und auf den *Normadressaten* selbst (z. B. der Grad der
normativen Abweichung). Welche Klassifikationen man auch immer vor-
schlägt,[17] Raiser ist zuzustimmen, dass sie heuristischen Wert haben können. Bei
dem Versuch, unsere Theorie weiter zu entwickeln, könnte man systematisch
prüfen, ob weitere Variablen, die unter die einzelnen Kategorien fallen, für die
Erklärung der Befolgung von Gesetzen bedeutsam sein könnten. Bei den Klassifikationen handelt es sich also streng genommen um *Orientierungshypothesen*:
Es wird auf Arten von Faktoren hingewiesen, die eine bestimmte abhängige
Variable beeinflussen könnten.

Diese Klassifikation – wie auch die vorangegangenen Ausführungen – zeigen, dass die Theorie keineswegs von einer dyadischen Beziehung zwischen
Gesetzgeber und Normadressat ausgeht.[18] Die Theorie nimmt vielmehr an, dass
das soziale Umfeld von Normadressaten eine wichtige Rolle für die Gesetzesbefolgung spielt: Von diesem Umfeld gehen Verhaltenserwartungen und Sanktionen aus; weiterhin spielen Bezugspersonen eine Rolle, an denen sich Normadressaten orientieren. Dieser soziale Bezug wird bei der folgenden Diskussion noch
deutlicher werden.

Die empirische Überprüfung der Theorie

Es gibt mittlerweile eine Reihe von Untersuchungen, in denen die Theorie überprüft wurde. In diesem Abschnitt soll gefragt werden, inwieweit die Ergebnisse
dieser Untersuchungen mit der Theorie vereinbar sind. Bei der Beantwortung
dieser Frage müsste u. a. analysiert werden, inwieweit die Operationalisierungen
der Variablen – ausgehend von den Begriffsdefinitionen der Theorie – sinnvoll
erscheinen. Da bei der Formulierung der Theorie detaillierte Messvorschriften
nicht angegeben wurden, besteht ein gewisser Spielraum bei den Operationalisie-

---

16   Thomas Raiser, *Grundlagen der Rechtssoziologie*. Tübingen: Mohr Siebeck 2007, S. 254-261.
17   Vgl. auch die Klassifikationen bei Manfred Rehbinder, *Rechtssoziologie*. München: C. H. Beck
      2009.
18   Rottleuthner, *Einführung in die Rechtssoziologie*, S. 71.

rungen.[19] Trotzdem erscheinen einige Messungen problematisch.[20] Es würde den Umfang dieses Aufsatzes sprengen und vermutlich auch wenig interessant für den Leser oder die Leserin sein, wenn wir die verschiedenen Operationalisierungen hier im Einzelnen diskutieren würden.

Wir gehen vielmehr davon aus, dass die Messungen der Variablen vertretbar sind und konzentrieren uns auf die Ergebnisse der verschiedenen Prüfungen. Wir verzichten auch darauf, andere Kriterien zur Beurteilung der Untersuchungen heranzuziehen, wie z. B. die Größe der erklärten Varianz oder die Größe der Stichprobe. Dies würde eine lange Erörterung dieser Kriterien erfordern, da sie nicht unumstritten sind – man denke etwa an die Diskussionen der Relevanz kleiner Stichproben. Wir gehen davon aus, dass die im Folgenden behandelten Untersuchungen für die Prüfung der Theorie von Bedeutung sind. Ob einige Untersuchungen einen „strengeren" Test als andere bieten, wird offen gelassen.

Bei der Beurteilung der Bedeutung der Untersuchungen für den Test der Theorie werden wir nur solche Untersuchungsergebnisse behandeln, die sich auf die erste Stufe der Theorie beziehen, also auf die Variablen, die in Abbildung 1 direkt unterhalb der abhängigen Variablen „Gesetzeskonformes Verhalten" stehen. Der Grund ist zum einen, dass dieses einstufige Modell auch Gegenstand des vorliegenden Aufsatzes ist und dass zum anderen die Diskussion der Untersuchungsergebnisse zum mehrstufigen Modell den Umfang dieses Beitrages sprengen würde.

Die bisherigen Befunde sind in Tabelle 3 zusammengefasst. In der linken Spalte werden die einzelnen Untersuchungen aufgeführt. Die darauf folgenden Spalten enthalten die unabhängigen Variablen der ersten Stufe in der Reihenfolge von Abbildung 1. Die Abkürzungen in der Kopfzeile für die unabhängigen Variablen der ersten Stufe dürften verständlich sein, so dass sie nicht kommentiert werden müssen. Jede Zeile beschreibt also die Ergebnisse einer Untersuchung. Ein Pluszeichen in einem Feld bedeutet, dass der theoretisch postulierte Effekt der entsprechenden Variable auf die Gesetzesbefolgung bestätigt wurde;

---

19 Dies könnte man kritisieren. Allerdings ist es durchaus üblich, dass bei theoretischen Diskussionen Messprobleme nicht behandelt werden. Wenn man dies negativ bewertet, dann müssten Theoretiker wie Niklas Luhmann oder Talcott Parsons in Grund und Boden verdammt werden. Wir halten es für legitim, dass bei theoretischen Diskussionen keine detaillierten Operationalisierungen vorgeschlagen werden. Allerdings meinen wir, dass die Nominaldefinitionen der zentralen Begriffe bzw. Variablen so klar sein sollten, dass die möglichen Operationalisierungen möglichst stark eingeschränkt werden.

20 Siehe z. B. die Diskussionen in diesen Beiträgen: Karl-Dieter Opp, Die Übertretung von Normen. Eine Diskussion empirischer Forschungsergebnisse und theoretischer Alternativen, in: *Kriminologisches Journal* 7, 1975, S. 210-223; Hans Ulrich Simon und Jan Kunow, Zur empirischen Prüfung von Theorien. Anmerkungen zu Arbeiten über die rechtssoziologische Theorie von Karl-Dieter Opp, in: *Kriminologisches Journal* 7, 1975, S. 291-304.

ein Minuszeichen bedeutet eine Widerlegung. Wir werden die einzelnen Studien kurz kommentieren, wenn dies erforderlich erscheint. Im nächsten Abschnitt werden wir ein kurzes Resümee ziehen.

Tabelle 3: Die empirischen Befunde zur Theorie der Befolgung von Gesetzen

Art der Untersuchung (Abhängige Variable: Gesetzeskonformes Verhalten)	Unabhängige Variablen der ersten Stufe						
	Informiertheit	Normative Abw.	NegS Über-Tretg.	PosS Befolgung	NegS Befolgung	PosS Übertretg.	Normrelev. Situat.
Schwarzfahren (Diekmann 1975)	-	+	+	-		+	+
Steuerhinterziehung (Gnahs 1975)	-	+	+	-	+	+	+
Rauchverbot (Schraub 1977)	-	+	+	+	+	-	+
Ladendiebstahl (Diekmann 1980b)		+	-				
Geschwindigkeitsüberschreitung (Pfeiffer und Gelau 2002)	-	+	+	+	+	-	+
Fahren unter Alkoholeinfluss (Pfeiffer und Gelau 2002)	+	+	+	+	+	+	+
Ladendiebstahl ALLBUS 1990 (Lüdemann 1998)		+	+				
Steuerbetrug ALLBUS 1990 (Lüdemann 1998)		-	+				
Schwarzfahren ALLBUS 1990 (Lüdemann 1998)		+	+				
Alkohol am Steuer ALLBUS 1990 (Lüdemann 1998)		+	+				

Fortsetzung der Tabelle auf der nächsten Seite.

Ladendiebstahl ALLBUS 2000 (Lüdemann 2008)		-	-				
Steuerbetrug ALLBUS 2000 (Lüdemann 2008)		+	+				
Schwarzfahren ALLBUS 2000 (Lüdemann 2008)		+	-				
Alkohol am Steuer ALLBUS 2000 (Lüdemann 2008)		+	-				
Zahl der Tests	5	14	14	5	4	5	5
Zahl der Bestätigungen	1	12	10	3	4	3	5
Bestätigungsgrad : (Anzahl Bestätigungen dividiert durch Anzahl der Tests) ×100	20%	86 %	71%	60%	100%	60%	100%

+ bedeutet: Wirkung auf Gesetzesbefolgung bestätigt;
- bedeutet: Wirkung auf Gesetzesbefolgung *nicht* bestätigt;
freie Felder bedeuten, dass der Einfluss der Variable nicht getestet wurde.

Die ersten drei Untersuchungen von Diekmann,[21] Dieter Gnahs[22] und Walter Schraub[23] hat Diekmann dargestellt und in einer Tabelle zusammengefasst.[24] Unsere Tabelle 3 orientiert sich im Aufbau an dieser Tabelle. Die vierte Untersuchung misst für Ladendiebstahl neben Normintensität der Befragten auch die wahrgenommene Wahrscheinlichkeit und Schwere von negativen Sanktionen bei Gesetzesübertretung.[25] Während die Normen die erwarteten (signifikanten) Ef-

---

21 Diekmann, Bedingungen für die Befolgung von Gesetzen.
22 Dieter Gnahs, *Empirische Überprüfung soziologischer Theorien zur Erklärung abweichenden Verhaltens am Beispiel der Steuerhinterziehung.* Hamburg: Diplomarbeit 1975.
23 Walter Schraub, *Normübertretendes Verhalten am Beispiel des Rauchverbotes. Diskussion und Modifizierung einer Theorie über die Befolgung von Gesetzen und Konfrontation mit allgemeineren Theorien sowie deren empirische Prüfung.* Hamburg: Dissertation 1977.
24 Diekmann, *Die Befolgung von Gesetzen,* S. 122.
25 Andreas Diekmann, *Die Rolle von Normen, Bezugsgruppen und Sanktionen bei Ladendiebstählen.* Wien: Forschungsbericht des Instituts für Höhere Studien 1980.

fekte haben, zeigen sich bei den Sanktionsvariablen zwar die erwarteten Vorzeichen, die Effekte sind jedoch statistisch nicht signifikant.

Bei der Untersuchung von Manfred Pfeiffer und Christhard Gelau wurde die *informelle* negative Sanktionierung von Gesetzesübertretung gemessen – für beide Deliktarten wurde die Wirkung auf die Gesetzesbefolgung bestätigt.[26] Die Variable „Entdeckungswahrscheinlichkeit" und die „subjektive Sanktionshärte" haben keine starken und konsistenten Effekte. Auch Interaktionseffekte von Sanktionsvariablen wurden nicht gefunden. Die Autoren verwenden zusätzlich eine Skala „Allgemeine Normorientierung", die die generelle Bereitschaft misst, gesetzliche Normen einzuhalten. Diese Variable, die gemeinsam mit der normativen Abweichung in Regressionsanalysen einbezogen wurde, hat geringe positive und signifikante Effekte. Die normative Abweichung wirkt jedoch erwartungsgemäß stärker – siehe hierzu weiter unten die Diskussion der beiden Variablen.

In der Allgemeinen Bevölkerungsumfrage in den Sozialwissenschaften (ALLBUS) wurden im Jahre 1990 und 2000 Variablen gemessen, die die Prüfung der Theorie erlauben. Christian Lüdemann hat mittels beider Untersuchungen geprüft, inwieweit die Theorie bestätigt wird. Der ALLBUS 1990 enthält zwei Variablen, die Variablen unserer Theorie entsprechen bzw. sehr ähnlich sind: hohe Werte der Variable „Einstellung zum Delikt" beziehen sich auf hohe Werte unserer Variable „normative Abweichung".[27] Diese hat – außer bei „Steuerbetrug" – die erwarteten Wirkungen auf die Ausführung der Delikte. Weiter wird im ALLBUS 1990 die Entdeckungswahrscheinlichkeit ermittelt, die unter „Negative Sanktionen bei Übertretung" subsumiert werden kann. Diese hat ohne Ausnahme die erwartete positive Wirkung auf Gesetzesbefolgung.

Dieselben Variablen werden im ALLBUS 2000 gemessen.[28] Hier hat die Variable „Normative Abweichung" – mit Ausnahme des Ladendiebstahls – die erwarteten Effekte. Die Entdeckungswahrscheinlichkeit wirkt nur bei Steuerbetrug. Lüdemann prüft einen kurvilinearen Zusammenhang zwischen Ladendieb-

---

26 Manfred Pfeiffer und Christhard Gelau, Determinanten regelkonformen Verhaltens am Beispiel des Straßenverkehrs. Variablen der Norminternalisierung im Zusammenwirken mit Effekten polizeilicher Überwachungstätigkeit, in: *Kölner Zeitschrift für Soziologie und Sozialpsychologie* 54, 2002, S. 694-713; siehe auch Pfeiffer und Hautzinger, *Auswirkungen der Verkehrsüberwachung auf die Befolgung von Verkehrsvorschriften.*

27 Christian Lüdemann, Die Befolgung von Gesetzen. Eine theoriegeleitete Erklärung von Verhaltensbereitschaften und Verhalten auf der Grundlage einer Bevölkerungsumfrage, in: *Zeitschrift für Rechtssoziologie* 20, 1998, S. 116-135.

28 Christian Lüdemann, Zur Erklärung von Gesetzesübertretungen. Eine theoriegesteuerte Sekundäranalyse des ALLBUS 2000, S. 193-210 in: Andreas Diekmann et al. (Hg.), *Rational Choice. Theoretische Analysen und empirische Resultate. Festschrift für Karl-Dieter Opp zum 70. Geburtstag.* Wiesbaden: VS Verlag für Sozialwissenschaften 2008.

stahl und Schwarzfahren einerseits und Entdeckungswahrscheinlichkeiten andererseits. Für beide Delikte findet er einen signifikanten nicht-linearen Zusammenhang, der einer umgekehrten U-Kurve gleicht: Steigt die Entdeckungswahrscheinlichkeit, steigen zunächst die Gesetzesübertretungen, dann sinken sie wieder. Lüdemann erklärt dies damit, dass dann, wenn die Sanktionen nicht zu hoch sind, Schwarzfahren und Ladendiebstahl einen gewissen „Kick" vermitteln.

Lüdemann behandelt folgendes Problem bei der Überprüfung der Theorie durch Umfragen: Die ermittelten Handlungen werden immer vor dem Interviewzeitpunkt ausgeführt, während die erklärenden Variablen wie z. B. die Entdeckungswahrscheinlichkeit zum Zeitpunkt des Interviews gemessen werden. Dies bedeutet, dass die kausalen Faktoren (z. B. wahrgenommene Entdeckungswahrscheinlichkeit) *nach* den vermuteten Wirkungen (Gesetzesbefolgung) ermittelt werden. Dies könnte problematisch sein, wenn die ausgeführten Handlungen die Werte der erklärenden Variablen verändern oder auch wenn sich die Werte der erklärenden Variablen aus anderen Gründen ändern. Dieser Sachverhalt ist weniger problematisch, wenn man statt der Handlungen die Handlungs*intentionen* misst: Diese beziehen sich dann auch auf den Zeitpunkt des Interviews. Im ALLBUS wurden neben den Handlungen auch die Intentionen gemessen. Lüdemann prüft die Modelle u. a. auch für Handlungsintentionen.[29] Mit dieser abhängigen Variablen hat die Variable „Einstellung zum Delikt" für alle Delikte in beiden ALLBUS-Studien (1990, 2000) ohne Ausnahme die erwarteten Effekte. Die „Entdeckungswahrscheinlichkeit" hat in beiden ALLBUS-Studien drei erwartete Effekte (vier Effekte waren möglich). Bei der „Intention" als abhängige Variable stehen also die Ergebnisse stärker im Einklang mit unserer Theorie.

Einige Studien sind als Test unserer Theorie allerdings nicht akzeptabel. Dies gilt für die Dissertation von Heidrun Brauer.[30] Es handelt sich dabei um eine Befragung von Inhaftierten und einer (Kontrollgruppe) von Nicht-Inhaftierten. Die Stichprobe wird unterteilt in Personen, die wegen Diebstahls und wegen Verkehrsdelikten verurteilt wurden.[31] Brauer misst u. a. die „normative Abweichung" im Sinne einer negativen Einstellung gegenüber der Einhaltung von Gesetzen generell.[32] Die abhängige Variable ist die Delinquenzbelastung,[33] also generell das Ausmaß, in dem Gesetze nicht befolgt werden. In Regressionsanalysen mit insgesamt 22 Prädiktoren wird u. a. der Einfluss der so gemessenen nor-

---

29 Lüdemann, Die Befolgung von Gesetzen; siehe auch Christian Lüdemann, Massendelikte, Moral und Sanktionswahrscheinlichkeit, in: *Soziale Probleme* 13, 2002, S. 128-155.
30 Heidrun Brauer, *Ursachen von Diebstahl und Verkehrskriminalität bei Erwachsenen*. Hamburg: Hartmut Lüdke 1977.
31 Ebd., S. 217.
32 Ebd., S. 171.
33 Ebd., S. 189.

mativen Abweichung auf die Delinquenzbelastung ermittelt. Es fragt sich, inwieweit diese Hypothese mit unserer Theorie vereinbar ist. Diese geht davon aus, dass eine alternative Norm, die mit einem *bestimmten* Gesetz nicht vereinbar ist, zur Übertretung eben dieses Gesetzes führt. Eine *allgemeine* normative Abweichung ist also nicht Bestandteil unserer Theorie. Die von Brauer getestete These ist auch unvereinbar mit dem Prinzip der Kompatibilität,[34] nach dem nur *handlungsspezifische* Einstellungen für die Erklärung der betreffenden Handlungen von Bedeutung sind. Entsprechend ist es nicht verwunderlich, dass die Ergebnisse der von Brauer durchgeführten Regressionsanalysen nur sehr schwache Effekte der normativen Abweichung auf die Delinquenzbelastung zeigen.[35]

Auch Heidrun Brauer, Christian Frey und Manfred Amelang verwenden ein *generelles* Maß normativer Abweichung.[36] Allerdings bezieht sich die Delinquenzbelastung darauf, ob Befragte schon einmal in einem Kaufhaus etwas gestohlen haben oder ob sie schon einmal Morphiumtabletten geschluckt haben. Es gilt auch hier, dass die gemessene generelle normative Abweichung nicht gesetzesspezifisch formuliert ist. Hier sind allerdings die Ergebnisse mit der Theorie vereinbar, d. h. eine hohe normative Abweichung vermindert die Delinquenz.

Resümee der Forschung zur Überprüfung der Theorie

Tabelle 3 enthält in den drei letzten Zeilen zusammenfassende Maße für die Bestätigung der Theorie. Die letzte Zeile gibt für jede Spalte an, wie häufig die betreffende Variable bei den durchgeführten Untersuchungen den erwarteten Effekt hatte. Je Spalte wurde also die Anzahl der Bestätigungen durch die Anzahl der Tests dividiert. Wir haben dieses Maß den Bestätigungsgrad genannt. Am schlechtesten ist der Bestätigungsgrad für den *Grad der Informiertheit*: Hier finden wir bei fünf Untersuchungen nur eine Bestätigung. Die Probleme dieser Variable wurden in den zitierten Beiträgen diskutiert. Dass die Variable bedeutsam für die Befolgung von Gesetzen ist, kann kaum bezweifelt werden. Die Frage ist nur, was genau ihre Wirkung ist. Plausibel erscheint, wie oben angedeutet, dass ein *Erlaubnisirrtum* eine negative Wirkung auf die Gesetzeskonformität hat: D. h. wenn man irrtümlich glaubt, dass eine Handlung erlaubt ist, die in Wirklichkeit verboten ist, vermindert dies die Wahrscheinlichkeit einer Gesetzesbefolgung. Wenn man z. B. ein Schild übersehen hat, nach dem eine Geschwindigkeitsbegrenzung von 130 km pro Stunde besteht, und wenn man statt-

34 Icek Ajzen, *Attitudes, Personality, and Behavior*. Milton Keynes: Open University Press 1988.
35 Brauer, *Ursachen von Diebstahl und Verkehrskriminalität bei Erwachsenen*, S. 244-250.
36 Heidrun Brauer et al., Zur empirischen Validität von K.-D. Opps Modell der Entstehung abweichenden Verhaltens, in: *Kriminologisches Journal* 7, 1975, S. 99-112.

dessen 150 km pro Stunde fährt, dann ist diese Fehlinformation für das Ausmaß der Befolgung eines Gesetzes von Bedeutung. Aber selbst wenn ein solcher Erlaubnisirrtum besteht, wird das Ausmaß der Gesetzesbefolgung von einer Reihe anderer Bedingungen abhängen. So mag jemand grundsätzlich nicht schneller als 120 km pro Stunde fahren, um einen möglichst geringen Benzinverbrauch zu haben. Hier hat der Erlaubnisirrtum keine Wirkung. Mit anderen Worten, die Wirkungen der Informiertheit hängen von den Werten anderer Variablen ab, d. h. es besteht ein *Interaktionseffekt* mit anderen Variablen. Eine einfache Möglichkeit, in künftigen Untersuchungen diesen Interaktionseffekt zu prüfen, besteht darin, Regressionsgleichungen für zwei Situationen getrennt zu berechnen: zum einen für Personen, die einem Erlaubnisirrtum unterliegen, und zum anderen für Personen, bei denen dies nicht der Fall ist.

Der Einfluss der *normativen Abweichung* auf die Befolgung von Gesetzen hat sich relativ gut bestätigt: bei 14 Tests wurde der Effekt nur zweimal nicht gefunden. Schlechter bestätigt hat sich der Einfluss der *negativen Sanktionierung von Gesetzesübertretungen*. Hier ist anzumerken, dass die Variable in einigen Untersuchungen nicht so gemessen wurde, wie es eigentlich sinnvoll ist. Es sollte nämlich die erwartete subjektive Wahrscheinlichkeit und die Bewertung einer Sanktion durch die betreffende Person ermittelt werden. Zuweilen wurde z. B. nur die Entdeckungswahrscheinlichkeit gemessen.

Befunde anderer Untersuchungen zeigen, dass die wahrgenommene negative Sanktionierung von abweichendem Verhalten sehr unterschiedliche Effekte hat. Manchmal liegt kein Effekt vor, manchmal findet man positive und manchmal negative Effekte.[37] Dass negative Sanktionen bei Übertretung für die Erklärung von Normabweichungen von Bedeutung sind, kann kaum bezweifelt werden. So legten deutlich mehr Personen Gurte an, als die Gurtanlegepflicht 1976 gesetzlich eingeführt wurde. Nach Einführung eines Verwarnungsgeldes – also einer geringen Strafe – stieg die Anlegequote erneut, und zwar auf über 90%.[38] Hier hat sogar die bloße Einführung einer nicht sanktionsbewehrten gesetzlichen Regel zu einer Verhaltensänderung geführt. Dabei ist wohl nach allgemeiner Einschätzung (und auch faktisch) die Entdeckungswahrscheinlichkeit sehr gering. Andererseits gibt es Fälle, in denen auch härtere Sanktionen nicht wirken.

---

37 Zu der umfangreichen Literatur über Bestrafung und Kriminalität siehe z. B. Anthony N. Doob und Cheryl Marie Webster, Sentence Severity and Crime. Accepting the Null Hypothesis, in: *Crime and Justice* 30, 2003, S. 143-195 – mit weiteren Literaturhinweisen. Siehe auch Samuel Cameron, The Economics of Crime Deterrence. Survey of Theory and Evidence, in: *Kyklos* 41, 1988, S. 301-323.

38 Pfeiffer und Hautzinger, *Auswirkungen der Verkehrsüberwachung auf die Befolgung von Verkehrsvorschriften*, S. 11.

Die Frage ist also, unter welchen Bedingungen Sanktionen welche Wirkungen haben. Wir werden auf diese Frage später zurückkommen.

Die *positive Sanktionierung bei Befolgung* und *bei Übertretung* von Gesetzen hatten in drei von fünf Tests die erwarteten Effekte. Die *negative Sanktionierung bei Befolgung* und die *Anzahl normrelevanter Situationen* haben ohne Ausnahme die erwarteten Effekte. Wir werden auf diese Faktoren später ebenfalls zurückkommen.

Es ist schwierig, ein generelles Resümee zu ziehen. Einerseits kann man sagen, dass es schlimmer hätte kommen können, d. h. dass Bestätigungen noch seltener hätten auftreten können. Wenn man aber in Betracht zieht, dass man bei künftigen Forschungen noch viel verbessern kann, wie weiter unten noch diskutiert wird, lassen es die Untersuchungsergebnisse sinnvoll erscheinen, weiter an der Überprüfung und Modifikation der Theorie zu arbeiten.

Probleme der Theorie und Lösungsvorschläge

In diesem Abschnitt sollen einige Probleme der Theorie diskutiert werden. Weiterhin werden Vorschläge für Ihre Lösung gemacht.

Zur Wirkung von negativen Sanktionen auf Gesetzesübertretungen

Geht man von der Theorie rationalen Handelns aus, dann wirken negative Sanktionen (d. h. Handlungen Dritter, die das Ziel haben, eine negative Bewertung einer Normabweichung zum Ausdruck zu bringen) nur dann, wenn sie Kosten für den Sanktionierten sind. Dies ist nur dann der Fall, wenn Sanktionen subjektiv erwartet werden *und* wenn sie für den Befragten unangenehm (kostspielig) sind. Es ist daher von zentraler Bedeutung, dass diese beiden Sachverhalte in den Messungen von Sanktionen auch ermittelt werden. Es reicht also nicht aus, nur die vom Befragten wahrgenommene Entdeckungswahrscheinlichkeit zu messen.

Unter welchen Bedingungen könnten negative Sanktionen keine Wirkung oder eine positive Wirkung, d. h. einen Radikalisierungseffekt, haben? Die Erfahrung negativer staatlicher Sanktionen könnte zu positiv bewerteten Effekten (d. h. Nutzen) führen, z. B. zu Statuszuwachs und Anerkennung innerhalb von Gruppen oder zur Erfüllung persönlicher Bedürfnisse (Mutprobe, einen „Kick" bekommen[39]). Dies bedeutet, dass eine erwartete (oder aufgetretene) negative Sanktion *kausale Effekte* auf bestimmte positive Anreize für ein Verhalten hat. So hat sich empirisch gezeigt, dass bei hoher erwarteter staatlicher Repression

---

39   Lüdemann, Zur Erklärung von Gesetzesübertretungen.

positive Anreize auftreten,[40] die die Kosten der Sanktion kompensieren. Entsprechend führte eine hohe erwartete staatliche Repression dazu, dass Protestnormen aktiviert wurden und dass die soziale Zuwendung von Freunden stieg. Dies wiederum erhöhte die Teilnahme an Protesten.

Illustrieren wir die Wirkungen solcher *positiven Anreizeffekte von negativen Sanktionen* an einem einfachen Modell – siehe Abbildung 2. Nehmen wir an, wir finden eine sehr schwache negative und nicht signifikante bivariate Korrelation der Variable „negative Sanktionierung von Gesetzesübertretung" und „Gesetzesübertretung" von -.05. Dies würde die Hypothese eines Abschreckungseffektes zunächst widerlegen. Nun sei angenommen, dass die Sanktion in hohem Maße positive Anreize für die Übertretung von Gesetzen hervorruft, die wiederum einen starken positiven Effekt auf die Übertretung von Gesetzen haben. Aufgrund der Formel für die Berechnung des standardisierten (partiellen) Regressionskoeffizienten für die Wirkung der Sanktionierung (X_1) auf die Gesetzesübertretung (X_3) – die Formel ist in der Abbildung 2 enthalten – ergibt sich ein Effekt (β_{31}) von -.35. Würde man jedoch die Aktivierung positiver Anreize durch die Sanktionen ignorieren, würde man fälschlicherweise von einer Falsifizierung der Sanktionshypothese ausgehen. Dieses fiktive Beispiel zeigt, dass es *von zentraler Bedeutung für die künftige Forschung ist, die positiven Anreizeffekte negativer Sanktionen zu ermitteln.* Dies gilt auch deshalb, weil sich je nach dem Vorzeichen und der Größe der Korrelationskoeffizienten auch ein positiver Effekt der Sanktionierung (Radikalisierungseffekt) ergeben könnte.

Weiter ist es wichtig, nicht nur formelle, sondern auch informelle negative Sanktionen für Gesetzesübertretungen zu erheben. Bei der Auswertung ist weiter zu prüfen, ob vielleicht nichtlineare Effekte, wie sie Lüdemann gefunden hat,[41] vorliegen. Vielleicht existieren auch Schwelleneffekte. D. h. negative Sanktionen wirken erst ab einer bestimmten Wahrscheinlichkeit oder wenn die Kosten eine bestimmte Mindestgröße aufweisen.

---

40 Karl-Dieter Opp und Wolfgang Roehl, Repression, Micromobilization, and Political Protest, in: *Social Forces* 69, 1990, S. 521-548; Karl-Dieter Opp, Repression and Revolutionary Action. East Germany in 1989, in: *Rationality and Society* 6, 1994, S. 101-138.

41 Lüdemann, Zur Erklärung von Gesetzesübertretungen.

Abbildung 2: Eine Illustration für die positiven Anreizeffekte
negativer Sanktionen (fiktive Daten)

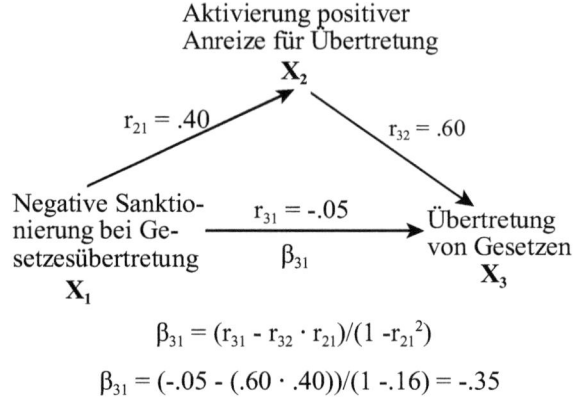

$$\beta_{31} = (r_{31} - r_{32} \cdot r_{21})/(1 - r_{21}^2)$$

$$\beta_{31} = (-.05 - (.60 \cdot .40))/(1 - .16) = -.35$$

Es erscheint weiter sinnvoll, die Quelle von informellen Sanktionen zu ermitteln. So ist zu erwarten, dass positive oder auch negative Sanktionen von
Bezugspersonen relativ stark wirken (wie etwa in der Theorie geplanten Verhaltens angenommen wird[42]). Wenn der Status bzw. die Reputation einer Sanktionsquelle von Bedeutung ist, dann gilt dies auch für den Staat. So erscheint es
plausibel, dass ein relativ großes *Vertrauen in den Staat* oder eine relativ positive
Bewertung staatlicher Aktivitäten und des politischen Systems (also eine geringe
politische Entfremdung) für die Wirkung von Sanktionen wichtig sind. Hier liegt
also ein Interaktionseffekt von Sanktionswahrscheinlichkeit, Sanktionsbewer-
tung und Bewertung der Sanktionsquelle vor. Ein weiterer Faktor könnte die
wahrgenommene *Legitimität der Sanktion* sein, d. h. das Ausmaß, in dem man
eine Sanktion – etwa ein verhängtes Bußgeld oder eine Gefängnisstrafe – als
gerechtfertigt ansieht.

Schließlich sollten weiter Interaktionseffekte der verschiedensten Art untersucht werden. So wäre es nicht unplausibel, dass die Wirkung einer negativen
Sanktion von Übertretungen von der Intensität der normativen Abweichung abhängt.

Ähnliches könnte für positive Sanktionen gelten. So wäre zu prüfen, ob positive oder auch negative kausale Anreizeffekte bestehen könnten. Von Bedeutung ist sicher, ob die Sanktionen von Bezugspersonen ausgehen bzw. ob die

---

42   Ajzen, *Attitudes, Personality, and Behavior.*

Bewertung der Sanktionsquelle mehr oder weniger positiv ist (siehe vorher). Schwelleneffekte erscheinen ebenfalls plausibel.

Wenn die Sanktionsvariablen hoch miteinander korrelieren, erscheint es sinnvoll, ein Gesamtmaß zu bilden. So schlägt Diekmann die Bildung der Variable „Nettonutzen der Sanktionen bei Übertretung einer Norm" vor.[43] Dieser Nettonutzen ist gleich

positive Sanktionierung bei Übertretung – negative Sanktionierung bei Übertretung – positive Sanktionierung bei Befolgung.

Wir schlagen vor, weiter additiv hinzuzufügen: negative Sanktionierung bei Befolgung. Wenn also die positive Sanktionierung der Übertretung eines Gesetzes sehr hoch ist, die negative Sanktionierung der Übertretung und die positive Sanktionierung bei Befolgung niedrig sind, dann ist der Gesamtnutzen einer Übertretung relativ hoch. Das von Diekmann vorgeschlagene Maß (ohne unsere Erweiterung) wurde in einigen Untersuchungen verwendet und zeigte klar die erwarteten Wirkungen.

Die vermutlich komplexen Bedingungen, die für die Wirkung von negativen (und vielleicht auch positiven) Sanktionen von Bedeutung sind, könnten durch *faktorielle Surveys* ermittelt werden. Die Bewertungsdimension könnte etwa das Ausmaß sein, in dem eine Person (aus der Sicht eines Befragten) eine Norm befolgt. Zu den Dimensionen, die hierfür relevant sein könnten, sollte z. B. der Belohnungswert bzw. Bestrafungswert der Sanktion, die Quelle der Sanktion bzw. deren Bewertung (z. B. mehr oder weniger gute Freunde), positive Folgen der Befolgung der Norm wie z. B. die Reputation bei wichtigen Dritten oder auch die Erfüllung persönlicher Ziele (wie z. B. etwas Aufregendes tun wollen) gehören. Ein solcher Survey könnte Aufschluss über die unterschiedlichen Bedingungen für die Wirkungen von Sanktionen auf die Befolgung von Gesetzen bzw. Normen generell geben. Weiter könnten andere Faktoren für die Wirkung von Gesetzen in die Dimensionen der Vignetten einbezogen werden. Da die Anzahl der Dimensionen beschränkt ist, sind vielleicht mehrere faktorielle Surveys sinnvoll. Dabei kann auch untersucht werden, inwieweit die Bedingungen (Dimensionen) personenspezifisch wirken, da bei einem faktoriellen Survey auch personenspezifische Analysen durchgeführt werden können. In einem solchen Survey könnte auch die Art der Delikte bzw. die Art der Regelbefolgung variiert werden. D. h. man könnte relativ „harmlose" Delikte wie Schwarzfahren und auch schwere Delikte wie Raub untersuchen.[44]

---

43   Diekmann, Bedingungen für die Befolgung von Gesetzen, S. 194.

44   Siehe einführend zu faktoriellen Surveys Michael Beck und Karl-Dieter Opp, Der faktorielle Survey und die Messung von Normen, in: *Kölner Zeitschrift für Soziologie und Sozialpsycho-*

Die Anwendung einer allgemeinen Handlungstheorie und einige Vorschläge für die Modifikation der Theorie

Die Theorie über die Befolgung von Gesetzen wurde nicht auf der Grundlage einer allgemeinen Handlungstheorie entwickelt. Das Ziel bestand vielmehr darin, Faktoren, die in der rechts- und kriminalsoziologischen Literatur zur Erklärung der Befolgung von Gesetzen genannt wurden, zu einer Theorie zu verbinden. Dies bedeutet, dass genau angegeben wird, welche Variablen in welcher Weise (d. h. positiv oder negativ) auf die abhängige Variable „Befolgung von Gesetzen" wirken. Dabei wird untersucht, inwieweit auf den ersten Blick unterschiedliche Faktoren gleiche oder ähnliche Sachverhalte bezeichnen. Dies gilt etwa für unsere Variable „Grad der Informiertheit" und „Rechtskenntnis". Obwohl die Ausdrücke unterschiedlich sind, beziehen sich die Variablen auf gleiche oder zumindest sehr ähnliche Sachverhalte. In einem nächsten Schritt wird dann versucht, die Variablen so zu formulieren, dass sie theoretisch fruchtbar sind, d. h. dass eine Wirkung auf die Befolgung von Gesetzen plausibel ist. Weiter werden die kausalen Beziehungen zwischen den erklärenden Variablen im Einzelnen spezifiziert.

Es liegt nun nahe zu prüfen, inwieweit die Theorie mit generelleren Theorien vereinbar ist. Eine solche Analyse ist aus zwei Gründen sinnvoll. Wenn sich zeigt, dass die Faktoren der Theorie mit denen genereller, bestätigter Theorien vereinbar sind, dann bedeutet dies eine zusätzliche Bestätigung. Weiter ist der Vergleich mit generelleren Theorien sinnvoll, weil sich daraus zusätzlich relevante Variablen ergeben könnten.

Die Vereinbarkeit der Theorie mit generelleren Theorien ist bereits früh diskutiert worden. So hat bereits Schraub die Theorie mit einer Variante der Theorie rationalen Handelns und der Anomietheorie verglichen.[45] Diekmann diskutiert die Vereinbarkeit mit der ökonomischen Kriminalitätstheorie, also einer Variante der Theorie rationalen Handelns.[46] Pfeiffer und Gelau weisen auf Beziehungen zur Wert-Erwartungstheorie hin – ebenfalls eine Variante der The-

---

logie 53, 2001, S. 283-306. Siehe auch Katrin Auspurg et al., Komplexität von Vignetten, Lerneffekte und Plausibilität im Faktoriellen Survey, in: *Methoden – Daten – Analysen* 3, 2009, S. 59-96 und einige Arbeiten in Peter Kriwy und Christiane Gross (Hg.), *Klein aber fein! Quantitative empirische Sozialforschung mit kleinen Fallzahlen*. Wiesbaden: VS Verlag für Sozialwissenschaften 2009. Einen ähnlichen Ansatz, in dem den Befragten verschiedene Szenarios vorgegeben werden, verfolgen Steven Klepper und Daniel S. Nagin, The Criminal Deterrence Literature. Implications for Research on Taxpayer Compliance, S. 126-155 in: Jeffrey A. Roth und John T. Scholz (Hg.), *Taxpayer Compliance*, Bd. 2: *Social Science Perspectives*. Philadelphia: University of Pennsylvania Press 1989.

45   Schraub, *Normübertretendes Verhalten am Beispiel des Rauchverbotes*, S. 52-76.
46   Diekmann, *Die Befolgung von Gesetzen*, S. 134-139.

orie rationalen Handelns.[47] Lüdemann leitet eine Reihe von Hypothesen, die mit dem ALLBUS 2000 geprüft wurden, aus Ajzens Theorie geplanten Verhaltens, der Theorie rationalen Handelns und der Anomietheorie ab.[48] Ausgehend von diesen Überlegungen ist zu vermuten, dass die Theorie nicht mit einer der genannten – und unseres Wissens auch mit keiner anderen – Theorie unvereinbar ist. D. h. es ist nicht der Fall, dass aus irgendeiner anderen Theorie folgt, dass die in der Theorie enthaltenen Faktoren irrelevant sind. Allerdings enthalten andere Theorien Faktoren, die in der Theorie über die Befolgung von Gesetzen nicht enthalten sind. Einige dieser Faktoren sollen im Folgenden diskutiert werden. Diese sollten in künftigen Forschungen gemessen werden.

Wir schlagen vor, in künftigen Untersuchungen folgende Arten von Faktoren einzubeziehen. In vielen Situationen, in denen Normen befolgt oder nicht befolgt werden, wie z. B. bei Geschwindigkeitsbegrenzungen, geht es u. a. darum, dass konkrete Ziele erreicht oder auch nicht erreicht werden können. Pfeiffer und Hautzinger diskutieren z. B. positive Konsequenzen bei der Übertretung und bei der Befolgung von Normen.[49] So dürften viele Fahrer die gesetzlich vorgeschriebene Pflicht, Gurte anzulegen, befolgen, weil sie damit einen Sicherheitsgewinn erreichen. Es erscheint plausibel, dass Fahrer, die besonders stark von diesem Sicherheitsgewinn überzeugt sind, Gurte selbst dann anlegen, wenn sie z. B. der Meinung sind, die Gurtanlegepflicht solle nicht gesetzlich vorgeschrieben werden, und wenn es etwa im Bekanntenkreis als mutig gilt, keine Gurte anzulegen. Mit anderen Worten: Bei jeder Art von Regelbefolgung oder Übertretung entstehen spezifische *Arten von Nutzen und Kosten*. Diese sind bisher nicht explizit in der Theorie enthalten. Sie sind jedoch vereinbar mit der Variable „Zielrelevanz" eines Gesetzes. Diese ist umso höher, „je mehr eigene Ziele in der Perzeption einer Person durch die Befolgung eines Gesetzes in umso höherem Grade realisiert werden und je stärker die Person an der Realisierung dieser Ziele interessiert ist".[50] Das Sicherheitsbedürfnis wäre ein solches Ziel. Die Definition dieser Variable „Zielrelevanz" ist deshalb dahingehend zu erweitern, dass auch solche Ziele von Bedeutung für die Befolgung sind, die bei einer Gesetzesabweichung erreicht werden. Bei einer Geschwindigkeitsüberschreitung wäre z. B. ein solches Ziel, einen wichtigen Gesprächstermin wahrnehmen zu können. Bei Anwendungen der Theorie wäre es daher wichtig, jeweils die spezifischen Ziele bzw. Kosten oder Nutzen empirisch zu ermitteln. Diese sind je nach Art der

---

47 Pfeiffer und Christhard Gelau, Determinanten regelkonformen Verhaltens am Beispiel des Straßenverkehrs, S. 696.
48 Lüdemann, Zur Erklärung von Gesetzesübertretungen.
49 Pfeiffer und Hautzinger, *Auswirkungen der Verkehrsüberwachung auf die Befolgung von Verkehrsvorschriften*, S. 17-18.
50 Opp, *Soziologie im Recht*, S. 205.

Norm verschieden. Wenn genügend Untersuchungen zu bestimmten Arten von Normen – etwa Verkehrsregeln – vorliegen, gelingt es vielleicht, ein *Inventar* von möglichen Nutzen und Kosten für jede Art von Gesetzen zu erstellen.

Eine wichtige Variable der Anomietheorie und der Theorie rationalen Handelns sind die *Möglichkeitsstrukturen*. Diese sind auch in der Theorie geplanten Verhaltens in der Variablen „Verhaltenskontrolle" enthalten. Wenn z. B. jemand einen Smart besitzt, kann er bestimmte Geschwindigkeiten nicht erreichen, die vielleicht verboten sind. Wenn in Bussen nicht bar bezahlt werden kann, ist es nicht möglich, dort Bargeld zu erbeuten. D. h. manche Gesetze können in bestimmten Situationen nicht oder nur schwer gebrochen werden. Es fragt sich, ob die Möglichkeitsstrukturen identisch mit der Variable *Häufigkeit normrelevanter Situationen* sind. Diese Häufigkeit ist umso größer, „je häufiger sich eine Person in Situationen befindet, in denen sie zwischen den Verhaltensalternativen Befolgung oder Übertretung der Norm wählen kann".[51] Im Falle des Smart und der Erbeutung von Bargeld in Bussen kann die Person nicht wählen. Es liegt also keine normrelevante Situation und auch keine Möglichkeit für abweichendes Verhalten vor. Betrachten wir Diekmanns Operationalisierung für Schwarzfahren in Hamburg: die Variable wurde operationalisiert als „Häufigkeit der Benutzung öffentlicher Verkehrsmittel".[52] Bezieht sich diese Messung auf die Häufigkeit, mit der jemand entscheiden kann, Fahrgeld zu hinterziehen oder nicht zu hinterziehen? Dies hängt von dem System der Fahrgeldzahlung ab. In Hamburg kann man gegenwärtig eine Fahrkarte an Automaten kaufen; die Fahrkarte wird beim Kauf entwertet. Mit dieser Fahrkarte darf man dann das Verkehrsmittel nutzen. Dies ist aber auch möglich, wenn man die Fahrkarte nicht kauft. Es gibt keine Sperre, bei der die Fahrkarte kontrolliert wird. Bei diesem System kann man also bei jeder Fahrt entscheiden, ob man Fahrgeld hinterzieht oder nicht. Es liegt also eine normrelevante Situation und auch eine Möglichkeit für abweichendes Verhalten vor. Wie steht es aber, wenn man vor der Benutzung des Verkehrsmittels und nach dem Ausstieg die Fahrkarte in einen Automaten schieben muss, bevor sich die Schranke öffnet? Nur bei gültiger Fahrkarte kann man also die Fahrt antreten und ohne Sanktion beenden. Hier ist die Häufigkeit der Nutzung sicher kein Indikator für „normrelevante Situationen", weil keine Möglichkeit für eine Fahrgeldhinterziehung besteht. Die genannte Operationalisierung ist also nur bei bestimmten Kontrollsystemen adäquat. In allen beschriebenen Beispielen ist die normrelevante Situation gleich der Möglichkeit für abweichendes Verhalten. Es scheint also, dass der Faktor „normrelevante Situationen" die Möglichkeitsstruk-

---

51   Diekmann, Bedingungen für die Befolgung von Gesetzen, S. 187.
52   Ebd., S. 190.

turen für die Befolgung oder Abweichung von Normen misst. Dies müsste aber weiter untersucht werden.

Neben den Sanktionen sind vielleicht zusätzlich noch die *Erwartungen wichtiger Dritter* (Bezugspersonen) von Bedeutung, wie die Theorie geplanten Verhaltens postuliert. D. h. wenn eine Person glaubt, dass wichtige Dritte wie z. B. Ehepartner oder gute Freunde ein Verhalten verurteilen würden – selbst wenn sie davon nichts erfahren und somit das Verhalten nicht sanktionieren würden –, dann dürfte dies die Normbefolgung oder -abweichung beeinflussen. Die Befolgung der Erwartungen Dritter ist dabei eine Art von Nutzen gemäß der Theorie rationalen Handelns.

Wir haben bisher offen gelassen, welche Version der Theorie rationalen Handelns angewendet werden sollte oder könnte. In einer Vielzahl neuerer soziologischer Schriften wird eine weite Version der Theorie angewendet, die sich klar von einer engen neoklassischen ökonomischen Version unterscheidet.[53] In der weiten Version werden z. B. alle Arten von Anreizen, also auch internalisierte Normen und Sanktionen, zugelassen. Internalisierte Normen sind z. B. Anreize, da bei deren Befolgung interne positive Nutzen (gutes Gewissen, positives Selbstwertgefühl) und bei deren Nicht-Befolgung interne Kosten (schlechtes Gewissen, Scham) entstehen. Darüber hinaus wird von Wahrnehmungen und nicht von objektiv gegebenen Sachverhalten ausgegangen. Im Prinzip können sich dabei Wahrnehmungen und reale Sachverhalte unterscheiden (z. B. subjektive und objektive Bestrafungswahrscheinlichkeiten). Man könnte hier auch von einer „subjektivistischen" Variante der Theorie rationalen Handelns sprechen. Diese weite Version ist keineswegs beschränkt auf Max Webers zweckrationales Handeln, wie oft fälschlicherweise behauptet wird.[54] So schließt die weite Version wertrationales Handeln ein, da Werte als bestimmte Arten von Präferenzen und damit Bestandteil der Theorie rationalen Handelns sind. Es ist im Rahmen dieses Aufsatzes nicht möglich, im Einzelnen auf diese weite Version einzugehen. Der Leser und die Leserin seien auf die angeführte Literatur verwiesen. Es sei nur angemerkt, dass wir die Anwendung einer weiten Version der Theorie

---

53 Vgl. z. B. Raymond Boudon, Subjective Rationality and the Explanation of Social Behavior, in: *Rationality and Society* 1, 1989, S. 173-196; Andreas Diekmann und Thomas Voss (Hg.), *Rational-Choice-Theorie in den Sozialwissenschaften. Anwendungen und Probleme*. München: R. Oldenbourg, 2004; Hartmut Esser, *Soziologie. Spezielle Grundlagen*, Bd. 1: *Situationslogik und Handeln*. Frankfurt, New York: Campus 1999; Peter Hedström, *Dissecting the Social. On the Principles of Analytical Sociology*. Cambridge: Cambridge University Press 2005; Karl-Dieter Opp, Contending Conceptions of the Theory of Rational Action, in: *Journal of Theoretical Politics* 11, 1999, S. 171-202; Karl-Dieter Opp, Die Theorie rationalen Handelns im Vergleich mit alternativen Theorien, S. 43-68 in: Manfred Gabriel (Hg.), *Paradigmen der akteurszentrierten Soziologie*. Wiesbaden: VS Verlag für Sozialwissenschaften 2004.

54 Siehe z. B. Rottleuthner, *Einführung in die Rechtssoziologie*, S. 73-75.

rationalen Handelns für die Erklärung der Befolgung von Gesetzen für sinnvoll halten.

Das mehrstufige Modell

Wir glauben, dass das Modell zweiter und höherer Stufe in folgender Weise verbessert werden sollte. Die Erklärung der abhängigen Variablen ab erster Stufe ist vermutlich unvollständig. So dürfte die Anzeigeneigung nicht nur von der (wahrgenommenen) sozialen Stigmatisierung und der perzipierten Kompetenz des Gesetzgebers abhängen. Bedeutsam dürfte etwa auch das Gefühl der Verpflichtung sein, bestimmte Delikte anzuzeigen; ein weiterer Faktor sind erwartete Repressalien bei Anzeigen. Es wäre wichtig, jede abhängige Variable (mit Ausnahme der Variable „Befolgung von Gesetzen") daraufhin zu analysieren, welche weiteren, nicht im Modell enthaltenen Variablen von Bedeutung sein könnten. Hierzu wäre ebenfalls eine allgemeine Handlungstheorie anzuwenden, etwa die Theorie rationalen Handelns. Aus der Perspektive dieser Theorie könnte also z. B. gefragt werden, was im Einzelnen die Nutzen und Kosten sind, ein Delikt oder auch einen bekannten Täter anzuzeigen. Ähnliche Fragen sind auch für die anderen abhängigen Variablen zu stellen. Dabei erscheint es sinnvoll, zunächst für jede einzelne abhängige Variable ab Stufe 1 ein getrenntes Modell zu entwickeln. Diese Modelle könnten dann später zusammengefügt werden. Dabei würde sich vermutlich ein *dynamisches Modell* ergeben, in dem eine detailliertere zeitliche Reihenfolge enthalten ist als in dem bisher vorgeschlagenen Modell.

Vorschläge für die empirische Forschung

Die bisherige Diskussion in diesem Aufsatz ruft geradezu nach einem neuen Forschungsprojekt. Ein solches Projekt sollte sich zunächst auf die Überprüfung der Theorie erster Stufe konzentrieren. Eine Alternative wäre, eine der abhängigen Variablen ab Stufe 1 herauszugreifen, hierzu eine Theorie zu entwickeln und diese zu prüfen.

Gehen wir davon aus, dass ein Modell erster Stufe Gegenstand eines Projekts ist. Eine erste Frage wäre, welche Art von Normbefolgung bzw. -übertretung (oder auch welche Art von Leistungsgesetz) ausgewählt werden soll. Die bisherigen Prüfungssituationen umfassten eher Bagatellhandlungen in dem Sinne, dass die Kosten der Handlungen relativ gering waren. Trotzdem handelt es sich um Tests der Theorie, da die Theorie in diesen Situationen prinzipiell hätte falsifiziert werden können und z. T. auch falsifiziert wurde. Ein strengerer Test läge vor, wenn die Theorie in möglichst unterschiedlichen Situationen getestet würde. Hierzu gehört u. a. eine Variation der Art der verletzten Normen oder Gesetze und der möglichen Kosten und Nutzen einer Regelverletzung. Zu denken wäre an Betrugsdelikte (z. B. unberechtigter Bezug von staatlicher Unterstützung), an Anbieten von Schwarzarbeit durch Personen, die Arbeitslosengeld oder sonstige staatliche Unterstützung beziehen, oder an die Beschäftigung von Schwarzarbeitern. Die große Zahl von Dunkelfeldstudien zeigt, dass es durchaus möglich ist, Daten auch über schwerwiegendere Delikte als Schwarzfahren zu erhalten. Da jene Delikte relativ häufig vorkommen, könnte mit einer relativ großen Zufallsauswahl begonnen werden. Eine Möglichkeit wäre auch, in Gefängnissen Interviews durchzuführen.[55] Es wäre denkbar, dass sich die Ergebnisse von Untersuchungen unterscheiden, wenn andere Testpersonen als Studierende ausgewählt werden. Für die Teststrenge der Theorie wäre es jedenfalls sinnvoll, die Testsituationen zu variieren.

Da sich die Theorie auf subjektive Phänomene bezieht, ist eine Umfrage sinnvoll. Ideal wäre, wenn diese mit einer Verhaltensbeobachtung kombiniert werden könnte. Dies dürfte jedoch praktisch schwierig sein. Eine Umfrage sollte aus einer Zufallsauswahl einer relativ großen Anzahl von Befragten bestehen – wir denken an mindestens 2000 Befragte, da dies die Analyse von Subgruppen ermöglicht.

Teil der Umfrage sollte ein faktorieller Survey sein (siehe oben). So könnten Befragten etwa 15 Vignetten vorgegeben werden, in denen die Wahrscheinlichkeit der Normbefolgung bzw. Normübertretung in unterschiedlichen Situationen ermittelt wird. Hier könnten auch schwerwiegende Delikte als Dimensionen einbezogen werden.

In den bisherigen Untersuchungen wurden sehr unterschiedliche Indikatoren für die Messung der theoretischen Variablen verwendet. Diese Indikatoren sollten daraufhin überprüft werden, ob sie sinnvolle Messungen der theoretischen Variablen sind. Wenn Indikatoren sinnvoll sind, sollten sie übernommen werden, um eine Vergleichbarkeit der Ergebnisse zu ermöglichen. Andernfalls müssen neue Operationalisierungen gefunden werden.

Weiter sollte geprüft werden, ob sinnvolle Messungen der Variablen der Theorie in anderen Untersuchungen gefunden werden können, die sich nicht explizit auf unsere Theorie beziehen. So haben Harold G. Grasmick und Donald E. Green Variablen wie die wahrgenommenen Kosten der Bestrafung, die Erwartung, von der Polizei verhaftet zu werden, und „moral commitment to the legal norm" gemessen.[56] Vielleicht sind dies besonders geeignete Indikatoren für den Test der Theorie?

---

55 Siehe z. B. bereits Brauer, *Ursachen von Diebstahl und Verkehrskriminalität bei Erwachsenen* und viele andere Forschungen, die in Gefängnissen durchgeführt wurden.
56 Harold G. Grasmick und Donald E. Green, Legal Punishment, Social Disapproval and Inter-

Bei der Skalenbildung sollte auch überlegt werden, inwieweit dieselben Skalen bei unterschiedlichen Arten von Gesetzen anwendbar sind und inwieweit Indikatoren bei verschiedenen Arten von Gesetzen umformuliert werden müssen. Angenommen, die Befolgung einer Verordnung, in der öffentlicher Alkoholkonsum in einem Vergnügungsviertel (wie St. Pauli in Hamburg) verboten wird, die Befolgung von Geschwindigkeitsbegrenzungen oder die Befolgung von Beförderungsrichtlinien in öffentlichen Verkehrsmitteln sollen erklärt werden. Inwieweit lassen sich bei diesen unterschiedlichen Arten der Befolgung identische Skalen oder gleiche „Bausteine" von Skalen verwenden? Zwar müssen sich die Skalen auf die konkrete Situation der Befolgung beziehen, wie oben bereits angedeutet wurde; vielleicht könnten aber einzelne Komponenten der Skalen so formuliert werden, dass deren Wortlaut bis auf die Art der jeweiligen Regelungen identisch ist. Diese Bausteine könnten dann in weiteren Untersuchungen verwendet werden.

Diekmann hat bereits in seinem Aufsatz im Jahre 1975 auf die Probleme von Querschnittstudien hingewiesen.[57] Auch Lüdemann hat, wie gesagt, ausgeführt, dass in Umfragen die Befolgung oder Übertretung von Normen immer vor dem Befragungszeitpunkt stattfindet, aber zum Befragungszeitpunkt erhoben wird, während sich die Werte der erklärenden Variablen auf den Befragungszeitpunkt beziehen. Es wäre denkbar, dass sich die Werte der erklärenden Variablen durch die Gesetzesbefolgung oder -übertretung (oder auch durch andere Faktoren) verändert haben. Dadurch könnte eine Theorie fälschlicherweise als bestätigt oder widerlegt angesehen werden. Derartige Probleme können zumindest gemildert werden, wenn eine *Panelstudie* von mindestens zwei Wellen durchgeführt wird, in der alle Variablen sowohl in Welle 1 als auch in Welle 2 gemessen werden. Ideal wäre es, wenn die erste Welle kurz vor Inkrafttreten eines Gesetzes und die zweite Welle kurz danach erhoben wird. Dies ist ein quasi-experimenteller Forschungsplan, in dem ermittelt werden kann, inwieweit Verhaltensänderungen (oder auch die Änderung von Einstellungen oder Kognitionen) durch die Änderung des betreffenden Gesetzes erfolgt und durch andere Faktoren beeinflusst wird. Um längerfristige Änderungen der Befolgung zu ermitteln, könnten weitere Wellen des Panels erhoben werden.

Bezüglich des Problems, dass Verhalten im Rahmen von Umfragen zeitlich vor dem Zeitpunkt des Interviews auftritt und zum Befragungszeitpunkt erhoben

---

nalization as Inhibitors of Illegal Behavior, in: *Journal of Criminal Law and Criminology* 71, 1980, S. 325-335. Siehe auch Harold G. Grasmick und Robert J. Bursik Jr., Conscience, Significant Others, and Rational Choice. Extending the Deterrence Model, in: *Law & Society Review* 24, 1990, S. 837-861.

57   Diekmann, Bedingungen für die Befolgung von Gesetzen, S. 196; siehe auch Diekmann, *Die Befolgung von Gesetzen*, S. 44-46.

wird, könnte z. B. in Welle 2 ermittelt werden, inwieweit ein Gesetz zwischen Welle 1 und 2 befolgt wurde. Diese Variable wäre dann die abhängige Variable; die unabhängigen Variablen sind dann die in Welle 1 erhobenen Variablen der ersten Stufe der Theorie. D. h. die abhängige Variable (Verhalten zwischen Welle 1 und 2) wird also nach den unabhängigen Variablen (Welle 1) erhoben. Weiter könnten Rückwirkungen ermittelt werden, z. B. die Wirkung von Sanktionen in Welle 1 auf die normative Abweichung in Welle 2.

Resümee

Wir haben in diesem Aufsatz analysiert, wie sich eine Anfang der 1970er Jahre vorgeschlagene Theorie über die Befolgung von Gesetzen weiterentwickelt hat, wie der heutige Stand der Theoriebildung und Forschung ist und wie die Theorie weiter verbessert und empirisch überprüft werden könnte.

Unser generelles Resümee ist, dass es sich durchaus lohnt, weiter an der Theorie zu arbeiten. Ein Grund ist, dass die Theorie auf einen relativ großen Bereich sozialer Phänomene anwendbar ist, nämlich die Erklärung der Befolgung von (formellen und informellen) Normen. Ein anderer Grund ist, dass zentrale Variablen der Theorie, die immer wieder in den Sozialwissenschaften für die Erklärung einer Vielzahl von Sachverhalten herangezogen werden, in dieser Theorie integriert sind. Schließlich kann die Theorie mit einer allgemeinen Handlungstheorie verbunden werden, wie die obige Diskussion gezeigt hat. Es ist zu hoffen, dass die vorangegangenen Überlegungen zur weiteren theoretischen Entwicklung der Theorie und zu weiterer empirischer Forschung, mit der die Theorie überprüft wird, beitragen.

„Unwissenheit schützt vor Strafe nicht"
Wissen und Wirkung im Recht[1]

Doris Mathilde Lucke

Einleitung

Recht wirkt – behauptet das Recht von sich selbst.[2] Aber wie, bei wem, wo und wodurch? Und wovon hängt die unterstellte Wirksamkeit ab? Auch Wissen wirkt – behauptet die Wissenschaft. Aber worin genau besteht diese Wirkung? Die Professionen des Rechts wie der Wissenschaft müssen sich somit prinzipiell dieselben Fragen stellen – oder zumindest gefallen lassen. Dabei stellt sich heraus, dass dem Wissen *und* der Wirkung im Untertitel kein auch nur annähernd gesichertes Wissen *um* die Wirkung im Recht gegenüber steht.[3]

Die Frage: „Wie wirkt Recht?"[4] als Teil der Rechtswirksamkeitsforschung markiert, wie Fragen der Normentstehung, der Zusammenhänge zwischen Gesetzestext und Rechtswirklichkeit oder auch von rechtlichem und sozialem Wandel, eine der Hauptfragestellungen rechtssoziologischer Analyse. Sie gehört von Anfang an sozusagen zu deren Kerngeschäft. Die andere Frage: „Was weiß Recht?" steht im Vergleich dazu noch nicht so lange im Fokus rechtssoziologischen Interesses und ist dementsprechend noch weniger bearbeitet.

Trotz einer auf Karl Mannheim zurückgehenden, nunmehr bald hundertjährigen Tradition der Wissenssoziologie,[5] die damit fast ebenso alt ist wie die Rechtssoziologie, zeichnet sich die theoretische wie auch die empirische Rechtsforschung in diesem Punkt eher durch Nicht-Wissen als durch Wissen aus. Ähn-

---

1   Es handelt sich um die überarbeitete Fassung meines Beitrags zur Tagung „Wie wirkt Recht?", die 2008 in Luzern stattfand. Siehe hierzu auch den gleichnamigen Tagungsband: Michelle Cottier et al. (Hg.), *Wie wirkt Recht? Ausgewählte Beiträge zum ersten gemeinsamen Kongress der deutschsprachigen Rechtssoziologie-Vereinigungen, Luzern 3.-6. September 2008.* Baden-Baden: Nomos 2010.

2   Bezogen auf das Recht als System, wie nachfolgend auch für die Wissenschaft, wird bewusst die nicht ganz korrekte personifizierte und pauschalierende Form verwendet.

3   Mit der additiven Verknüpfung wird, wie in anderen Formulierungsfällen, lediglich Unwissenheit kaschiert.

4   Zur Beantwortung der Frage für die Rechtsprechung siehe Armin Höland, Wie wirkt Rechtsprechung?, in: *Zeitschrift für Rechtssoziologie* 30, 2009, S. 23-46.

5   Karl Mannheim, *Wissenssoziologie. Auswahl aus dem Werk.* Berlin, Neuwied: Luchterhand 1964.

lich wie in Fragen der Akzeptanz als der trotz Max Webers Herrschaftslehre[6] und der dort angelegten Kategorie des Legitimitätsglaubens lange vergessenen Geltungsvoraussetzung von Recht[7] zeigt sie sich von wenigen Ausnahmen abgesehen erstaunlich unwissend.

Heinrich Popitz[8] immerhin unterscheidet mit nicht an jeder Stelle ausgewiesener Bezugnahme auf Theodor Geiger[9] zwischen Orientierungswissen als der Kenntnis der Norm und Realisierungswissen als der bekannten Entdeckungswahrscheinlichkeit im Falle ihrer Übertretung. Ergänzt werden diese beiden Formen des Rechtswissens um deren jeweilige subjektive Komponenten, nämlich um die Orientierungs- sowie die Realisierungsgewissheit als der von den Betreffenden angenommenen und mit einer gewissen Irrtumswahrscheinlichkeit behafteten Kenntnis des Rechts (Orientierungsgewissheit) und der auch nur vermuteten möglichen Entdeckung des Normbruchs (Realisierungsgewissheit), etwa beim Schwarzfahren.

Zu diesen Ausnahmen zählen weiterhin erkennbar in dieser Tradition stehende Theorien der Normbefolgung, wie sie etwa von Karl-Dieter Opp formuliert und weiterentwickelt wurden.[10] Neben dem Abweichungsgrad zwischen einer akzeptierten Sozialnorm und der geltenden Gesetzesnorm sowie der erwarteten negativen Sanktion einschließlich deren subjektiv vermuteter Eintrittswahrscheinlichkeit nennt Opp bei den Faktoren 1. Stufe als Bedingung für die Befolgung von Gesetzen den Grad der Information über das Gesetz. Er bezieht in seine Theorie somit auch kognitive Komponenten ein. Dies dürfte ähnlich auch für den Beitrag von Stefanie Eifler von Betracht sein, die sich nicht nur mit den Gründen für die Befolgung von Gesetzen, sondern auch mit denjenigen für die Abweichung von Normen befasst.[11]

---

6   Max Weber, *Wirtschaft und Gesellschaft. Grundriss der verstehenden Soziologie.* Tübingen: J. C. B. Mohr (Paul Siebeck) 1980, S. 122-176.

7   Zur Akzeptanz als der subjektiv-sozialen Kehrseite der Legitimation siehe grundlegend Doris Lucke, *Akzeptanz. Legitimität in der „Abstimmungsgesellschaft".* Opladen: Leske + Budrich 1995; Doris Lucke, Akzeptanz und Legitimation, S. 12-17 in: Johannes Kopp und Bernhard Schäfers (Hg.), *Grundbegriffe der Soziologie.* Wiesbaden: VS 2010; sowie speziell zu Fragen der Rechtsgeltung Klaus Lüderssen, *Genesis und Geltung in der Jurisprudenz.* Frankfurt am Main: Suhrkamp 1996.

8   Heinrich Popitz, *Die normative Konstruktion von Gesellschaft.* Tübingen: J. C. B. Mohr (Paul Siebeck) 1980.

9   Theodor Geiger, *Vorstudien zu einer Soziologie des Rechts.* Berlin: Duncker & Humblot 1987.

10   Siehe seinen Beitrag in diesem Band.

11   Siehe ihren Beitrag in diesem Band. Als Folge innerdisziplinärer Schwerpunktsetzungen verfügen wir im Fach über eine elaborierte Soziologie Abweichenden Verhaltens, aber nur über eine rudimentär entwickelte Soziologie der Konformität. Dieses Feld haben wir, wie das der zur Akzeptanzforschung korrespondierenden Reaktanzforschung, weitgehend der Sozialpsychologie überlassen.

In beiden Fällen wird es darum gehen herauszufinden, ob und inwieweit aus der Information über ein Gesetz, z. B. über die genauen Inhalte einzelner Paragraphen, tatsächlich kontextuiertes Wissen wird, das seinerseits nicht nur zu mehr oder weniger detaillierten und umfassenden Rechtskenntnissen führt, sondern auch in ein hiervon mitbestimmtes Rechts- bzw. Unrechtsbewusstsein einfließt. An den z. T. fließenden Übergängen von geforderter Normbefolgung und tolerierter Abweichung zieht Siegfried Lamnek in seinen empirischen Untersuchungen zum Missbrauch sozialstaatlicher Leistungen zu Zwecken der Operationalisierung von u. a. in Bezug auf Schwarzarbeit und Steuerhinterziehung stattfindenden Legitimitätsumkehren neben anderen Faktoren ebenfalls das (vermutete) Wissen um die Zahl der Normbrecher, die durch sie entstandene Schadenshöhe und die als angemessen betrachteten deliktspezifischen Strafmaße heran.[12]

Ein weiteres Beispiel für die Berücksichtigung von Wissensaspekten des Rechts ist neben der *Knowledge- and Opinion about Law*-(KOL)-Forschung der 1960er Jahre, welche die Kenntnis und Einstellung der Bevölkerung zum Recht zum Gegenstand hatte, die bereits angesprochene Rechtsbewusstseinsforschung. Sie wird mit wechselhaften Konjunkturen rechtssoziologischer Aufmerksamkeit und hiervon abhängiger Forschungsintensität seit Jahrzehnten auch interdisziplinär, u. a. im Verbund mit der Rechtspsychologie, der Rechtsethnologie und der Rechtsethologie, betrieben. Auch für dieses Forschungsgebiet ist selbstkritisch festzustellen, dass man über das Diktum Geigers: „Niemand kann wissen, was andere Menschen im Bewusstsein haben"[13] und die zuvor schon von Eugen Ehrlich angestellten Überlegungen zum Rechtsgefühl[14] bis heute nicht sehr weit hinausgekommen ist.[15] Stattdessen erscheint das Rechtsbewusstsein noch immer überwiegend als *black box*. Durchsetzt mit einer nicht zu unterschätzenden Zahl weit verbreiteter und inzwischen fortlaufend lexikalisch erfasster Rechtsirrtü-

---

12   Siegfried Lamnek et al., *Tatort Sozialstaat. Schwarzarbeit, Leistungsmissbrauch, Steuerhinterziehung und ihre (Hinter)Gründe*. Opladen: Leske + Budrich 2000.
13   Geiger, *Vorstudien zu einer Soziologie des Rechts*.
14   Eugen Ehrlich, *Grundlegung der Soziologie des Rechts*. München, Leipzig: Duncker & Humblot 1913.
15   Für einen Forschungsüberblick von mittlerweile schon rechtshistorischem Stellenwert, an dem sich aber trotz unbestreitbarer zwischenzeitlicher Forschungsanstrengungen und punktuell erzielter Fortschritte im Großen und Ganzen bis heute nichts Entscheidendes verändert hat, siehe Doris Lucke und Otto G. Schwenk, Rechtsbewusstsein als empirisches Faktum und symbolische Fiktion, in: *Zeitschrift für Rechtssoziologie* 13, 1991, S. 185-201 sowie Ernst-Joachim Lampe (Hg.), *Zur Entwicklung von Rechtsbewusstsein*. Frankfurt am Main: Suhrkamp 1997. Einen grundlegend neuen Impuls erhielt dieser Forschungszweig erst in den letzten Jahren durch die Suche nach einem Gerechtigkeitsgen; siehe hierzu die 2007 im Internet angestoßene und über das Humboldt-Forum Recht (HFR) abrufbare Diskussion zwischen Schwintowski und Lucke.

mer[16] stellt es sich als weithin unerforschte Gemengelage aus kognitiven, normativen, emotionalen und je nach Rechtsgebiet auch moralisierenden Elementen
dar. Zumindest indirekte Anknüpfungsmöglichkeiten ergeben sich schließlich
auch noch aus der sozialwissenschaftlichen Verwendungsforschung.[17] Mit Fragen, wie: Was wollen Praktiker von der Soziologie und den Sozialwissenschaften wissen? Welche Art von soziologischem und sozialwissenschaftlichem Wissen wird zu welchem Verwendungszweck und in welcher Absicht mit welchen
Ergebnissen und Folgen von der Praxis nachgefragt?, steht diese Forschungsrichtung zum einen in der Tradition soziologischer Theorie-Praxis-Debatten,[18] zum
anderen in der des US-amerikanischen *knowledge utilization research*.[19] Ihren
Höhepunkt erreichte sie parallel zum *Boom* der Implementations- und Evaluationsforschung in den 1980er Jahren.

Am Anfang der Verwendungsforschung stand der Gedanke, dass Wissen
die Rationalität in allen Teilbereichen der Gesellschaft steigert und zu vernünfti-
geren, transparenteren, wirtschaftlicheren und im Zweifel auch gerechteren Problemlösungen führt. Die zentrale Ausgangsfrage des DFG-Schwerpunktpro-
gramms[20] lautete dementsprechend: „Führt die Verwendung sozialwissenschaftlicher Argumentationen zu ‚rationaleren' Problemlösungen, und wenn ja: in
welche Richtung weist diese Rationalisierung?"[21] Speziell die Ver(sozial)wissen-
schaftlichung stand dabei paradigmatisch für die Grundüberzeugung einer sozial-
technokratischen Gestaltbarkeit und planvollen Optimierbarkeit der Gesellschaft
durch Rationalisierung.

---

16   Ralf Höcker, *Das dritte Lexikon der Rechtsirrtümer. Die Angst vorm Blaulicht und andere
      juristische Fehleinschätzungen.* Berlin: Ullstein 2008.
17   Unter dieser etwas sperrigen Bezeichnung wurde dieses Spezialgebiet auf Initiative von Heinz
      Hartmann und Ulrich Beck 1982 als Schwerpunktprogramm „Verwendungszusammenhänge
      sozialwissenschaftlicher Ergebnisse" bei der Deutschen Forschungsgemeinschaft (DFG) insti-
      tutionalisiert.
18   In den 1960er Jahren kulminierten diese im Werturteils- und Positivismusstreit. Siehe Theodor
      W. Adorno et al., *Der Positivismusstreit in der deutschen Soziologie.* Neuwied, Berlin: Luch-
      terhand 1969.
19   Schwerpunkte lagen vor allem auf den politischen Verwendungszusammenhängen von *policy
      decisions* und *public policy making*.
20   Ich selbst war in diesem Programm mit einem industriesoziologischen Projekt („Forschen im
      Industriebetrieb") und mit einem familiensoziologischen Forschungsprojekt vertreten. Für ei-
      nen resümierenden Rückblick auf Verwendungszusammenhänge der Familiengesetzgebung
      siehe Doris Lucke, Rechtssoziologie, Familiensoziologie und Familienrecht. Eine Fallstudie
      am Beispiel einer Jahrhundertreform, S. 86-114 in: Horst Dreier (Hg.), *Rechtssoziologie am
      Ende des 20. Jahrhunderts. Gedächtnissymposium für Edgar Michael Wenz.* Tübingen: Mohr
      Siebeck 2000.
21   Ulrich Beck und Wolfgang Bonß (Hg.), *Weder Sozialtechnologie noch Aufklärung? Analysen
      zur Verwendung sozialwissenschaftlichen Wissens.* Frankfurt am Main: Suhrkamp 1989, S. 7.

Forschungsleitend war weiterhin die Annahme einer prinzipiellen Überlegenheit wissenschaftlichen Wissens[22] gegenüber allen anderen Wissensformen, also z. B. gegenüber der praktischen Lebenserfahrung und Lebensklugheit, dem lokalen Wissen oder dem Alltagswissen.[23] Die andere – unmittelbar damit zusammenhängende – Ausgangsthese lässt sich mit der Formel: „Je mehr Wissen, desto besser"[24] auf den im Weiteren kritisch diskutierten Punkt bringen. „Wissenschaft verbessert die Welt" galt als das Credo eines zu dieser Zeit von Selbstzweifeln noch weitgehend ungetrübten Wissenschafts-, Steuerungs- und Fortschrittsglaubens, wie er sich anknüpfend an Weber auch schon in einer systematischen Lebensführung, der wissenschaftlichen Betriebsführung oder dem *scientific advertising* manifestiert hatte.[25]

Zu den bleibenden Erkenntnissen aus diesem Forschungsschwerpunkt gehört der Dreischritt: Verwendung – Verwandlung – Verwissenschaftlichung. Dahinter verbirgt sich die Einsicht, dass von der Wissenschaft generiertes Wissen von der Praxis nicht unverändert angewandt, also nicht 1 zu 1 umgesetzt wird. Wissen wird vielmehr im Zuge seiner Verwendung verwandelt und führt – von Beteiligten und Betroffenen teilweise auch unbemerkt – zu einer mehr oder weniger latenten Verwissen(sozial)schaftlichung von zuvor un- oder vorwissenschaftlich geführten Diskursen.

Ihr vorläufiges Ende fand die Verwendungsdiskussion, in der das Recht als potenzielles Anwendungsfeld soziologischen Wissens nur eine randständige Rolle spielte, mit dem von Ulrich Beck und Wolfgang Bonß unter dem programmatischen Titel: *Weder Sozialtechnologie noch Aufklärung* herausgegebenen Sammelband.[26] Ein Sonderband speziell zur „Verwendung soziologischen Wissens in juristischen Zusammenhängen" wurde von mir organisiert und erschien als Schwerpunktheft der *Zeitschrift für Rechtssoziologie*.[27]

---

22 Ebd., S. 12.
23 Im Unterschied dazu betrachtete Michel Foucault die politische Ökonomie als wichtigste Wissensform. Siehe Michel Foucault, *Geschichte der Gouvernementalität*, Bd. 1: *Sicherheit, Territorium, Bevölkerung. Vorlesung am Collège de France, 1977 - 1978*. Frankfurt am Main: Suhrkamp 2004, S. 162.
24 Beck und Bonß, *Weder Sozialtechnologie noch Aufklärung?*, S. 13.
25 Ideologiekritisch gegenüber der seinerzeit noch als Vorreiter der Rationalisierung gefeierten Wissenschaft und Technik war Jürgen Habermas, *Technik und Wissenschaft als „Ideologie"*. Frankfurt am Main: Suhrkamp 1968.
26 Der Band gibt mit Abschlussberichten zur sozialwissenschaftlichen Verwendung in Beratung, Klinischer Soziologie und Psychosozialer Praxis, Verwaltung und Wirtschaft sowie im Bereich Soziale Probleme und Soziale Kontrolle einen umfassenden Überblick über das Feld der Verwendungsforschung; siehe Beck und Bonß, *Weder Sozialtechnologie noch Aufklärung?*
27 Das Sonderheft enthält Beiträge aus den Bereichen Gesetzgebung, Ressortforschung, Strafrecht, Familienrecht, Sozialgerichtsbarkeit, Frauengleichstellungspolitik, Baurecht und Arbeits-

Angesichts der vielen weißen Flecken an der Schnittstelle von Rechtssoziologie und Wissen(schaft)ssoziologie wirft das hier zu bearbeitende Thema – insbesondere was das Verhältnis der juristischen Profession zum Alltagswissen und zu außerjuristischem Expertenwissen anlangt – mehr Fragen auf, als sich beim gegenwärtigen Stand der Erforschung der Zusammenhänge von Wissen – Wirkung – Recht wissenschaftlich fundiert beantworten lassen. In diesem Beitrag kann es deshalb in erster Linie nur darum gehen, mit einigen auf allgemeiner Ebene formulierten, teils provokativen und kontraintuitiven, aber rechts- und wissen(schaft)ssoziologisch informierten Thesen künftige Forschung anzuregen und ihr mit identifizierten Forschungs- und daraus resultierenden Wissenslücken im Sinne der *Further Research Is Nessecary*-(FRIN)-Konvention einige Impulse zu geben.

Hauptteil

Leer(!)stellen in der Forschungslandschaft haben – eine wissenschaftssoziologische Binsenweisheit –, wenn sie über Jahrzehnte anhalten, gemeinhin Gründe. Diesen nachzugehen lohnt sich zumal dann, wenn diese Lücken im Bereich der Grundlagenforschung anzusiedeln sind, die offenen Fragen in Überschneidungsbereichen nicht allein der Rechtssoziologie, sondern an der Schnittstelle von Allgemeiner Soziologie und Jurisprudenz liegen und mithin an ganz zentraler Stelle zutage treten. Dies ist mit Fragen zur Wirksamkeit sozialer und rechtlicher Normen als Grundfragen der Ordnungsbildung und des Erhalts von Sozial- und Rechtsordnungen der Fall. Sie treffen beide Disziplinen im Kern ihrer fachlichen Zuständigkeit. Wo also liegt das Problem? Worin bestehen die Schwierigkeiten?

In diesem konkreten Fall beginnen die Schwierigkeiten damit, dass allein schon die Erscheinungsformen von Wissen außerordentlich zahlreich sind. Ausgehend von den klassischen Unterscheidungen von *episteme* und *techné* wird professionelles Fach- und Expertenwissen, Nachschlage- und Routinewissen, Qualifizierungswissen, wie es in Repetitorien vermittelt und in Examina als Bücherwissen (*law in the books*) abgeprüft wird, unterschieden und das (rechts)gelehrte Bildungswissen der Scholaren vom Gebrauchswissen der Praktiker und dem Erfahrungswissen des Alltagsmenschen getrennt. Dazu kommen Unterscheidungen nach Alltagswissen, verbreitetem Allgemeinwissen und lokalem Wissen sowie von empirisch fundiertem Faktenwissen, auch in Form von

---

förderungsgesetz. Siehe *Zeitschrift für Rechtssoziologie* 7, 1988, Heft 2 (Schwerpunktheft zur „Verwendung soziologischen Wissens in juristischen Zusammenhängen").

Zahlen und Statistiken, Deutungswissen, Bilderwissen sowie schließlich von aktivem und passivem Wissen.

Kaum weniger vielfältig als diese Wissensformen, die empirisch in aller Regel nicht in idealtypischer Reinform, sondern in diversen Mischungsverhältnissen auftreten, sind die Kontexte, innerhalb derer Wissen im Recht rezipiert wird und als juristisches und außerjuristisches Wissen zur Anwendung gelangt. Hier lässt sich unterscheiden nach den legislativen, exekutiven, implementierenden, interpretierenden, argumentierenden und plädoyierenden Verwendungszusammenhängen von Gesetzgebung, Rechtsprechung, juristischer Kommentarliteratur, Rechtsberatungsgesprächen und Gerichtsverhandlungen. Eine ähnliche Vielfalt gilt für die Personen, die über dieses Wissen verfügen und dieses anwenden, also den Gesetzgeber, die Gesetzeskommentatoren sowie die Anwalt- und Richterschaft.

Dass zwischen dem im Rechtssystem vorhandenen Wissen und der damit erzielten Wirkung – als der unterstellten Folge der Umsetzung von wissensbasierten Definitions-, Interpretations- und Entscheidungsprozessen – wie immer geartete Zusammenhänge bestehen, erscheint auf den ersten Blick hoch plausibel – in der Theorie. Doch schon ein erster Versuch, die Korrelation zwischen einem gegebenen Informations- und Wissensstand, der auf Basis dieses Wissens geschaffenen Akzeptanz, z. B. einer Gesetzesreform, und der Effizienz des betreffenden Gesetzes empirisch exakt zu bestimmen, stößt auf erhebliche Schwierigkeiten. So lässt sich mit einer gewissen Übertragbarkeit auf die Wissenschaft und z. B. auch die Statistik feststellen, dass Personen mit ausgeprägten Rechtskenntnissen dem Recht tendenziell kritischer gegenüber stehen als jene (Glücklichen), die in ihrem Leben mit dem Recht noch kaum in Berührung kamen. In der Unkenntnis und Unerfahrenheit der bislang Verschonten bringen sie dem Recht umso größeres Vertrauen und auch seinen Repräsentanten höheren Respekt entgegen. Ebenso hatten ausschließlich auf Verbesserung des Wissensstands zielende Informationskampagnen, mit denen man sich erhoffte, allein durch mehr Zahlen- und Faktenwissen und inhaltliche Aufklärung die Akzeptanz etwa der Europäischen Union in der Bevölkerung zu erhöhen, erwiesenermaßen nur begrenzten Erfolg.[28] Nicht ohne Grund setzen erfolgreiche Werbekampagnen deshalb vor allem in der Wirtschaft längst nicht mehr nur auf Kognition, sondern immer stärker auch auf Emotion.[29]

---

28 Aus ähnlich gelagerten Gründen erfolgt die Bewertung von Politikerinnen und Politikern einschließlich der auf deren Popularität Einfluss nehmenden Politikberatung mittlerweile entlang der Kategorien Kompetenz und Sympathie.

29 Ein Beispiel hierfür ist die Autowerbung, bei der eine Fahrzeugmarke inzwischen kaum noch mit technischen Details im Stile einer Gebrauchsanweisung, sondern mit *lifestyle*-Attributen, ja

Dabei ist schon der Wirkungsbegriff selbst heute zunehmend kritisch zu sehen. In dem Maße, in dem etwa im Lichte der Systemtheorie Niklas Luhmanns Handlungen auch ohne Handelnde in den Bereich des Denkmöglichen rücken und die Welt sich als „Korrelat aller in ihr stattfindenden Operationen"[30] darstellt – und nicht mehr als Lebenswelt sinnhaft aufeinander bezogen, d. h. sozial handelnder Menschen erscheint –, werden nicht nur Vorstellungen vom Handeln als einem willentlichen Akt des Bewirkens einer Wirkung brüchig. Inzwischen wird selbst die für die Existenz geistes- und sozialwissenschaftlicher Fächer konstitutive Willensfreiheit noch von einer ganz anderen Wissenschaftsrichtung *ad absurdum* geführt. Damit werden auch die traditionellen Unterscheidungen von Wirkungen, Auswirkungen sowie beabsichtigten und unbeabsichtigten Nebenwirkungen sinnlos und die Handlungstheorie zusätzlich mit aktuellen Ergebnissen aus Hirnforschung und Neurobiologie konfrontiert, auf die sich auch Gerhard Wagner in seinem Beitrag in diesem Band bezieht.

Wagner definiert Normen – zunächst mit hohem erwartbaren inner- und interdisziplinärem Konsens – als „kollektive Vorstellungen", aber auch – nunmehr auf dem aktuellen Stand zwischen den großen Wissenschaftslagern hoch kontroverser Diskurse – als „mentale Eigenschaften [...], die auf biochemischen und letztlich physikalischen Eigenschaften supervenieren", also ohne auf diese in einem streng reduktionistischen Sinne vollständig rückführbar zu sein, doch von diesen zwangsläufig abhängen. Vor diesem Interpretationshintergrund betrachtet er die Wirksamkeit von Rechtsnormen – innerhalb seiner paradigmatischen Ausrichtung folgerichtig – „als eine Kausalität von Kräften".[31]

Eine mit Blick auf die Effektivitäts-, also Wirkungsforschung insgesamt interessante und die in diesem Band verhandelten Themen verbindende Position vertritt Hubert Treiber in seinem Beitrag in diesem Band, wenn er „Wirkung als eine der möglichen Verwirklichungen dessen, was (von Akteuren; D.M.L.) tatsächlich gewollt war", definiert. In dieser Definition sind mit Wirkung, Wirklichkeit und Wille – mit Ausnahme von Wissen – alle in diesem Kontext wesentlichen Begriffe enthalten. Zugleich macht diese Begriffsklärung auf weiterführende Bedeutungskonnotationen von „effizient" und „effektiv" aufmerksam,[32]

---

sogar mit Natur beworben wird. Vor der ökologischen Wende stand diese noch in krassem Gegensatz zur Technik und wäre niemals mit Kraftfahrzeugen in Verbindung gebracht worden.

30   Niklas Luhmann, *Die Gesellschaft der Gesellschaft*. Frankfurt am Main: Suhrkamp 1997, S. 153.

31   Siehe seinen Beitrag in diesem Band. Einen ähnlich kausalen Wirkungsbegriff verwenden Hubert Rottleuthner und Margret Rottleuthner-Lutter in ihrem Beitrag ebenfalls in diesem Band.

32   Der Begriff „effizient" bedeutet, in *Input-Output*-Relationen gemessen, so viel wie „besonders wirtschaftlich". Über unterstellte Leistungsfähigkeit und Erfolgsgebundenheit zugleich hoch positiv konnotiert entspringt er mehr der Gedankenwelt des *homo oeconomicus* als derjenigen

welche zugleich die, wenn ich es recht sehe, bislang eher tabuisierte Frage aufwirft: Warum eigentlich muss Recht „effizient" sein? Weshalb soll es dem binären Code der Wirtschaft gehorchen, statt zu versuchen, dem eigenen Code gerecht–ungerecht wenigstens einigermaßen zu entsprechen – und damit alltagssprachlich formuliert „beim eigenen Leisten" zu bleiben?[33]

In der Politik wurde der mit dem Wirkungsbegriff eng verknüpfte und der (gescheiterten) Idee sozialtechnokratischer Gesellschaftsplanung verhaftete Steuerungsbegriff inzwischen durch den der „Lenkung" ersetzt. Ebenso geht man – mit überdenkenswerten Parallelen zur Rechtswirksamkeitsforschung – in der Medienwirkungsforschung trotz offizieller Beibehaltung der ursprünglichen Fachbezeichnung mittlerweile nicht mehr von einseitig gerichteten Sender-Empfänger-Relationen mit technisch determinierten und entsprechend limitationalen Medienwirkungen aus.

Die allmähliche Abkehr vom Wirkungsbegriff betrifft dabei längst nicht mehr nur die schon seit Langem fragwürdigen monokausalen Erklärungen, die als zu stark vereinfachend mittlerweile in fast allen Disziplinen sowie in Teilgebieten in und außerhalb der Wissenschaft verworfen wurden. Vielmehr gibt es Hinweise auch auf eine generelle Abwendung vom Erklären als dem in seiner Vorzugsstellung lange unumstrittenen und bislang legitimsten Typus wissenschaftlichen Argumentierens.

Damit steht – mit dem Wirkungsbegriff ebenfalls unmittelbar zusammenhängend – auch der Begriff der Kausalität zur Disposition. Als der Zurechenbarkeit einer beobachteten Wirkung auf eine oder mehrere eindeutig identifizierbare Ursachen, welche zugleich weitere möglicherweise wirksame Faktoren ausschließt, setzt er außer der Vorstellung unilinearer und als solche irreversibler Wirkbeziehungen zugleich ein lineares Zeitverständnis voraus. In ihm ist impliziert, dass es zu einer in einem bestimmten Zeitpunkt beobachteten Wirkung ein ihr zeitlich vorgelagertes und von dieser Wirkung *per se* auch sonst unabhängiges Ereignis gibt, welches das beobachtete und als erklärungswürdig betrachtete alternativlos und kontingenzfrei nach sich zieht.[34]

In der Soziologie spricht man, wie in Teilen der Wissenschaftstheorie, inzwischen anstelle von „Ursachen" jetzt immer häufiger von begünstigenden, weniger begünstigenden oder nicht begünstigenden, also ver- und behindernden

---

eines *homo legalis* oder *iuridicus*. „Effektiv" dagegen bedeutet nicht nur wirkungsvoll, sondern auch wirklich.

33 Im Grunde ist das so, wie wenn – als Beispiel für auch anderswo stattfindende Rationalitätenübergriffe – die wissenschaftliche Qualität einer Universität an der Durchlaufgeschwindigkeit von Studierenden gemessen wird.

34 Zu einer hiervon abweichenden und diese aufweichenden Vorstellung von Kausalität siehe Niklas Luhmann, Kausalität im Süden, in: *Soziale Systeme* 1, 1995, S. 7-28.

„Bedingungen" und geht eher von kompliziert miteinander verschlungenen Beziehungsnetzen als von geradlinig einfachen Ursache-Wirkungs-Ketten aus. Entsprechend der aristotelisch-hermeneutischen Theorietradition sollen „Wie möglich?"-Fragen beantwortet und nicht (mehr nur) die in der galileischen Tradition der Naturwissenschaften stehenden „Warum?"-Fragen einer Beantwortung zugeführt werden.

Bei Georg Henrik von Wright[35] findet sich – mit unmittelbarer Anschlussfähigkeit an Alfred Schütz[36] und dessen Unterscheidung von „Umzu"- und echten „Weil"-Motiven – eine Erweiterung des kausalen Erklärungsbegriffs auch auf funktionalistische Erklärungen.[37] Zuvor hatte sich auch schon Geiger mit seinem Monitum: „Die Norm ist kein Befehl!"[38] von dem deterministischen Wirkungsverhältnis zwischen der Norm und ihrer Befolgung distanziert.[39] Über die „Alternativwirkungschance der Norm" wurde nur noch eine sehr viel losere, probabilistische Verknüpfung zwischen beiden hergestellt und damit zugleich die Vorstellung von Mechanismen als gesetzhaften Verkopplungen von in zwingender Notwendigkeit aufeinander folgenden Ereignissen aufgegeben.

Statt in Kausalitäten beginnt man nun zunehmend in Kontingenzen zu denken – alles, was ist, kann prinzipiell auch anders sein. Und nicht nur in modischen Chaostheorien fängt man an, nach Koinzidenzien, also nach mehr oder weniger zufällig zeitgleich auftretenden und sich wechselseitig irgendwie beeinflussenden Ereignissen zu forschen.[40]

Wie groß Ausmaß und Reichweite der derzeit ablaufenden epistemologischen und methodologischen Veränderungen sind, lässt sich anhand eines Beispiels aus dem medizinisch-pharmazeutischen Bereich illustrieren. Auf dem mittlerweile auch über die Soziologie hinaus erreichten Reflektionsstand kann niemand mit Anspruch auf Glaubwürdigkeit und wissenschaftliche Redlichkeit sagen, ob ein Patient *wegen* der Gabe eines bestimmten Medikaments wieder gesund wurde oder *trotz* der Arznei überlebte. Auch dürfte ein hinzugezogener Arzt, wenn er hinreichend reflektiert und zugleich ehrlich ist (und nicht nur als Vertreter seiner Profession antwortet), kaum mit absoluter Sicherheit feststellen

---

35 Georg Henrik von Wright, *Erklären und Verstehen*. Frankfurt am Main: Athenäum 1974.
36 Alfred Schütz, *Der sinnhafte Aufbau der sozialen Welt. Eine Einleitung in die verstehende Soziologie*. Wien: Springer 1932.
37 Bei diesem Typ von Erklärungen liegen die Quasi-Ursachen nicht in der Vergangenheit, sondern mit den Handlungsintentionen, die als Motive des Handelnden in die Vergangenheit zurückverlagert werden, in der Zukunft.
38 Geiger, *Vorstudien zu einer Soziologie des Rechts*.
39 Siehe hierzu auch die Beiträge von Opp und Eifler in diesem Band.
40 Ebenso wird das Beweisen einer Theorie durch empirische Befunde, analog zum aus dem Radikalen Konstruktivismus stammenden Prinzip der Viabilität, ansatzweise schon durch Passen bzw. Nicht-Passen ersetzt.

können, ob jemand *an* der Schweinegrippe, bei vorhandenen Mehrfacherkrankungen *auch* an der Schweinegrippe oder angesichts einer medial gesteigerten Aufmerksamkeit für bestimmte Symptome und deren dadurch fast schon ihrerseits krankhaft gewordene Zwangszurechnung auf das gehypte Krankheitsbild möglicherweise gar überhaupt nur *in Zeiten* der Schweinegrippe verstorben ist.[41]

Die sich darin abzeichnenden Paradigmenwechsel haben sich in den unterschiedlichsten Bereichen je nach disziplinärer Zugehörigkeit und den dort vorherrschenden wissenschaftstheoretischen Positionen und Konventionen bis heute unterschiedlich weit durchgesetzt und, indem an Deutungskraft, nach dem Gesagten weniger wohl an Erklärungsmacht überlegene neue Vorstellungen die alten Anschauungen entsprechend den „Strukturen wissenschaftlicher Revolutionen"[42] ablösen, zu einem Wandel der herrschenden Auffassungen geführt.

Derartige Erkenntnisfortschritte mehr oder weniger konsequent ignorierend gehört es zu den offenbar unerschütterbaren Bestandteilen des professionellen Selbstverständnisses des Rechts, mit hoher selbstbewusst zur Schau getragener Selbstverständlichkeit davon auszugehen, dass Recht auch tatsächlich Recht schafft, insoweit also nicht nur wirkt, sondern zugleich ein im besten Sinne „rechtschaffenes" ist. Ebenso zeigt sich die Wissenschaft entsprechend ihrer Professionsideologie traditionell davon überzeugt, dass Wissenschaft Wissen schafft und wissenschaftliches Wissen seinerseits Wirkungen zeitigt, die sie von der praktischen Unwirksamkeit der Produktionen reiner *l'art pour l'art*-Projekte unterscheiden. Was das Recht beansprucht, nimmt – mit mittlerweile gedämpfter Selbstsicherheit – auch die Wissenschaft für sich in Anspruch. Sie nimmt an, dass die kognitiven Operationen des Wissenserwerbs und Erkenntnisgewinns die Welt, die nicht unabhängig von einer sie erkennenden Wahrnehmung existiert,[43] in welcher Form, in welchem Ausmaß und in welcher Richtung auch immer, verändern. Wissen hat – so die für die Professionen des Rechts wie die der Wissenschaft konstitutive Grundannahme – wie das Recht Effekte, welche die Welt

---

41   Analog dazu erklärt auch der „Wertewandel" keine beobachteten Einstellungs- oder Verhaltensänderungen im streng kausalen Sinn, sondern unterlegt diese nur mit einer für relevante Mehrheiten akzeptablen Deutung. Friedrich Nietzsche ist die – frühe und umso luzidere – Einsicht zu danken, dass auch die Physik nur eine solche Weltauslegung neben anderen möglichen darstellt.

42   Thomas S. Kuhn, *Die Struktur wissenschaftlicher Revolutionen*. Frankfurt am Main: Suhrkamp 1970.

43   Zur konstruktivistischen Position, die schon vor dem Radikalen Konstruktivismus (siehe Ernst von Glasersfeld, *Der radikale Konstruktivismus. Ideen, Ergebnisse, Probleme*. Frankfurt am Main: Suhrkamp 1996) innerhalb der traditionellen Wissenssoziologie vertreten wurde, siehe Peter L. Berger und Thomas Luckmann, *Die gesellschaftliche Konstruktion der Wirklichkeit. Eine Theorie der Wissenssoziologie*. Frankfurt am Main: S. Fischer 1969.

zu einer machen, die ohne dieses Wissen und ohne dieses Recht eine andere wäre.[44]

Auf den Anwendungsbereich des Rechts übertragen lautet die Ausgangsannahme der sozialwissenschaftlichen Verwendungsforschung: Je mehr wissenschaftliches Wissen der Normsetzung, der Normauslegung sowie gerichtlichen Entscheidungen zugrunde liegt, umso besser – d. h. vor allem gerechter – sind die Gesetze und umso vorhersehbarer die auf ihrer Basis gefällten Urteile. Kurz gesagt: Je vollständiger, lückenloser und systematischer die Wissensbasiertheit des Rechts, desto größer ist die mit ihm erzielbare Gerechtigkeit und desto höher zugleich auch die Rechtssicherheit. Sicheres Wissen – so die Annahme auf dem damaligen Stand der Verwendungsdiskussion – sichert auch die Sicherheit des Rechts. Entsprechend den Hierarchisierungen zwischen traditionell höher bewertetem naturwissenschaftlich-technischen und geringer geschätztem geistes- und sozialwissenschaftlichen Wissen bezog sich „gesichertes" Wissen dabei hauptsächlich auf szientistisches, empirisch und hier insbesondere durch experimentelle Versuchsanordnungen gewonnenes Wissen und erst in zweiter Linie auch auf theoretisches, insbesondere hermeneutisches Deutungswissen.[45] Inzwischen ist – gewissermaßen als eine Spätfolge der Verwendungsforschung – demgegenüber die Erkenntnis gereift, dass auch das auf dem jeweiligen Stand der Forschung „sichere" Wissen stets riskantes Wissen ist.[46]

Wie wissenschaftliches Wissen nun nur noch als gesichert geglaubtes oder als sicher ausgegebenes erscheint, so wurde auch das Postulat der Gerechtigkeit mittlerweile entmystifiziert und modifiziert. Von John Rawls, einem der bis heute einflussreichsten Theoretiker des Rechts und der Gerechtigkeit,[47] wird Gerechtigkeit aus Rationalität und Fairness abgeleitet und Gerechtigkeit in seiner

---

44 Zu Zusammenhängen von Wissen und Wirklichkeitsdefinitionen siehe Heinz Abels, *Wirklichkeit. Über Wissen und andere Definitionen der Wirklichkeit, über uns und Andere, Fremde und Vorurteile.* Wiesbaden: VS 2009.

45 Zur so nicht mehr haltbaren Unterscheidung zwischen Natur- und Sozialwissenschaften siehe Karin Knorr-Cetina, Soziale und wissenschaftliche Methode oder: Wie halten wir es mit der Unterscheidung zwischen Natur- und Sozialwissenschaften?, S. 275-298 in: Wolfgang Bonß und Heinz Hartmann (Hg.), *Entzauberte Wissenschaft. Zur Relativität und Geltung soziologischer Forschung. (Soziale Welt,* Sonderbd. 3*).* Göttingen: Schwartz 1985.

46 Dies ergibt sich rein logisch schon daraus, dass Sicherheit nicht das Gegenteil von Risiko ist; siehe Niklas Luhmann, *Soziologie des Risikos.* Berlin, New York: de Gruyter 1991. Speziell zu informiertem Wissen als riskantem Wissen siehe Nina Degele, *Informiertes Wissen. Eine Wissenssoziologie der computerisierten Gesellschaft.* Frankfurt am Main, New York: Campus 2000; zum Risiko des Nicht-Wissens siehe Wolfgang Krohn, Das Risiko des (Nicht-)Wissens. Zum Funktionswandel der Wissenschaft in der Wissensgesellschaft, S. 97-118 in: Stefan Böschen und Ingo Schulz-Schaeffer (Hg.), *Wissenschaft in der Wissensgesellschaft.* Wiesbaden: Westdeutscher Verlag 2003.

47 John Rawls, *Eine Theorie der Gerechtigkeit.* Frankfurt am Main: Suhrkamp 1975.

Folge nunmehr im Wesentlichen als Fairness konzeptualisiert.[48] Kurz davor hatte Luhmann die Latte ebenfalls tiefer gehängt und anstelle des Lobs der als unerreichbar erkannten Gerechtigkeit das der herstellbaren Routine gesungen. Mit der „Legitimation durch Verfahren"[49] wird Recht prozeduralisiert und Gerechtigkeit nicht wie bei Rawls durch Fairness, sondern durch Verfahrensfehlerfreiheit ersetzt. Kann kein solcher Fehler nachgewiesen werden, ist das Urteil – als Sieg der formalen Effizienz über die materiale Akzeptanz – ersatzweise als „gerecht" anzunehmen.

Aber, so müssen wir obige Effizienzfrage aufgreifend und auf dem nunmehr erreichten Erkenntnisstand in vielerlei Hinsicht skeptisch geworden fragen: Macht mehr Wissen das Recht tatsächlich gerechter oder (auch) nur effizienter?

Wie das Rechtssystem davon überzeugt war – und über weite Teile noch immer ist –, dass mehr Gesetze mehr Gerechtigkeit schaffen, so ging man im Wissenschaftssystem lange Zeit davon aus, dass durch fortschreitende Wissensakkumulation Wissen nicht nur komplexer, sondern auch immer kompletter wird und man dadurch immer näher an die eine, einzige Wahrheit und an die eine, wirkliche Wirklichkeit herankommt. Wahrheit und Wirklichkeit waren dabei, wie so Vieles vor der Welle allenthalben einsetzender Pluralisierung, nur im Singular vorstellbar.[50] Dies werde dann, so die Annahme weiter, in der als unverbrüchlich unterstellten Triade: Wissen – Wahrheit – Wirklichkeit[51] in an Auguste Comte und Karl Marx erinnernder gesetzesähnlicher Zwangsläufigkeit und getragen vom Vertrauen auf die Selbstdurchsetzungskraft von Recht und Wissen gleichsam automatisch auch zu einer besseren Gesellschaft führen. Speziell ein gerechteres Recht sei – als subsystemübergreifender Synergieeffekt von Verrechtlichung und Verwissenschaftlichung – somit einerseits durch mehr Gesetze

---

48 Für feministisch inspirierte Gerechtigkeitsvorstellungen siehe Barbara Degen, *Justitia ist eine Frau. Geschichte und Symbolik der Gerechtigkeit*. Opladen, Farmington Hills: Budrich 2008; für neue Theorien des Rechts siehe Sonja Buckel et al. (Hg.), *Neue Theorien des Rechts*. Zweite Auflage. Stuttgart: Lucius & Lucius 2009.

49 Niklas Luhmann, *Legitimation durch Verfahren*. Neuwied, Berlin: Luchterhand 1969.

50 Zur Vielzahl pluralisierungsbedingt mittlerweile unterschiedener Wahrheiten und entsprechend vieler Wahrheitstheorien siehe Jürgen Habermas, Wahrheitstheorien, S. 211-265 in: Helmut Fahrenbach (Hg.), *Wirklichkeit und Reflexion. Walter Schulz zum 60. Geburtstag*. Pfullingen: Neske 1973 sowie Karen Gloy, *Wahrheitstheorien. Eine Einführung*. Tübingen, Basel: Francke 2004 und Josef Seifert, *Der Streit um die Wahrheit. Wahrheit und Wahrheitstheorien*. Heusenstamm: Ontos 2009; zur prinzipiellen Fragwürdigkeit, aber auch Vielfalt des Wirklichkeitsbegriffs siehe Paul Watzlawick, *Wie wirklich ist die Wirklichkeit? Wahn, Täuschung, Verstehen*. München, Zürich: Piper 1976.

51 Gegen dieses Junktim steht die Aussage: „Nichts ist wahr ohne sein Gegenteil" von Martin Walser – kein Soziologe und vor allem nicht zu verwechseln mit dem Gerechtigkeitstheoretiker Michael Walzer!

und andererseits durch mehr juristisches und namentlich auch außerjuristisches wissenschaftliches Wissen erzielbar.

Entgegen der wegen ihrer scheinbaren Eingängigkeit lange unhinterfragt gebliebenen impliziten Logik der Verwendungsforschung, wonach im Analogieschluss mehr Wissen auch das Recht „selbstverständlich" (ver)bessert und mehr (sozial)wissenschaftliches Wissen in den Köpfen von Juristen quasi „natürlich" auch zu gerechteren Urteilen führe, ist auf dem heutigem Diskussionstand um Wissen und Nicht-Wissen zu fragen, ob (partielle) Unwissenheit nicht umgekehrt vor noch mehr Ungerechtigkeit und Rechtsunsicherheit schützen könnte. Auch mehr Gesetze und die damit erzielte höhere Regelungsdichte konnten, wie der im Nachhinein mit den Stichworten „Normierungswut" und „Gesetzesflut" beschriebene legislative Aktionismus vor allem der 1970er Jahre zeigte, nicht verhindern, dass unsere Gesellschaft auch und gerade im juristischen Sinne immer mehr zu einer „Risikogesellschaft"[52] geworden ist. Vom Recht restlos überzogen befinden wir uns in ihr „vor Gericht und auf hoher See" nicht nur im sprichwörtlichen Sinne „in Gottes Hand". Trotz eines über Entscheidungsentscheidungen und sich selbst immunisierende Urteilskaskaden[53] rational perfektionierten Rechts haben wir es letztlich mit unberechenbaren Juristen zu tun, für die der alte Rechtsspruch: „*Iudex non calculat*" nur in (sehr!) freier Übersetzung gilt und ungefähr so viel meint wie: Der Richter ist nicht kalkulierbar. Sind – bezogen auf das im Recht verwendete Wissen – Ausblendungen, gezieltes Absehen von Vorgeschichten, Begleitumständen und anderen, von den Parteien vorgetragenen Nebenkriegsschauplätzen sowie bewusste Auslassungen[54] – provokativ formuliert – vielleicht sogar eher als das vollständige Ausforschen und lückenlose Aufklären Garanten zumindest relativer Gerechtigkeit und Rechtssicherheit?

Kleiner Blick über den Tellerrand: Auch die bestechend einfachen Modelle der Wirtschaftswissenschaften überzeugen, wie die Formeln der Mathematik, vor allem durch ihren in Knappheit und Kürze liegenden ästhetischen Minimalismus und die oft atemberaubend schlichte Eleganz ihrer nur visuell einprägsamen Inhalte. Mit der auch in der Werbebranche geltenden und dort sehr erfolgreich eingesetzten Regel: „*Give them pictures*" sprechen gerade diese „harten", mit Modellen und Formeln statt mit Texten arbeitenden Disziplinen ihre Zielgruppen

---

52 Ulrich Beck, *Risikogesellschaft. Auf dem Weg in eine andere Moderne*. Frankfurt am Main: Suhrkamp 1986.

53 Ein Beispiel für den sowohl für die Professionen des Rechts wie der Wissenschaft kennzeichnenden Mechanismus der Selbstreferenzialität ist Emile Durkheims Gebot, wonach Soziales nur und ausschließlich durch Soziales zu erklären sei. Siehe Emile Durkheim, *Die Regeln der soziologischen Methode*. Frankfurt am Main: Suhrkamp 1984.

54 Eine solche Ausklammerungsfunktion erfüllt z. B. das Aussageverweigerungsrecht vor Gericht.

und Adressatenkreise direkt an. Auch in politischen Diskursen, vor allem auch in Wahlkämpfen, sind nicht nur Begrenztheiten in der Wortwahl, sondern auch Wissensbeschränkungen in der Aussage – „Atomkraft – nein danke!" oder „Wir schaffen es!" – geeignet, die Argumentationskraft der übermittelten Botschaft zu erhöhen und deren kommunikatives Potenzial zu steigern.

Auch die Überzeugungswahrscheinlichkeiten von Begründungen und Rechtfertigungen lassen sich in dem Maße heraufsetzen, in dem das Niveau des in ihre Ausformulierung investierten Wissens gesenkt wird. Dies gelingt u. a. dadurch, dass möglichst viele Einflussfaktoren auch gegen die empirische Evidenz konstant gehalten und in einen großzügig anberaumten *ceteris paribus*-Bereich verwiesen werden. Andere, gegebenenfalls auch widersprüchliche Fakten und vermeintlich unnötige Zusatzinformationen werden von vornherein weggelassen oder nachträglich eliminiert und die Zahl der ins Kalkül gezogenen Variabeln im Interesse der Komplexitätsreduktion so niedrig wie nur irgend möglich gehalten. Alles darüber hinaus gehende Wissen – komplizierte Zusammenhänge, schwer verständliche Details oder für seriöse Aussagen unverzichtbare Einschränkungen, implizite Voraussetzungen und geltende Ausgangsbedingungen – wird dagegen in die *no know-area* des Nicht-Wissens verbannt und damit auch im übertragenen Sinne „kurzer Prozess" gemacht.[55]

Systeme wissen, was sie wissen. Sie wissen nicht, was sie nicht wissen, und sie können auch nicht wissen, was sie nicht wissen. Dies ist der bei Luhmann[56] entliehene Ausgangsgedanke eines Aufsatzes, der mit der Frage: „Wie normal ist Nichtwissen?"[57] alle konventionellen Priorisierungen von Wissen und Nicht-Wissen auf den Kopf stellt und bisherige Denkgewohnheiten über die scheinbar eindeutige Präferenz des einen vor dem anderen allein dadurch irritiert, dass er fragend dazu anregt, quer zu ihnen zu denken. Luhmann spricht analog zum „Schatten des Wissens"[58] vom „Schatten der Intransparenz", der jedes Wissen umgibt. Auch Rawls sieht im Schleier des Nichtwissens (*„vale of ignorance"*) eine Grundvoraussetzung gerechten Rechts. In seiner Theorie von Gerechtigkeit als Fairness argumentiert er damit, dass diejenigen, die sich im Vorfeld der Gesetzgebung auf die Geltung bestimmter Gesetze einigen, zu diesem Zeitpunkt noch nicht wissen können, auf welcher Seite des Rechts sie selbst einmal zu

---

55   Mit der *in dubio pro reo*-Regel z. B. wird eine potenziell infinite Beweiskette abgeschnitten und auch das *altera pars audiatur*-Gebot dem Umfang nach eingeschränkt.

56   „Ein System kann nur sehen, was es sehen kann. Es kann nicht sehen, was es nicht sehen kann. Es kann auch nicht sehen, dass es nicht sehen kann, was es nicht sehen kann." Siehe Luhmann, *Die Gesellschaft der Gesellschaft*, S. 52.

57   Klaus Peter Japp, Wie normal ist Nichtwissen? Replik zu Peter Wehling: Jenseits des Wissens?, in: *Zeitschrift für Soziologie* 31, 2002, S. 435-439.

58   Peter Wehling, *Im Schatten des Wissens? Perspektiven der Soziologie des Nichtwissens*. Konstanz: UVK 2006.

stehen kommen werden.[59] Ähnlich empfiehlt Michael Walzer, neben Rawls der andere große Theoretiker der Gerechtigkeit, zur Gewährleistung von Gerechtigkeit den hohen Zaun als Sichtschutz vor allzu viel Einblicken und Einsichten. Sein Diktum: *„High fences make just societies"* in den *Sphären der Gerechtigkeit*[60] schließt direkt an die herrschende Deutung der „Augenbinde der Iustitia"[61] an. Iustitia ist zwar nicht blind, sie schaut aber nicht auf die Person und fällt entsprechend dem bürokratischen Willkürverbot ihre Urteile *sans acception de personne*. Grundlage hierfür ist, was so auch von Rawls postuliert wird, eine Entscheidungssituation, in der alles relevante ökonomische, soziale und psychologische Wissen verfügbar ist, aber kein spezielles Wissen, welches die Situation oder die Eigenschaften einer bestimmten Person betrifft.[62]

Nicht von Ungefähr gilt der Fremde – Gegenstand gleich zweier klassischer Exkurse der Soziologie, der eine von Georg Simmel,[63] der andere von Alfred Schütz[64] –, gerade *weil* er nicht alles weiß, nicht alles wissen *kann* und auch nicht alles wissen *muss*, zur Ausübung des Richteramtes als geradezu prädestiniert. Sein Sonderstatus schützt ihn vor parteilicher Einvernahme und möglicher Beeinflussung und befreit ihn, der, wie der Gast, wieder geht, ohne vollständig integriert oder involviert worden zu sein, nicht nur vom Schatten der Vergangenheit, sondern auch von dem der Zukunft.

Selbst die in besonderer Weise auf *rational choice*-Theorien rekurrierende Ökonomie beginnt sich allmählich von ihrer innerprofessionellen Leitvorstellung des idealen, seinen individuellen Nutzen durch ein Höchstmaß an Information mehrenden *homo oeconomicus* zu lösen und ummantelt mittlerweile auch ihr Menschenbild mit dem zuvor noch verschmähten Schleier der Intransparenz. Nach neuesten Erkenntnissen geht selbst die Volkswirtschaftslehre davon aus, dass emotional und spontan getroffene Kaufentscheidungen denjenigen des vollständig informierten Käufers an Rationalität überlegen sein können und den *ad hoc*-Entschlossenen nicht nur Zeit, sondern manchmal sogar Geld sparen.

---

59   Rawls, *Eine Theorie der Gerechtigkeit*.
60   Michael Walzer, *Sphären der Gerechtigkeit. Ein Plädoyer für Pluralität und Gleichheit*. Frankfurt, New York: Campus 1992.
61   Doris Lucke, Die Augenbinde der Iustitia. Verschleierung im Recht, in: Sabine Sielke et al. (Hg.), *Perfekte Tarnung. Warnen, Tarnen, Täuschen in Natur und Kultur*. Bielefeld: transcript 2010.
62   Die Kehrseite dieser durchaus doppelsinnig zu verstehenden „Absicht" schließt vom Menschen abstrahierende und deswegen potenziell auch „unmenschliche" Urteile freilich nicht aus.
63   Georg Simmel, Der Fremde, S. 63-70 in: Georg Simmel, *Das individuelle Gesetz. Philosophische Exkurse*. Frankfurt am Main: Suhrkamp 1987.
64   Alfred Schütz, Der Fremde, S. 53-69 in: Alfred Schütz, *Gesammelte Aufsätze*, Bd. 2: *Studien zur soziologischen Theorie*. Den Haag: Nijhoff 1972.

Insgesamt sind die Vor- und Nachteile von Wissen und Nicht-Wissen sowie die Vorzüge von mehr oder weniger Wissen im Einzelnen mithin so schwer zu beurteilen wie Zusammenhänge zwischen Effizienz und Akzeptanz.

Vor diesem, eine mögliche „Präventivwirkung des Nichtwissens"[65] nicht mehr ganz ausschließenden Hintergrund kehrt sich die Forschungsrichtung früherer *KOL*-Untersuchungen zwangsläufig um und es stellt sich nun zu Recht die Frage: Was kann Recht von Rechts wegen über die Wirklichkeit jenseits des Rechts wissen? Nach der Logik geschlossener und für ihre jeweiligen Systemumwelten blinder Systeme ist die Antwort ein klares: „Nichts!" Da Nicht-Wissen im Gegensatz zu Wissen jedoch nicht beobachtbar ist[66] und als dessen logisches Gegenstück gewissermaßen im toten Winkel des Rechts liegt,[67] kann Recht über die Welt, über die es nichts weiß und auch nichts wissen kann, weil diese sich als *unmarked space* außerhalb der vom Recht definierten Wissensdomäne befindet, gleichwohl richten. Und das Recht tut dies, gelegentlich ohne zu wissen, was es dabei anrichtet: „Unwissenheit" – so könnte man in Abwandlung des Titels dieses Beitrags sagen – „schützt vor (Fehl)Urteilen nicht".

Warum fiel das bislang nicht weiter auf? Warum wurde das verbreitete Nicht-Wissen des Rechts von der Welt bislang kaum bemerkt? Eine mögliche Antwort geben – neben den Ergebnissen der Verwendungsforschung – die vom Recht hergestellten Legitimitätshierarchien des Wissens.[68]

Dass Juristen Obduktionsergebnisse, Rückfallwahrscheinlichkeiten von Triebtätern oder die Tragfähigkeit von Hallendecken nicht sachgerecht beurteilen können und in Fragen der Medizin, Psychiatrie oder Bauwerkstechnik fachlich inkompetent sind, ist ohne Gesichts- und Ansehensverlust für die Profession öffentlich zugebbar. Wie zahlreiche durch die Medien gegangene Beispiele zeigen, tut dies dem Ansehen der juristischen Profession offensichtlich keinerlei Abbruch. Beim Heranziehen eines Gerichts(!)mediziners, der dann freilich schon in seiner Berufsbezeichnung juristisch vereinnahmt wird, eines Forensischen Psychiaters (dito) oder eines Ingenieurs fällt Iustitia kein Zacken aus der Krone. So ist es auch kein Wunder, dass deren Expertise sich als einige der wenigen außerjuristischen im Recht dauerhaft etablieren konnte. In Übereinstimmung mit Ergebnissen aus der Professionssoziologie kann dies zugleich als Anzeichen dafür gewertet werden, dass deren Fachwissen in besonderer Weise juristisch

---

65 Heinrich Popitz, *Über die Präventivwirkung des Nichtwissens. Dunkelziffer, Norm und Strafe.* Tübingen: J. C. B. Mohr (Paul Siebeck) 1968.

66 Klaus Peter Japp, Die Beobachtung von Nichtwissen, in: *Soziale Systeme* 3, 1997, S. 289-314.

67 Peter Wehling, Jenseits des Wissens? Wissenschaftliches Nichtwissen aus soziologischer Perspektive, in: *Zeitschrift für Soziologie* 30, 2001, S. 465-484.

68 Als Relevanzhierarchien sind derartige Wissensabstufungen in der Phänomenologischen Soziologie bei Alfred Schütz angelegt; siehe Schütz, *Der sinnhafte Aufbau der sozialen Welt.*

anerkannt ist.[69] Ganz anders sieht dies beim Sozialen als dem vermeintlich banalen und in die Allgemeinzuständigkeit fallenden Gegenstandsbereich der Soziologie aus. Ihr gegenüber fühlen sich die Juristen als Generalisten, die für das – ganz besonders! – Wichtige zuständig sind. Hier genügen im Unterschied zu den oben genannten Fächergruppen und Disziplinen Alltagstheorien, versetzt mit einem homöopathischen Schuss Jedermann/frau-Wissen.[70]

Aber nicht nur gegenüber den so genannten „weichen" Fächern, wie der Soziologie, Psychologie oder Pädagogik, sondern auch gegenüber den nach verbreiteter Auffassung „härteren" Disziplinen behält das Recht bislang die Oberhand. Mit dem Anspruch der obersten Instanz auf das letzte Wort nicht nur bei Gericht wird innerhalb von hegemonial vermachteten und hierarchisch geführten Diskursen von Rechts wegen nicht nur darüber entschieden, was „ein sachdienlicher Hinweis" ist oder eben „nichts zur Sache" tut. Schon lange bevor es zur Rechtsfindung kommt, trifft Recht als selbst ernannte Mega-Instanz die Entscheidung über *good* und *bad knowledge* und erhebt sich zum anmaßenden Maß aller Dinge. Bereits vor der Bankenkrise schied es so systemrelevantes von vernachlässigbarem oder völlig nutzlosem „Schrott"-Wissen. Mit derselben selbstlegitimatorischen Unterscheidungsmacht trennt es legitime von illegitimen Beratungswissenschaften[71] und degradiert gleichrangige Nachbarwissenschaften zu untergeordneten Hilfswissenschaften, um sie danach systematisch in den Schatten des Rechts zu stellen. Dort können sie von Iustitias Selbstherrlichkeit überstrahlt allenfalls im Verborgenen wirken. Auch die Rechtspsychologie, Rechtsethnologie, Rechtspolitologie und mit etwas geringerem Verdrängungserfolg die Rechtssoziologie wurden auf diese Weise in Schach gehalten und nach einer explosionsartigen Ausdifferenzierung rechtsnaher Spezialdisziplinen vor allem in den 1980er Jahren rasch wieder vom rechtsdominierten Spielfeld verwiesen.

Die anderen Fächer wurden dabei nicht nach Aufklärungspotenzial oder Deutungskompetenz, sondern nach Maßgabe dreier „R" – Reputation, Respekt und Relevanz – gerankt und so eine ausschließlich vom *legal point of view* bestimmte rechtszentristische Ordnung des Wissens geschaffen. Auswahlkriterien für solche Wissens- und Wissenschaftsrankings sind: Nähe zur Macht (Politikwissenschaft), Weltveränderungspotenzial (Naturwissenschaften), messbare

---

69 Tatsächlich vorhandenes oder auch nur angenommenes Fachwissen gilt als wichtigstes Kriterium von Kompetenzunterstellungen. Speziell zur Kompetenzdarstellungskompetenz in Professionen siehe Michaela Pfadenhauer, *Professionalität. Eine wissenssoziologische Rekonstruktion institutioneller Kompetenzdarstellungskompetenz.* Opladen: Leske + Budrich 2003.

70 Dies gilt namentlich für die nicht zufällig weiblich konnotierten Bereiche Familienrecht, da „alle aus einer Familie stammen", oder Jugendrecht, da „schließlich alle einmal jung waren".

71 Die Anwendung des Legitimitätsbegriffs geschieht in Anlehnung an Pierre Bourdieu, der den zunächst auf die Sphären der Herrschaft und des Rechts beschränkten Begriff auch auf andere Kontexte, z. B. die Kunst, ausdehnte.

Praxisfolgen (Technik- und Ingenieurwissenschaften), Unfallvermeidung (Arbeitswissenschaften), Gefährlichkeit (Kernphysik), abwendbarer Schaden (Toxikologie, Virologie), Leben und Tod (Medizin) sowie Zukunft (Gentechnik).[72]

Mit dieser Politik des „Macht-Wissens"[73] gelang es dem Recht nicht nur, das Alltagswissen zu unterdrücken und die juristischen Laien weitgehend mundtot zu machen. In einer raffinierten Verbindung aus einer – auf das eigene Wissen bezogenen – *closed shop*-Politik – und einer – auf fremdes Wissen bezogenen – *open source*-Politik wurde es auch möglich, sich das Fachwissen anderer Disziplinen annexionsartig anzueignen und es, seiner fachlichen Identität bis zur Unkenntlichkeit entkleidet, als das ureigene auszugeben. Ähnliches hatte die Verwendungsforschung entsprechend der Verschwindensthese, wenn auch nicht in diesem Ausmaß und Umfang, auch schon für andere Verwendungskontexte nachweisen können. Dieser These zufolge entfaltet soziologisches Wissen sein praxisveränderndes Potenzial umso wirkungsvoller, je mehr es seine fachliche Identität verliert. Oder anders ausgedrückt: Das Wissen der Soziologie wird in dem Maße praktisch, in dem es als spezifisch soziologisches Wissen nicht mehr identifizierbar ist.[74]

Am Ende haben die Juristen dann nicht nur alles *selbst*, sondern vor allem alles – und zwar immer schon – *besser* gewusst. Dabei geben sie mit Sentenzen, wie „nach allgemeinen Gerechtigkeitsvorstellungen", „nach im Durchschnitt der Bevölkerung vertretenen Auffassungen", bisweilen selbst nicht gewusstes und gar nicht wissbares Wissen, wie „jeder vernünftige Mensch wird davon ausgehen, dass ...", noch als gewusstes Wissen aus.

Geteiltes Wissen oder getrennte Welten? Wissen wird, wie geteilte Zeit und anders als Geld, allein durch Teilen nicht schon weniger.[75] Bei der mit Hilfe von

---

72 Auch hinter der sich darin spiegelnden abgestuften Achtung durch das Recht sind die beiden großen Wissenschaftstraditionen mit ihrer Jahrhunderte langen und bis in die Gegenwart nachwirkenden Vorrangigkeit der Technik- und Naturwissenschaften, neuerdings auch der *life sciences*, gegenüber den Geistes- und Sozialwissenschaften zu vermuten.

73 Michel Foucault, Macht-Wissen, S. 63-80 in: Franco Basaglia und Franca Basaglia-Ongaro (Hg.), *Befriedungsverbrechen. Über die Dienstbarkeit der Intellektuellen*. Frankfurt am Main: Europäische Verlagsanstalt 1980.

74 Dies gilt auch für deren personelle Vertretungen. Auch sie sind in der Praxis als Soziologinnen und Soziologen oft nicht mehr kenntlich, sondern arbeiten als weibliche wie männliche Personaler, Gastronomen oder Eventmanager.

75 Gleichwohl können Entwertungsprozesse des Wissens im Zuge seiner Mit-Teilung etwa durch Trivialisierung stattfinden; siehe hierzu Friedrich H. Tenbruck, Der Fortschritt der Wissenschaft als Trivialisierungsprozess, S. 19-47 in: Nico Stehr und René König (Hg.), *Wissenschaftssoziologie. Studien und Materialien. (Kölner Zeitschrift für Soziologie und Sozialpsychologie*, Sonderbd. 18). Opladen: Westdeutscher Verlag 1975. Am Ende geteilter Meinung zu sein bedeutet dann, die Meinung einschließlich des ihr zugrunde liegenden Wissens gerade nicht zu teilen.

Paragraphen zugerichteten Para-Welt der Juristen[76] und der außerhalb des Rechts existierenden Lebenswelt der Laien handelt es sich jedoch um zwei, den „*two communities*"[77] der Verwendungsforschung vergleichbare Welten von begrenzter wechselseitiger Anschlussfähigkeit und kommunikativer Erreichbarkeit. Die *two communities*-Theorie ging – ähnlich wie Ludwig Wittgenstein in seiner Sprach-spieltheorie[78] – von getrennten Welten nicht nur zwischen den verschiedenen *scientific communities* und deren fachspezifischen Wissenskulturen (*knowledge communities*) aus. Sie trennte vor allem auch die *communities* der Wissenschaftler und Theoretiker auf der Anbieterseite von denen der Praktiker als potenziellen (Nicht-)Abnehmern auf der anderen Seite. Beide, Theoretiker und Praktiker, bewohnen demzufolge Parallelwelten des Wissens mit je eigenen Kommunikationsstrukturen und -traditionen, unterschiedlichen Verkehrsformen, Aufmerksamkeitsregeln, Relevanzhierarchien, Währungen und Märkten und sprechen eine nur ihre Welt repräsentierende Sprache, weshalb sie sich – so die These Nathan Caplans – wie die Fachvertreter unterschiedlicher Disziplinen untereinander oft nicht oder nur schwer verständigen können.

Der konsensfähige Überschneidungsbereich zwischen der sozialen Wirklichkeit und der hiervon abgetrennten Rechtswirklichkeit, in dessen Kongruenzraum sich ein gemeinschaftsstiftender und potenziell gerechtigkeitsrelevanter *sense of justice* entfalten könnte, wird in dem Maße kleiner,[79] in dem die Rationalisierung des Rechts weiter fortschreitet und sich durch Typisierung, Abstraktion, Konstruktion, Fallgruppenbildung und Subsumtion zwangsläufig immer weiter von der Alltagswelt und dem Alltagswissen entfernt. Als Folge davon öffnet sich die Schere zwischen dem gesunden Menschenverstand und der *doxa* als der natürlichen Anschauung des Alltagsmenschen einerseits und dem juristischen Wissen andererseits. Professionell verwaltetes und expertenhaft angewandtes Recht und Lebenswirklichkeit werden voneinander entkoppelt und sind nur noch lose miteinander verbunden. Kommunikation über intersubjektiv geteilte Tatsachen auf Basis gemeinsamen Wissens ist über die zwischen einer rechtsförmig modellierten Welt und der Wirklichkeit jenseits des Rechts eingezogene

---

76 Andere Disziplinen kreieren ebenfalls ihre eigene fachspezifische Welt einschließlich der dazu gehörigen Paradigmen und Menschenbilder. Zum *homo sociologicus* als einer Wirklichkeitskonstruktion der Soziologie siehe Ralf Dahrendorf, *Homo sociologicus. Ein Versuch zur Geschichte, Bedeutung und Kritik der Kategorie der sozialen Rolle.* Köln, Opladen: Westdeutscher Verlag 1959.

77 Nathan Caplan, The Two Communities Theory and Knowledge Utilization, in: *American Behavioral Scientist* 22, 1979, S. 459-470.

78 Ludwig Wittgenstein, *Logisch-philosophische Abhandlung, Tractatus logico-philosophicus.* Frankfurt am Main: Suhrkamp 1998.

79 Analoges gilt für den gesellschaftlichen Grundkonsens in einer individualisierungs- und pluralisierungsbedingt ausdifferenzierten Gesellschaft.

Grenze hinweg kaum noch möglich. Rationalitätenkonflikte, Interaktionsstörungen und interkulturelle Missverständnisse zwischen beiden Wissenskulturen sind damit vorprogrammiert.[80]

Kollisionen zwischen den beiden *communities*, die in einem „*clash of cultures*"[81] aufeinander stoßen, treten dort besonders deutlich zu Tage, wo Recht unmittelbar auf die Lebensrealitäten der Betroffenen trifft. Sie verstehen an der Schnittstelle von Gesetz und Leben nur noch „Bahnhof" und die eigene, ihnen durch Recht enteignete und dadurch fremd gewordene Welt nicht mehr.

Grund für diesen *clash of knowledge cultures* ist, dass das Wissen des Rechts im Zuge seiner Rationalisierung immer mehr zu einem selbstreferenziell geschlossenen Wissenssystem *im* Recht wird und sich vom Wissen *über* die Welt immer weiter abhebt. Mit der Übersetzung von Tatsachen in Rechtstatsachen bzw. Tatbestände[82] verlässt Recht den sprichwörtlichen „Boden der Tatsachen" in dem Maße, in dem die soziale Wirklichkeit rechtlich diszipliniert und auf subsumtionsfähige, da nur so entscheidbare Tatsachen reduziert wird. Zum Zwecke der juristischen Bearbeitbarkeit künstlich erzeugt, läuft das Wissen des Rechts den lebensweltlichen Erfahrungen und dem Alltagswissen der Betroffenen oder anderweitig, z. B. als Zeugen oder Beobachter, am Rechtsleben Beteiligten zuwider und kann mit deren Wissenswelten kaum noch zur Übereinstimmung gebracht werden. Die Soziologie nimmt vom Wissenstypus her eine Mittelstellung zwischen dem juristischen Wissen und dem Alltagswissen ein. Insoweit könnte sie – als Plädoyer für die Soziologie als einer Drehpunktdisziplin – eine Mittlerfunktion zwischen beiden Wissenssphären übernehmen und als zwischengeschaltete soziologische Expertise zur Schließung der Lücke zwischen Lebenswelt und Recht beitragen.[83]

Aufgrund der *knowledge gaps*, die sich zwischen den professionellen und den lebensweltlichen Welten auftun, und den zwischen beiden bestehenden *knowledge lags* wird Recht für seinen Adressatenkreis zunehmend inakzeptabel und damit letztlich ineffizient. Dies ist nicht nur für die unmittelbar Betroffenen

---

80 Zu Rationalitätenkonflikten und Kommunikationsstörungen zwischen der *doxa* des Alltagslebens und der *prudentia* des Rechts siehe Doris Lucke, Doxa und Prudentia. Rationalitätenkonflikte und Kommunikationsprobleme als Paradoxien rechtlicher Professionalisierung, in: *Rechtstheorie* 32, 2001, S. 159-173.

81 Samuel P. Huntington, *Kampf der Kulturen. Die Neugestaltung der Weltpolitik im 21. Jahrhundert*. München: Goldmann 2002.

82 Hierbei wird häufig übersehen, dass Tatsachen (*faits sociaux*) im Sinne Durkheims TatSachen sind, also Dinge (*choses*), denen Taten vorausgegangen sind. Auch Fakten gehen auf lat. *facere*, machen, zurück.

83 Voraussetzung dafür, dass die Soziologie in der Rolle eines *cognitive cultural interpreters*, einer Art Wissensmaklerin, eine solche *gate keeper*-Funktion erfüllen kann, ist, dass ihr Wissen mehr, als das durch die Verwendungsforschung bislang nachgewiesen werden konnte, nachgefragt wird.

ein zweifelhafter Rationalisierungserfolg, der zu teilweise beträchtlichen Irritationen ihrer Lebenswelt führt. Er produziert auch auf Seiten des Rechtssystems Anomalien. Das Ganze gerät schließlich zu einer „Paradoxie der Rationalisierung",[84] welche die Leitidee der juristischen Profession eines gerechten Rechts verrät und in einem dem Laienpublikum nur noch schwer vermittelbaren Pyrrhussieg eines bis zur „McDonaldisierung"[85] durchrationalisierten Rechts über die Gerechtigkeit endet.

Angesichts der mit Jürgen Habermas als „Kolonialisierung der Lebenswelt"[86] durch das Recht beschreibbaren, nahezu grenzenlosen Machterweiterung, die das Recht im Zuge der Verrechtlichung der Gesellschaft erfahren hat,[87] wundert es nicht weiter, dass das Recht die Lufthoheit über die Köpfe der Laien gewinnen und deren gesunden Menschenverstand Schach matt setzen konnte. Auch gegenüber anderen Disziplinen konnte die juristische Profession die Diskurshoheit über das von diesen verwaltete Wissen bislang nicht nur erfolgreich verteidigen, sondern gegenüber der in der Wissenschaftsgesellschaft[88] ihrerseits allgegenwärtigen Wissenschaft insgesamt weiter ausbauen und, anders als diese, Omnipräsenz erfolgreich in Omnipotenz umsetzen. Selbst Politik wird inzwischen „in Karlsruhe" gemacht, wohingegen sich die deutschen Universitäten den feindlichen Übernahmen auf dem kalten Wege der Politisierung und Ökonomisierung der Wissenschaft, u. a. durch die Umstellung auf Bachelor und Master, nahezu widerstandslos ergeben haben. Auch von der diagnostizierten „Entgrenzung von Wissen"[89] und der weitreichenden „Entzauberung der Wissenschaft"[90]

---

84   Wolfgang Schluchter, Die Paradoxie der Rationalisierung. Zum Verhältnis von „Ethik" und „Welt" bei Max Weber, in: *Zeitschrift für Soziologie* 5, 1976, S. 256-284, hier S. 273-274.

85   George Ritzer, *Die McDonaldisierung der Gesellschaft.* Frankfurt am Main: S. Fischer 1995.

86   Jürgen Habermas, *Theorie des kommunikativen Handelns,* Bd. 2: *Zur Kritik der funktionalistischen Vernunft.* Frankfurt am Main: Suhrkamp 1981.

87   Die Verwissenschaftlichung als die gesellschaftsweite Generalisierung des wissenschaftlichen Prinzips des Zweifel(n)s hat ihr Pendant in der Verrechtlichung als gesellschaftsweite Generalisierung des Rechts. Ebenso entspricht der Überlegenheitsannahme systematischen wissenschaftlichen Wissens gegenüber anderen Wissensformen in einer verwissenschaftlichten Gesellschaft die Dominanz des Rechts über den außerrechtlichen Rest der Welt in einer verrechtlichten Gesellschaft.

88   Der Begriff „Wissenschaftsgesellschaft" (siehe stellvertretend für inzwischen zahlreiche andere Rolf Kreibich, *Die Wissenschaftsgesellschaft. Von Galilei zur High-Tech-Revolution.* Frankfurt am Main: Suhrkamp 1986) wurde schon lange vor der Welle soziologischer Gegenwartsdiagnosen als US-Import in den deutschsprachigen Raum eingeführt. Der mittlerweile ebenfalls eingebürgerte Begriff „Wissengesellschaft" dagegen ist in seiner Fokussierung m. E. bis zu einem gewissen Grade zeitdiagnostischer Nonsens, insoweit eine nicht wissensbasierte Gesellschaft kaum vorstellbar ist, wobei sich die Wissenschaft aus dem Allgemeinwissen historisch schon sehr früh ausdifferenziert hat.

89   Degele, *Informiertes Wissen.*

blieb die Jurisprudenz ausgenommen. Versuche einer zur Dekonstruktion wissenschaftlichen Wissens analogen Dekonstruktion der Rechtswissenschaft gingen nicht über den Wahrnehmungshorizont einer kritisch-soziologischen Jurisprudenz[91] hinaus und auch die beginnende Entzauberung der Wissenschaft war nicht von einer vergleichbaren Demontage des Rechts begleitet. Noch schlug der scheinbar in besonderer Weise sakrosankten juristischen Profession, anders als der Wissenschaft, nicht die „Stunde der Wahrheit".[92] Mit dem derzeit beobachtbaren Strukturwandels des Wissens könnte sich dies in Zukunft ändern.

Im Zuge der reflexiven Modernisierung werden fachliche Zuständigkeiten zusehends bedroht und alte Grenzziehungen zwischen den Disziplinen herausgefordert. Tradierte Wissensmonopole sind gefährdet. Alt hergebrachte Hierarchien und Hegemonien werden zunehmend in Frage gestellt. Einzeldisziplinen beginnen sich teilweise aufzulösen. Fachliche Identitäten werden innerhalb interferierender Diskurse mit sich immer häufiger überlappenden Argumentationen nicht mehr nur an ihren Peripherien unscharf und ehemals klare Zuständigkeiten verschwimmen nicht mehr nur auf immer schon umkämpften Grenzgebieten. Parallel dazu werden eindeutige Herkunftsbeschreibungen, *copy rights,* von Wissen immer schwieriger. Die dieses Wissen symbolisch repräsentierenden Fachsprachen gleichen sich – mit disziplinären und fachkulturellen Unterschieden – bei inter- und neuerdings auch transdisziplinär bearbeiteten Themen über die früheren Fächergrenzen hinweg teilweise bis zur Ununterscheidbarkeit an und erlauben kaum noch Rückschlüsse auf das fachliche Herkommen von expertenhaft auftretenden Personen.

Die exklusive Verwaltung von Expertenwissen gehört seit jeher zu den Aufgaben der klassischen Professionen, die mehr als andere berufliche Tätigkeiten auf theoretischem und in aller Regel akademisch vermitteltem Wissen basieren. Unter den Bedingungen eines *postdisciplinary age* wird der Dominanz- und Hegemonieerhalt von Wissen immer wichtiger und die Verteidigung bzw. Neuabgrenzung der angestammten Wissensdomänen für die hierdurch in Bedrängnis geratenen Professionen zur entscheidenden Herausforderung. Im Interesse des eigenen disziplinären Überlebens werden sie ihre Professionspolitiken in Zukunft wohl noch stärker als schon bisher als Wissenspolitiken betreiben und in dem Maße, in dem die Verwissenschaftlichung[93] der Gesellschaft weiter anhält,

---

90   Wolfgang Bonß und Heinz Hartmann (Hg.), *Entzauberte Wissenschaft. Zur Relativität und Geltung soziologischer Forschung. (Soziale Welt,* Sonderbd. 3*).* Göttingen: Schwartz 1985.

91   Lüderssen, *Genesis und Geltung in der Jurisprudenz.*

92   Peter Weingart, *Die Stunde der Wahrheit? Zum Verhältnis der Wissenschaft zu Politik, Wirtschaft und Medien in der Wissensgesellschaft.* Weilerswist: Velbrück 2001.

93   Sie ist m. E. das eigentliche Hauptmerkmal der „Wissenschaftsgesellschaft". Diese zeichnet sich unter anderem dadurch aus, dass *knowledge communities* nicht mehr nur von *scientific communities* gebildet, sondern auf immer mehr früher noch unakademische Berufe und Semi-

noch zielstrebiger und strategisch robuster verfolgen (müssen). Dies gilt insbesondere auch vor dem Hintergrund von in den verschiedensten Bereichen schon seit Längerem beobachtbaren Entprofessionalisierungs- und Laisierungstendenzen, wie sie sich im Recht z. B. im vermehrten Einsatz von Schöffen und außergerichtlichen Schiedsstellen, aber auch in neuen Formen der *local* und *neighbourhood justice* zeigen.

Gleichzeitig werden erfolgreiche Wissenspolitiken in Zukunft immer häufiger den professionellen Umgang auch mit Nicht-Wissen einschließen (müssen). Hiervon ist auszugehen, seitdem die natürliche und soziale Um- und Mitwelt immer besser erforscht und die Grenzen des Wissens damit immer weiter hinausgeschoben wurden. Das Nicht-Wissen wird dadurch, wie man inzwischen weiß, keineswegs weniger. Es wird im Gegenteil sogar noch größer! Insoweit als mit dem Wissen auch das Nicht-Wissen sowie das Wissen zumindest um spezifisches Nicht-Wissen[94] innerhalb einer Gesellschaft wächst, haben wir entgegen den noch von der Verwendungsforschung getroffenen Ausgangsannahmen die paradoxe Situation, dass jeder weitere Zugewinn an Wissen zwangsläufig auch das Nicht-Wissen nicht nur vermehrt, sondern sich mit jedem Mehr-Wissen auch das Nicht-Wissen geradezu explosionsartig vervielfältigt.[95]

Die Notwendigkeit des Managements von Nicht-Wissen als auch außerhalb der *normal science* immer wichtiger werdendem Teil professionellen Handelns[96] wird verstärkt durch einen Trend zur Gegenrationalisierung und Wiederverzauberung, wie er in unserer prinzipiell allwissenden Gesellschaft seit einiger Zeit eingesetzt hat. Dieser Trend findet seinen Niederschlag bereits in einem mittlerweile institutionalisierten Recht auf Nicht-Wissen im Patientenrecht, aber auch in einer allgemeinen antiaufklärerischen Remoralisierung und Resakralisierung des Rechts. Darüber hinaus wird sich europaweit nachweislich sinkendes Institutionenvertrauen zeitversetzt auch in einem abnehmenden Respekt vor den Professionen äußern. Dies zeigt sich heute schon – indiziert durch Kunstfehler, aufgedeckte Korruptionsfälle im Bereich der Arzneimittel und der Patientenversor-

---

professionen ausgedehnt werden. Zur Rolle der Wissenschaft in der Wissensgesellschaft siehe Stefan Böschen und Ingo Schulz-Schaeffer (Hg.), *Wissenschaft in der Wissensgesellschaft*. Wiesbaden: Westdeutscher Verlag 2003.

94 Die einschlägige Literatur aus dem noch relativ jungen Forschungszweig des Nicht-Wissens unterscheidet, in sich noch etwas uneins, spezifisches und unspezifisches Nicht-Wissen und trennt Ignoranz als das bewusste Nichtwissenwollen vom faktischen Nichtwissenkönnen. Siehe Japp, *Wie normal ist Nichtwissen?*; Wehling, *Im Schatten des Wissens?*.

95 Japp, *Wie normal ist Nichtwissen?*, S. 435 spricht in diesem Zusammenhang von der „operativen Unvermeidbarkeit des Nichtwissens" und streitet damit einer eigenständigen Soziologie des Nicht-Wissens zugleich die Existenzberechtigung ab.

96 Michaela Pfadenhauer (Hg.), *Professionelles Handeln*. Wiesbaden: VS 2005.

gung, Urteilsschelten und Revisionsverfahren – sowohl in zunehmender Medizin- wie auch in aufkommender Rechtskritik.

Weiterhin steht zu erwarten, dass der durch Computerisierung und Virtualisierung mittlerweile erreichte Stand der Digitalisierung, Dezentralisierung und Demokratisierung von Wissen mit allen Problemen nicht nur im Umfeld des urheberrechtsgeschützten geistigen Eigentums auch das juristische Wissens berührt. Dessen Zeichensprache könnte künftig möglicherweise von § in @ übersetzt und damit ebenfalls allgemein zugänglich werden. Im Zuge einer fortschreitenden Verdifferenzierung gesellschaftlicher Subsysteme, die der Zunahme von Inter- und Transdisziplinarität im Wissenschaftssystem vergleichbar ist, könnte es weiterhin zu einem Vordringen anderer Rationalitäten auch in die Domäne des Rechts kommen. Über die Informatik und die aktuell diskutierte Etablierung des *Deals* als legalem Mittel einer Rechtsfindung, die verstärkt auf Kooperation statt auf Urteile setzt, würde dies etwa zu dessen Technisierung und Ökonomisierung führen.

Schluss

Wie – so ist zu fragen – sind unter dergestalt veränderten Bedingungen Exklusivität trotz Entgrenzung, Exzellenz trotz Demokratisierung, Arkanisierung trotz Digitalisierung und Effizienz trotz reflexiver Erkenntnis im Recht aufrecht zu erhalten und auch in Zukunft zu gewährleisten?

Vor dem hier umrissenen Hintergrund wird es spannend sein zu beobachten und noch viel interessanter zu erforschen, ob, wann, wo, wie, in welchem Umfang und mit welcher Nachhaltigkeit in einem möglichen *new deal* der Rangordnungen des Wissens die Bastion des Rechts wanken wird und das von der juristischen Profession verwaltete Herrschaftswissen seine Monopolstellung bei der Entscheidung über das (Ge)Rechte und Richtige in unserer Gesellschaft verliert. Inwieweit werden die Repräsentanten des Rechts unter den dargestellten Entwicklungen gezwungen sein, Teile ihrer bisherigen Definitions- und Entscheidungsmacht an rechtskundige und zunehmend auch rechtskritische Laien abzugeben, an die auf weitere Disziplinen ausgedehnte außerjuristische Expertise zu delegieren oder gar an die neu entstandenen *life sciences* abzutreten?

Mit der Gesellschaft ändert sich das Wissen über die Gesellschaft. Mit dem Wissen über die Gesellschaft und der Wissenschaft der Gesellschaft[97] wiederum ändert sich ihrerseits die Gesellschaft. Dem allgemeinen Strukturwandel des

---

97   Niklas Luhmann, *Die Wissenschaft der Gesellschaft.* Frankfurt am Main: Suhrkamp 1990.

Wissens wird sich – davon ist auszugehen – selbst das Recht der Gesellschaft[98] auf Dauer nicht entziehen können. Vielmehr wird dieser Wandel Auswirkungen auch auf das Recht und die Zukunft seines Wissens haben und auch die Stellung der Jurisprudenz im Konzert der Disziplinen und Professionen nicht unberührt lassen. Ebenso wird die Rechtssoziologie ihre Forschungsfragen künftig mit einer wissenssoziologischen Neuakzentuierung stellen[99] und unter anderem bei der Beantwortung von Fragen von Wissen und Nicht-Wissen, Wissen und Wirklichkeit, nicht zuletzt auch von Wissen und Wirkung stärker, als das bisher der Fall war, mit der Wissens- und der Wissenschaftssoziologie als bislang getrennten *knowledge communities*[100] zusammenarbeiten müssen. Von den aus dieser Kooperation zu gewinnenden Ergebnissen und Erkenntnissen könnte dann die rechtssoziologische Effektivitätsforschung profitieren.

---

98   Niklas Luhmann, *Das Recht der Gesellschaft*. Frankfurt am Main: Suhrkamp 1993.
99   Für neuerlich verstärkte Anstrengungen in dieser Richtung am Beispiel des demographischen Wandels siehe Susanne Baer, Der „demographische Wandel" und das Recht, in: Michelle Cottier et al. (Hg.), *Wie wirkt Recht? Ausgewählte Beiträge zum ersten gemeinsamen Kongress der deutschsprachigen Rechtssoziologie-Vereinigungen, Luzern 3.-6. September 2008.* Baden-Baden: Nomos 2010 sowie am Beispiel des Erbrechts Michelle Cottier, Soziologisches Wissen in Debatten um die Reformbedürftigkeit des Erbrechts, in: Michelle Cottier et al. (Hg.), *Wie wirkt Recht? Ausgewählte Beiträge zum ersten gemeinsamen Kongress der deutschsprachigen Rechtssoziologie-Vereinigungen, Luzern 3.-6. September 2008.* Baden-Baden: Nomos 2010.
100 Ähnliches gilt für die Rechtssoziologie und deren Verhältnis zur Kriminologie.

Die Definition der Situation und die Befolgung oder Inanspruchnahme von Gesetzen

Stefanie Eifler

Einleitung

In der gegenwärtigen Soziologie ist die Auffassung, das soziale Handeln von Akteuren müsse vor dem Hintergrund der sozialen Situation, in der es stattfindet, analysiert werden, weit verbreitet. Dabei lassen sich Positionen, die sich entweder auf die Situation der handelnden Akteure aus der Perspektive eines außen stehenden Beobachters[1] oder auf die *Definition der Situation* durch die handelnden Akteure[2] beziehen, voneinander unterscheiden. Als heuristischer Bezugsrahmen für beide Positionen kann das Makro-Mikro-Makro-Modell soziologischer Erklärungen[3] herangezogen werden, welches im Einklang steht mit Max Webers grundlegender Definition von Soziologie als „eine[r] Wissenschaft, welche soziales Handeln deutend verstehen und dadurch in seinem Ablauf und seinen Wirkungen ursächlich erklären will".[4] Dieses Modell legt den analytischen Primat auf die Ebene kollektiver Phänomene und den theoretischen Primat

---

1   Karl R. Popper, Die Logik der Sozialwissenschaften, in: *Kölner Zeitschrift für Soziologie und Sozialpsychologie* 14, 1962, S. 233-248, hier S. 246 legt ein objektivistisches Konzept der Situation zugrunde: „Eine *objektiv*-verstehende Sozialwissenschaft kann unabhängig von allen subjektiven oder psychologischen Ideen entwickelt werden. Sie besteht darin, dass sie die *Situation* des handelnden Menschen hinreichend analysiert, um die Handlung aus der Situation heraus ohne weitere psychologische Hilfe zu erklären."

2   William I. Thomas, *Primitive Behavior: An Introduction to the Social Sciences*. New York: McGraw-Hill, 1937, S. 8 arbeitet mit einem subjektivistischen Konzept der Situation: „An adjustive effort of any kind is preceded by a decision to act or not to act along a given line, and the decision is itself preceded by a *definition of the situation*, that is to say, an *interpretation*, or *point of view*."

3   Das Makro-Mikro-Makro-Modell soziologischer Erklärungen wird insbesondere im Rahmen der Arbeiten folgender Autoren programmatisch vertreten: Reinhard Wippler und Siegwart Lindenberg, Collective Phenomena and Rational Choice, S. 135-152 in: Jeffrey C. Alexander et al. (Hg.), *The Micro-Macro-Link*. Berkeley: University of California Press 1987; James S. Coleman, *Foundations of Social Theory*. Cambridge, Mass.: Belknap Press 1990; Hartmut Esser, *Soziologie. Spezielle Grundlagen*, Bd. 1: *Situationslogik und Handeln*. Frankfurt am Main, New York: Campus 1999.

4   Max Weber, *Wirtschaft und Gesellschaft. Grundriss der verstehenden Soziologie*. Tübingen: J. C. B. Mohr (Paul Siebeck) 1972, S. 1.

auf die Ebene des sozialen Handelns von Akteuren. Eine soziologische Erklärung umfasst drei analytisch voneinander zu unterscheidende Schritte: In einem ersten Schritt wird die soziale Situation der Akteure rekonstruiert (Logik der Situation), in einem zweiten Schritt wird das soziale Handeln aus der Perspektive einer allgemeinen Handlungstheorie analysiert (Logik der Selektion), und in einem dritten Schritt wird das soziale Handeln durch die Anwendung einer Transformationsregel zu einem kollektiven Phänomen aggregiert (Logik der Aggregation). Eine vollständige soziologische Erklärung stellt über eine solche Mikrofundierung die Beziehung zwischen einer sozialen Situation und einem kollektiven Phänomen her.[5]

Im Rahmen eines Makro-Mikro-Makro-Modells soziologischer Erklärungen kann die Untersuchung der Effektivität von Recht als Analyse der kausalen Wirkungen von Institutionen erfolgen. Nicht allein Konventionen, sondern vor allem das Recht regeln die in sozialen Situationen möglichen Spielarten des sozialen Handelns bzw. der sozialen Beziehungen.[6] Rechtsnormen ordnen das soziale Miteinander, indem sie einerseits bestimmte Formen sozialen Handelns verbieten oder gebieten und andererseits Regelungsangebote für bestimmte Formen sozialer Beziehungen unterbreiten.[7] Institutionen sind Elemente der sozialen Situation, vor deren Hintergrund sie kausale Wirkungen auf das soziale Handeln entfalten, indem sie von den handelnden Akteuren befolgt oder in Anspruch genommen werden.

---

5   Das Makro-Mikro-Makro-Modell soziologischer Erklärungen entstammt ursprünglich psychologischen Theorien zur Leistungsmotivation. David C. McClelland, *The Achieving Society.* Princeton: Van Nostrand, 1961 hatte im Anschluss an Max Weber, *Die protestantische Ethik und der „Geist" des Kapitalismus.* Bodenheim: Athenäum 1993 einen Zusammenhang zwischen der protestantischen Ethik und der Entwicklung kapitalistischer Wirtschaftssysteme beschrieben und eine Mikrofundierung dieses Zusammenhangs vorgenommen, indem er Aspekte der protestantischen Ethik auf elterliche Erziehungspraktiken und die Entstehung kindlicher Leistungsbedürfnisse bezogen hat. Auf der Mikroebene hat John W. Atkinson, *An Introduction to Motivation.* Princeton: Van Nostrand 1964 in diesem Zusammenhang die Theorie der Leistungsmotivation formuliert, in der leistungsorientiertes Verhalten auf zwei gegenläufige Tendenzen, nämlich das Streben nach Erfolg und die Furcht vor Misserfolg, zurückgeführt wird.
6   Weber, *Wirtschaft und Gesellschaft*, S. 17-19.
7   Erhard Blankenburg, Über die Unwirksamkeit von Gesetzten, in: *Archiv für Rechts- und Sozialphilosophie* 63, 1977, S. 31-57.

Abbildung 1: Das Makro-Mikro-Makro-Modell soziologischer Erklärung

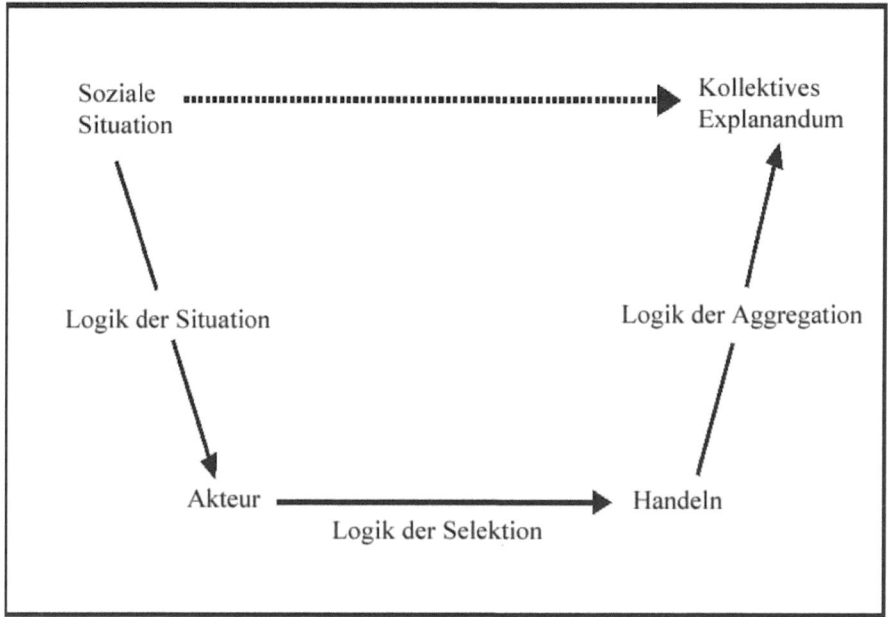

In jüngerer Zeit wurden die kausalen Wirkungen von Institutionen im Rahmen eines Makro-Mikro-Makro-Modells soziologischer Erklärungen einer ontologisierenden Betrachtung unterzogen.[8] Dabei geht Gert Albert[9] von einer Makrodetermination aus, wonach Institutionen den handelnden Akteuren als Realitäten

---

8   In diesem Zusammenhang wird eine strukturell-individualistische von einer eliminativ-reduktionistischen Interpretation des Makro-Mikro-Makro-Modells soziologischer Erklärungen unterschieden. Während Esser, *Soziologie*, Bd. 1, S. 174 zufolge die strukturell-individualistische Interpretation des Modells auf einer Unterscheidung zwischen „der *individu-ellen* subjektiven Definition der Situation zum Zeitpunkt des Handelns einerseits und de[n] *kol-lektiven* Prozesse[n], die zu diesem [...] Zustand [...] geführt haben, [andererseits]" beruht, werden Aspekte der sozialen Situation im Rahmen einer eliminativ-reduktionistischen Interpretation als Vorstellungen von Akteuren betrachtet, wie Bettina Heintz, Emergenz und Redukti-on. Neue Perspektiven auf das Mikro-Makro-Problem, in: *Kölner Zeitschrift für Soziologie und Sozialpsychologie* 56, 2004, S. 1-31 ausführt.

9   Gert Albert, Moderater methodologischer Holismus. Eine weberianische Interpretation des Makro-Mikro-Makro-Modells, in: *Zeitschrift für Soziologie und Sozialpsychologie* 57, 2005, S. 387-413; Gert Albert, Keines für alles! Die moderat holistische Alternative zu Hartmut Es-sers Modell der soziologischen Erklärung, in: *Kölner Zeitschrift für Soziologie und Sozialpsy-chologie* 59, 2007, S. 340-349.

sui generis[10] gegenübertreten und das soziale Handeln prägen. Im Unterschied dazu geht Jens Greve[11] davon aus, dass Institutionen nicht anders denn als Vorstellungen der handelnden Akteure über die Regeln, die vor dem Hintergrund ihrer jeweiligen sozialen Situation gelten, existieren. Wenngleich der Debatte um unterschiedliche ontologische Sichtweisen in der gegenwärtigen Beschäftigung mit dem Makro-Mikro-Makro-Modell soziologischer Erklärungen ein großer Stellenwert zukommt,[12] stehen im Mittelpunkt des vorliegenden Beitrags *methodologische Fragestellungen*. Von Interesse ist, wie bestehende Erklärungsangebote im Hinblick auf die kausalen Wirkungen von Institutionen vor dem Hintergrund des Makro-Mikro-Makro-Modells soziologischer Erklärungen zu bewerten sind und inwiefern sie im Rahmen dieses heuristischen Schemas elaboriert werden können.

Die folgenden Ausführungen beziehen sich dabei insbesondere auf zwei Aspekte: Im Rahmen einer *Logik der Situation* wird analysiert, wie genau sich der Einfluss der sozialen Situation auf das soziale Handeln der Akteure gestaltet; und im Rahmen einer *Logik der Selektion* wird analysiert, welche Konzeptualisierung des sozialen Handelns von Akteuren auf der Ebene der Mikro-Mikro-Verbindung vorgenommen wird. In einem ersten Schritt wird gezeigt, dass die bisherigen Antworten auf die Frage, warum Gesetze befolgt oder in Anspruch genommen werden, die Logik der Situation entweder nur implizit beinhalten oder aber die Logik der Situation von der Logik der Selektion nicht explizit trennen und hinsichtlich der Logik der Selektion keine systematische Unterscheidung zwischen verschiedenen möglichen Handlungstheorien treffen. Der Möglichkeit, die Befolgung oder Inanspruchnahme von Gesetzen vor dem Hintergrund der sozialen Situation zu verstehen und zu erklären, sind folglich Grenzen gesetzt (1). In einem zweiten Schritt wird mit dem Modell der Frame-Selektion[13] ein heuristisches Schema herangezogen, das eine vollständigere Erklärung der Befolgung oder Inanspruchnahme von Gesetzen anleiten kann. Das Modell der Frame-Selektion ist aus der Frame-Selektions-Theorie[14] hervorgegangen und ist

10 Emile Durkheim, *Die Regeln der soziologischen Methode*. Neuwied: Luchterhand 1961 [1895].

11 Jens Greve, Max Weber und die Emergenz – Ein Programm eines nicht–reduktionistischen Individualismus?, S. 19-48 in: Gert Albert et al. (Hg.), *Aspekte des Weber-Paradigmas. Festschrift für Wolfgang Schluchter*. Wiesbaden: VS Verlag für Sozialwissenschaften 2006.

12 Jens Greve et al. (Hg.), *Das Mikro-Makro-Modell der soziologischen Erklärung*. Wiesbaden: VS Verlag für Sozialwissenschaften 2008.

13 Clemens Kroneberg, Die Definition der Situation und die variable Rationalität der Akteure. Ein allgemeines Modell des Handelns, in: *Zeitschrift für Soziologie* 34, 2005, S. 344-363; Clemens Kroneberg, Wertrationalität und das Modell der Frame-Selektion, in: *Kölner Zeitschrift für Soziologie und Sozialpsychologie* 59, 2007, S. 215-239.

14 Hartmut Esser, *Soziologie. Spezielle Grundlagen*, Bd. 6: *Sinn und Kultur*. Frankfurt am Main, New York: Campus 2001.

von der Absicht geleitet, die Logiken der Situation und Selektion im Rahmen des Makro-Mikro-Makro-Modells soziologischer Erklärungen auszuarbeiten. Das Modell der Frame-Selektion verbindet zum einen die Definition der Situation mit dem sozialen Handeln von Akteuren und beschreibt die sozialen und kognitiven Prozesse, die zwischen beiden Ebenen der soziologischen Analyse vermitteln. Zum anderen erweitert es die Möglichkeiten der Analyse des sozialen Handelns von Akteuren, in dem es neben dem Weberschen Idealtyp des zweckrationalen Handelns auch die Idealtypen des wertrationalen, traditionalen und affektuellen Handelns einbezieht.[15] (2) Im Hinblick auf die Analyse der sozialen Bedingungen, unter denen Gesetze befolgt oder in Anspruch genommen werden, bedarf das Modell der Frame-Selektion einer bereichsspezifischen Ausarbeitung, die in einem dritten Schritt vorgestellt wird. Dabei wird gezeigt, inwiefern bisherige Theorien der Befolgung oder Inanspruchnahme von Gesetzen mit dem Instrumentarium des Modells der Frame-Selektion erweitert und in den Bezugsrahmen des Makro-Mikro-Makro-Modells soziologischer Erklärungen gestellt werden können (3). Abschließend werden die Grenzen des hier vertretenden Ansatzes diskutiert, indem verbleibende Fragen skizziert und Perspektiven für weitere Analysen aufgezeigt werden.

1. Theorien der Befolgung oder Inanspruchnahme von Gesetzen

In der bisherigen sozialwissenschaftlichen Theoriebildung wird im Allgemeinen nicht systematisch berücksichtigt, dass die Analyse der Befolgung und Inanspruchnahme von Gesetzen prinzipiell vor zwei unterschiedlichen Erklärungsproblemen steht. Gesetze sind einerseits als Verbote oder Gebote im Hinblick auf bestimmte Formen sozialen Handelns und andererseits als Regelungsangebote für bestimmte Formen sozialer Beziehungen formuliert.[16]

So ordnen straf- und ordnungsrechtliche Normen das soziale Miteinander, indem sie bestimmte Formen sozialen Handelns als Risiken für den Bestand sozialer Interaktion definieren und mit negativen Sanktionen in Form von Strafen oder Geldbußen belegen.[17] Im Einklang mit Webers Definition des sozialen

---

15   Weber, *Wirtschaft und Gesellschaft*, S. 12-13.

16   Blankenburg, Über die Unwirksamkeit von Gesetzen.

17   In diesem Zusammenhang ist auf den Begriff der „Sozialschädlichkeit" zu verweisen. Aktivitäten werden als „sozialschädlich" bezeichnet, wenn sie als Gefahren für den Bestand sozialer Interaktion angesehen werden. Im Rahmen strafrechtlicher Normen werden sie als „kriminell" definiert und mit negativen Sanktionen belegt. Siehe Knut Amelung, *Untersuchungen zum Inhalt und zum Anwendungsbereich eines Strafrechtsprinzips auf dogmengeschichtlicher Grundlage. Zugleich ein Beitrag zur Lehre von der „Sozialschädlichkeit" des Verbrechens.* Frankfurt am Main: Athenäum 1972.

Handelns[18] können Straftaten oder Ordnungswidrigkeiten durch aktives Tun ebenso wie durch pflichtwidriges oder bloßes Unterlassen begangen werden.[19] Die Befolgung eines Gesetzes besteht im Falle von Tätigkeitsdelikten folglich in der Unterlassung des strafbaren Handelns, im Falle der unechten Unterlassungsdelikte in der pflichtgemäßen Abwendung des Straftatbestandes und im Falle der echten Unterlassungsdelikte in der Ausführung der rechtlich gebotenen Form sozialen Handelns. Vor dem Hintergrund dieser Überlegungen ist also erklärungsbedürftig, warum Akteure Gesetze befolgen, in dem sie Straftaten unterlassen, die Realisierung von Straftatbeständen abwenden und/oder rechtlich geforderte Aktivitäten ausführen.

Demgegenüber ordnen privatrechtliche Normen das soziale Miteinander, indem sie Regelungsangebote für soziale Beziehungen unterbreiten, die zur Lösung von Konflikten herangezogen werden können. So werden beispielsweise im Sachenrecht Regeln im Hinblick auf den Erwerb des Eigentums an Sachen, im Familienrecht Regeln im Hinblick auf die Eheschließung und im Erbrecht Regeln im Hinblick auf die Vererbung von Vermögen formuliert. Dabei resultiert die Inanspruchnahme von Gesetzen entweder aus dem Ansinnen, Konfliktsituationen im Rahmen sozialer Beziehungen schon im Vorfeld ihres Entstehens zu vermeiden, etwa durch die Abschließung von Kaufverträgen oder Eheverträgen oder durch die Abfassung von Testamenten, oder aber bereits eingetretene Konfliktsituationen nachträglich auszuräumen. In diesem Zusammenhang ist folglich erklärungsbedürftig, warum Akteure im Hinblick auf die Vermeidung oder Lösung von Konflikten im Rahmen sozialer Beziehungen auf die Regelungsangebote privatrechtlicher Normen zurückgreifen.

---

18   Weber, *Wirtschaft und Gesellschaft*, S. 1 definiert Handeln in Abgrenzung zum Verhalten: „,Handeln' soll dabei ein menschliches Verhalten (einerlei ob äußeres oder innerliches Tun, Unterlassen oder Dulden) heißen, wenn und insofern als der oder die Handelnden mit ihm einen subjektiven *Sinn* verbinden. ,Soziales' Handeln aber soll ein solches Handeln heißen, welches seinem von dem oder den Handelnden gemeinten Sinn nach auf das Verhalten *anderer* bezogen wird und daran in seinem Ablauf orientiert ist."

19   Im Strafrecht werden Tätigkeitsdelikte von unechten und echten Unterlassungsdelikten unterschieden. Zu den Tätigkeitsdelikten gehören Delikte, die wie beispielsweise ein Diebstahl durch aktives Tun begangen werden. Unterlassungsdelikte werden dadurch begangen, dass man eine Aktivität entgegen einer bestehenden Verpflichtung unterlässt (indem man es beispielsweise als Hersteller eines Produkts unterlässt, nach dem Bekanntwerden von Produktmängeln eine Rückrufaktion einzuleiten und damit Gefahren für Leib und Leben der Konsumenten zu verhindern; unechtes Unterlassungsdelikt), oder dadurch, dass man eine rechtlich gebotene Tätigkeit unterlässt (indem man beispielsweise einer verunglückten Person im Rahmen der Zumutbarkeit keine Hilfestellung leistet; echtes Unterlassungsdelikt). Siehe Johannes Wessels und Werner Beulke, *Strafrecht. Allgemeiner Teil: Die Straftat und ihr Aufbau.* Heidelberg: C. F. Müller 2004.

Gegenwärtige Ansätze zur Erklärung der Befolgung oder Inanspruchnahme von Gesetzen greifen insofern zu kurz, als sie die verschiedenen Möglichkeiten einer Befolgung von Gesetzen durch aktives Tun oder pflichtwidriges und bloßes Unterlassen nicht differenziert in die Analyse einbeziehen und den Aspekt der Inanspruchnahme von Gesetzen nach unserer Kenntnis bislang vollständig ausklammern. Vielmehr bezieht sich die Abschreckungstheorie[20] auf die Frage, wie Straftaten generell durch die Androhung negativer Sanktionen verhindert werden können; die Theorie der Befolgung von Gesetzen im Anschluss an Karl-Dieter Opp[21] analysiert die Befolgung oder Übertretung von Rechtsnormen in einem allgemeinen Sinne; und die Kontrolltheorie in der Version von Travis Hirschi[22] fragt als einzige der Theorien abweichenden Verhaltens nicht, warum Akteure sich abweichend verhalten, sondern warum sie Gesetzen Folge leisten.[23]

Strafrechtliche Normen basieren auf der Idee der Abschreckung, die in der Tradition der utilitaristischen Sozialtheorie steht.[24] Es wird angenommen, dass Akteure sich angesichts einer drohenden Bestrafung auf der Grundlage vernünftiger Überlegungen absichtlich für oder gegen die Befolgung von Gesetzen entscheiden. Der Abschreckungstheorie Jeremy Benthams[25] zufolge werden Akteure umso eher verbotene Aktivitäten unterlassen, abwenden oder gesetzlich geforderte Aktivitäten zeigen, je intensiver, sicherer und schneller Verstöße gegen

---

20   Jack P. Gibbs, Crime, Punishment, and Delinquency, in: *Social Science Quarterly* 48, 1975, S. 515-530.

21   Karl-Dieter Opp, Einige Bedingungen für die Befolgung von Gesetzen, in: *Kriminologisches Journal* 3, 1971, S. 1-26; Karl-Dieter Opp, *Soziologie im Recht*. Reinbek: Rowohlt 1973. Karl-Dieter Opp, Einige Bedingungen für die Befolgung von Gesetzen, in: Klaus Lüderssen und Fritz Sack (Hg.): *Seminar „Abweichendes Verhalten"*, Bd. 1. Frankfurt am Main: Suhrkamp 1975 S. 214-243.

22   Travis Hirschi, *Causes of Delinquency*, Berkeley: University of California Press 1969.

23   Bezüge zwischen Theorien der Befolgung von Gesetzen und Theorien abweichenden Verhaltens hat Diekmann hergestellt; siehe Andreas Diekmann, Bedingungen für die Befolgung von Gesetzen – eine empirische Überprüfung der rechtssoziologischen Theorie von Opp, in: *Kriminologisches Journal* 7, 1975, S. 182-202; Andreas Diekmann, *Die Befolgung von Gesetzen. Empirische Untersuchungen zu einer rechtssoziologischen Theorie*, Berlin: Duncker & Humblot 1980; siehe hierzu auch Opp in diesem Band. Auch wenn man argumentieren könnte, dass die abhängige Variable beider Theoriefamilien im Prinzip die Befolgung und Übertretung von Gesetzen ist, werden im vorliegenden Zusammenhang nur Theorien behandelt, die explizit nach den sozialen Bedingungen der Befolgung und Übertretung von Gesetzen fragen oder aber nach den sozialen Bedingungen der Verhinderung von Gesetzesübertretungen.

24   Viktor Vanberg, *Die zwei Soziologien. Individualismus und Kollektivismus in der Sozialtheorie*, Tübingen: J. C. B. Mohr (Paul Siebeck) 1975; Viktor Vanberg, *Verbrechen, Strafe und Abschreckung. Die Theorie der Generalprävention im Lichte der neueren sozialwissenschaftlichen Diskussion*. Tübingen: J. C. B. Mohr (Paul Siebeck) 1982.

25   Jeremy Bentham, *An Introduction to the Principles of Morals and Legislation*. London: Athlone Press 1970.

strafrechtliche Normen geahndet werden. Auf Cesare Beccaria[26] geht in diesem Zusammenhang die Überlegung zurück, dass Gesetze befolgt werden, wenn in Folge eines Normverstoßes die negativen Handlungskonsequenzen (*pain*) die positiven Handlungskonsequenzen (*pleasure*) überwiegen. Im Rahmen der Abschreckungstheorie werden Einflüsse der Androhung negativer Sanktionen auf zweierlei Weise analysiert, und zwar als Analyse der Kriminalitätsraten in Abhängigkeit vom Strafmaß (*general deterrence*) und als Analyse des Kriminalitätsaufkommens im Anschluss an negative Sanktionierung (*specific deterrence*). Auch in der jüngeren Abschreckungstheorie, zu deren Hauptvertretern Jack P. Gibbs[27] zählt, werden diese Überlegungen aufgegriffen und empirisch analysiert. Negative Zusammenhänge zwischen dem Strafmaß oder zwischen erfolgter negativer Sanktionierung und dem Kriminalitätsaufkommen wurden dabei als Belege für Abschreckungseffekte interpretiert, auch wenn die Befolgung von Gesetzen aufgrund einer Androhung negativer Sanktionen im Rahmen solcher Studien nicht nachgewiesen werden konnte.[28] Die Abschreckungstheorie wurde makro- und mikrosoziologisch interpretiert: Die Beziehung zwischen staatlichem Strafen und Kriminalität wurde untersucht, indem aggregierte Daten zu Strafverfolgung und Kriminalität (Makro-Makro-Verbindung) und Individualdaten bezüglich der subjektiv wahrgenommenen Schwere, Sicherheit und Schnelligkeit des Eintretens negativer Sanktionen und kriminellem Handeln (Mikro-Mikro-Verbindung) herangezogen wurden.[29] In der mikrosoziologischen Analyse der Beziehungen zwischen negativen Sanktionen und kriminellen Aktivitäten wurde die Frage, ob allein die Sicherheit des Eintretens einer Strafe oder die mit der Eintrittswahrscheinlichkeit gewichtete Schwere einer Bestrafung Gesetzesübertretungen verhindert bzw. die Befolgung von Gesetzen begünstigt, kontrovers diskutiert. Dabei hat John S. Carroll[30] auf eigenständige Effekte der Sicherheit und Schwere einer angedrohten Strafe verwiesen, während Charles R. Tittle[31] diese Auffassung vertreten hat: „severity acts as a deterrent only when there is high certainty of punishment".[32] Auf der Grundlage dieser Überlegungen wurde von Harold G. Grasmick und George J. Bryjak[33] ein Regressionsmodell formu-

---

26   Cesare Beccaria, *Über Verbrechen und Strafen*. Frankfurt am Main: Insel 1988.
27   Gibbs, Crime, Punishment, and Delinquency.
28   Vanberg, *Verbrechen, Strafe und Abschreckung*.
29   Irving Piliavin et al., Crime, Deterrence, and Rational Choice, in: *American Sociological Review* 51, 1986, S. 101-119.
30   John S. Carroll, A Psychological Approach to Deterrence: The Evaluation of Crime Opportunities, in: *Journal of Personality and Social Psychology* 36, 1978, S. 1512-1520.
31   Charles R. Tittle, Crime Rates and Legal Sanctions, in: *Social Problems* 16, 1969, S. 409-423.
32   Ebd., S. 417
33   Harold G. Grasmick und George J. Bryjak, The Deterrent Effect of Perceived Severity of Punishment, in: *Social Forces* 59, 1980, S. 471-491.

liert, das die Intensität krimineller Aktivitäten I auf zwei Haupteffekte (Sicherheit C; Schwere einer Bestrafung S) und einen Interaktionseffekt (mit der Eintrittswahrscheinlichkeit gewichtete Schwere einer Bestrafung CS) zurückführt: $I = a + b_1C + b_2S + b_3CS$.[34] Im Anschluss an diese Formulierungsvorschläge wurde die Abschreckungstheorie zunehmend in den Bezugsrahmen einer allgemeinen Wert-Erwartungs-Theorie gestellt.[35] In diesem Zusammenhang geriet die Idee der Verhinderung strafbarer Handlungen durch die Androhung von Strafe zunehmend aus dem Blick, während zugleich die These in den Mittelpunkt gerückt wurde, dass Akteure vor dem Hintergrund eigener Präferenzen eine Abwägung zwischen den erwarteten positiven und negativen Handlungskonsequenzen vornehmen und auf dieser Grundlage dem Prinzip der Nutzenmaximierung folgend Entscheidungen für oder gegen strafbares Handeln treffen. Eine Erweiterung der Abschreckungstheorie bestand insbesondere darin, dass die positiven und negativen Konsequenzen strafbaren Handelns fortan im Rahmen eines weiten Nutzenbegriffs thematisiert wurden. Daniel S. Nagin und Raymond Paternoster[36] haben positive Handlungskonsequenzen wie materielle Anreize, soziale Anerkennung und Gefühle von Aufregung und Abenteuer in die Analyse einbezogen und in empirischen Analysen gezeigt, dass Entscheidungen für oder gegen strafbares Handeln entweder genauso stark wie oder stärker als durch negative Handlungskonsequenzen durch positive Handlungskonsequenzen beeinflusst werden.[37]. Harold G. Grasmick und Donald E. Green[38] haben informelle und interne negative Handlungskonsequenzen als Kostenarten einbezogen, wobei informelle negative Sanktionen das Erleben von sozialer Missbilligung und interne negative Sanktionen das Erleben von Scham und Verlegenheit umfassen. Empirische Analysen führten übereinstimmend zu dem Ergebnis, dass die subjektive Erwartung von informellen und internen negativen Sanktionen die Entscheidung für oder gegen strafbares Handeln stärker beeinflusst als die subjektiv erwartete formelle Bestrafung.[39]

---

34   Ebd., S. 483
35   Als allgemeine Handlungstheorie wurde die auf Leonard J. Savage, *The Foundations of Statistics*. New York: Wiley 1954 zurück gehende Subjective Expected Utility-Theorie (SEU-Theorie) verwendet, die sich auf subjektiv erwartete anstelle objektivierter Handlungskonsequenzen bezieht.
36   Daniel S. Nagin und Raymond Paternoster, Enduring Individual Differences and Rational Choice Theories of Crime, in: *Law & Society Review* 27, 1993, S. 467-496.
37   Siehe ausführlicher Stefanie Eifler, *Kriminalität im Alltag. Eine handlungstheoretische Analyse von Gelegenheiten*. Wiesbaden: VS-Verlag für Sozialwissenschaften 2009.
38   Harold G. Grasmick und Donald E. Green, Legal Punishment, Social Disapproval, and Internalization as Inhibitors of Illegal Behavior, in: *Journal of Criminal Law and Criminology* 71, 1980, S. 325-335.
39   Siehe hierzu ausführlicher Eifler, *Kriminalität im Alltag*.

Als allgemeine Wert-Erwartungs-Theorie wurde die Abschreckungstheorie formalisiert. Entscheidungen für oder gegen strafbares Handeln wurden in diesem Zusammenhang als Entscheidungen unter Risiko konzeptualisiert. Da sich die relevanten Handlungsausgänge beider Handlungsmöglichkeiten voneinander unterscheiden bzw. sich ausschließen,[40] wurde vorgeschlagen, die Entscheidung für oder gegen strafbares Handeln anhand des Nutzens strafbaren Handelns zu modellieren. Dabei wurde angenommen, dass die subjektiv erwarteten positiven Handlungskonsequenzen diesen Nutzen steigern, während die subjektiv erwarteten negativen Handlungskonsequenzen diesen Nutzen sinken lassen. Daraus ergibt sich, dass eine Entscheidung umso eher für die Übertretung eines Gesetzes (GÜ) getroffen wird, je stärker die subjektiv erwarteten positiven Konsequenzen ($\sum p_{ni}N_i$)[41] die subjektiv erwarteten negativen Konsequenzen ($\sum p_{ci}C_i$) übersteigen, je stärker also der subjektiv erwartete Nutzen ($\sum p_iU_i$) insgesamt (1) größer als Null wird (2), bzw. dass eine Entscheidung umso eher für die Befolgung eines Gesetzes getroffen wird, je mehr sich die subjektiv erwarteten positiven und negativen Handlungskonsequenzen ($\sum p_{ni}N_i$, $\sum p_{ci}C_i$) gleichen, je näher also der subjektiv erwartete Nutzen ($\sum p_iU_i$) an den Wert Null heranreicht:

(1) $SEU_{GÜ} = \sum p_iU_i = \sum p_{ni}N_i - \sum p_{ci}C_i$)

(2) $SEU_{GÜ} > 0$

Ein entscheidendes Problem auch der weiten Version der Abschreckungstheorie besteht jedoch darin, dass die erwartete Bestrafung nur dann strafbares Handeln verhindert, wenn die moralischen Überzeugungen von Akteuren schwach sind. Umgekehrt bedeutet dies, dass starke moralische Überzeugungen allein in der Lage sind, eine Entscheidung gegen strafbares Handeln herbeizuführen. Gesetze werden also in erster Linie befolgt, weil Akteure von der Legitimität und Verbindlichkeit rechtlicher Normen überzeugt sind, und nicht, weil sie eine Bestrafung fürchten.[42]

---

40   Die Übertretung eines Gesetzes führt möglicherweise zu einer materiellen Bereicherung, die derjenige nicht zu erwarten hat, der sich entscheidet, das Gesetz zu befolgen. Umgekehrt führt das Risiko einer Bestrafung dazu, dass die Übertretung eines Gesetzes als nachteilig erscheint, während eine solche Bestrafung im Falle der Befolgung des Gesetzes ausgeschlossen ist.

41   Die hier gewählte Schreibweise soll verdeutlichen, dass sich pni nicht auf die Erwartung, Vorteile eines kriminellen Handelns herbeiführen zu können im Sinne von Effizienzerwartungen bezieht, sondern auf die subjektiv erwartete Wahrscheinlichkeit des Eintretens positiver Handlungskonsequenzen.

42   Siehe z. B. Steven R. Burkett und David A. Ward, A Note on Perceptual Deterrence, Religiously Based Moral Condemnation, and Social Control, in: *Criminology* 31, 1993, S. 119-134; Eifler, *Kriminalität im Alltag.*

Unternimmt man den Versuch, die Abschreckungstheorie zur Erklärung der Befolgung und Übertretung von Gesetzen im Rahmen eines Makro-Mikro-Makro-Modells soziologischer Erklärungen zu verorten, so ergibt sich das folgende Gesamtbild: Im Hinblick auf die *Logik der Situation* ist festzuhalten, dass die Abschreckungstheorie keine Beziehungen zwischen der sozialen Situation und dem sozialen Handeln von Akteuren formuliert. Im Hinblick auf die *Logik der Selektion* verdeutlicht insbesondere die weite Version der Abschreckungstheorie, dass nicht allein zweckrationale Komponenten die Entscheidungen der Akteure für oder gegen die Befolgung von Gesetzen prägen, sondern vor allem wertrationale Komponenten: Die Unannehmlichkeiten durch soziale Missbilligung und durch Gefühle von Scham und Schuld verhindern strafbares Handeln wirksamer als die Unannehmlichkeiten durch eine formelle Bestrafung. Empirische Analysen der Abschreckungstheorie haben jedoch gezeigt, dass moralische Überzeugungen stärkere Prädikatoren für die Befolgung von Gesetzen sind als Wert-Erwartungs-Überlegungen. Moralische Überzeugungen müssen dabei als Elemente der sozialen Situation von Akteuren betrachtet werden, wobei bislang weitgehend ungeklärt bleibt, wie genau moralische Überzeugungen mit Wert-Erwartungs-Überlegungen verknüpft sind, wie mit anderen Worten die Verbindung zwischen einer Logik der Situation und einer Logik der Selektion im Hinblick auf die Erklärung der Befolgung von Gesetzen formuliert werden müssen.

Die Theorie der Befolgung von Gesetzen wurde ursprünglich von Opp[43] vorgeschlagen und später von Diekmann[44] modifiziert. Wenngleich die Theorie der Gesetzesbefolgung zunächst nicht als Handlungstheorie in einem engeren Sinne formuliert wurde, wurden solche Bezüge in empirischen Studien diskutiert; in der aktuellen Version der Theorie der Gesetzesbefolgung wird der Ansatz explizit in den Bezugsrahmen einer allgemeinen Handlungstheorie gestellt.[45] Die Befolgung und/oder Übertretung von Gesetzen wird als Entscheidung konzeptualisiert und auf Wert-Erwartungs-Überlegungen einerseits und situative Variablen andererseits zurückgeführt. Ausgehend von einem weiten Nutzenbegriff werden die subjektiv erwarteten positiven und negativen Konsequenzen einer Befolgung und einer Übertretung von Gesetzen als relevante Einflussfaktoren spezifiziert. Dabei schließen die subjektiv erwarteten negativen Konsequenzen formelle und informelle negative Sanktionen ein. Als situative Variablen werden unter anderem die Häufigkeit normrelevanter Situationen, die Informiertheit über das Gesetz, der Grad der normativen Abweichung, die Anzeigebereitschaft, die

---

43   Opp, Einige Bedingungen für die Befolgung von Gesetzen; Opp, *Soziologie im Recht*; Opp, Einige Bedingungen für die Befolgung von Gesetzen.

44   Diekmann, Bedingungen für die Befolgung von Gesetzen; Diekmann, *Die Befolgung von Gesetzen.*

45   Siehe hierzu Opp in diesem Band.

Aufklärungsquote und die Privatheit der Übertretungssituation spezifiziert. Dabei werden einige dieser situativen Variablen explizit als Kollektiveigenschaften konzeptualisiert. Die aktuelle Version der Theorie der Gesetzesbefolgung umfasst außerdem die Zielrelevanz eines Gesetzes sowie die Erwartungen von Bezugspersonen oder -gruppen als Einflussfaktoren.[46] Eine zusammenfassende Bewertung von empirischen Untersuchungen der Theorie der Gesetzesbefolgung zeigt, dass der Grad der normativen Abweichung ein relevanter Prädiktor für die Befolgung von Gesetzen ist.[47] Außerdem zeigt sich, dass negative Sanktionen wichtigere Prädiktoren als positive Sanktionen für die Befolgung und/oder Übertretung von Gesetzen sind.[48]

Stellt man die Theorie der Gesetzesbefolgung in den Bezugsrahmen des Makro-Mikro-Makro-Modells soziologischer Erklärungen, so entsteht das folgende Bild: Im Hinblick auf die *Logik der Situation* zeigt sich, dass Elemente der sozialen Situation von Akteuren – wie etwa das Ausmaß, in dem andere als die rechtlichen Normen für verbindlich gehalten werden – für die Befolgung oder Übertretung von Gesetzen sind. Wie genau diese Elemente im Zuge einer Definition der Situation Entscheidungen für oder gegen die Befolgung von Gesetzen strukturieren, wird dabei allerdings nicht eigens thematisiert. Vielmehr werden die Einflüsse von situativen Merkmalen ebenso als direkte Einflüsse konzeptualisiert wie die Einflüsse der subjektiv erwarteten positiven und negativen Konsequenzen einer Befolgung und einer Übertretung von Gesetzen, anhand derer die *Logik der Selektion* spezifiziert wird. Ähnlich wie bereits in Bezug auf die Abschreckungstheorie deutet sich aber auch in Bezug auf die Theorie der Befolgung von Gesetzen an, dass Normorientierungen – insbesondere in Bezug auf das Ausmaß, in dem andere als die rechtlichen Normen für verbindlich gehalten werden – möglicherweise wichtiger für die Befolgung von Gesetzen sind als Wert-Erwartungs-Überlegungen. Auch hier wäre es also erforderlich, Normorientierungen als Elemente der sozialen Situation mit der Befolgung von Gesetzen im Rahmen einer Logik der Situation und einer Logik der Selektion zu verknüpfen.

Eine weitere Theorie, die im Zusammenhang mit der Erklärung der Befolgung und Übertretung von Gesetzen zu nennen ist, ist die Kontrolltheorie.[49] Als

---

46   Ebd.
47   Es zeigt sich, dass der Grad der normativen Abweichung im überwiegenden Teil der empirischen Studien signifikante Effekte auf die Befolgung oder Übertretung von Gesetzen hat. Der Grad der normativen Abweichung gibt dabei an, ob bzw. in welchem Maße Akteure andere als die rechtlichen Normen für verbindlich halten. Siehe hierzu Opp in diesem Band.
48   Ebd.
49   Frühe kontrolltheoretische Überlegungen wurden bereits in den 1950er Jahren formuliert. Wirklich einflussreich wurde erst die Kontrolltheorie in der Version von Hirschi, *Causes of*

einzige Theorie abweichenden Verhaltens wird im Rahmen kontrolltheoretischer Perspektiven nach den Bedingungen gefragt, unter denen Gesetze befolgt werden: „In control theories, [this] question has never been adequately answered. The question remains, why do men obey the rules of society? Deviance is taken for granted; conformity must be explained."[50] Kontrolltheoretische Ansätze stehen in der Tradition des Utilitarismus und gehen von der Überlegung aus, dass sich Akteure durch eine allgemeine Motivation zu strafbaren Aktivitäten auszeichnen, da diese anders als konforme Aktivitäten eine rasche Verwirklichung von Handlungszielen ermöglichen. Strafbares Handeln kann folglich nur aufgrund von Normen, die es verbieten, den eigentlichen Motivationen freien Lauf zu lassen, verhindert werden. Im Rahmen eines Gemeinwesens gelten diese Normen als legitim und verbindlich. Allerdings wird angenommen, dass Akteure mehr oder weniger starke Bindungen an die normativen Vorgaben des Gemeinwesens unterhalten, so dass sie mehr oder weniger frei sind, diesen zu entsprechen oder aber ihnen zuwider zu handeln. Hirschi[51] hat die Bindungen von Akteuren an die normativen Vorgaben des Gemeinwesens als *soziale Bande* bezeichnet und in diesem Zusammenhang vier Elemente voneinander unterschieden: Als *attachment* wird das Ausmaß der Sensibilität von Akteuren für die Einstellungen anderer bezeichnet; der Begriff *commitment* beschreibt das Ausmaß, in dem Akteure sich konventionellen Zielen verpflichtet haben; *involvement* ist die zeitliche Einbindung von Akteuren in konventionelle Aktivitäten; und *beliefs* sind die Überzeugungen von Akteuren, die sich auf die Legitimität und Verbindlichkeit der normativen Vorgaben des Gemeinwesens beziehen. Starke soziale Bande führen aus kontrolltheoretischer Sicht zu einer normkonformen Lebensführung,[52] wobei diese These im Rahmen empirischer Analysen grundsätzlich Unterstützung erfahren hat.[53]

Betrachtet man die Kontrolltheorie im Rahmen eines Makro-Mikro-Makro-Modells soziologischer Erklärungen, so werden mit dem Konzept der sozialen Bande Elemente der sozialen Situation von Akteuren spezifiziert, von denen angenommen wird, dass sie einen Einfluss auf die Befolgung von Gesetzen haben. Die Aussagen der Kontrolltheorie können so interpretiert werden, dass die Befolgung von Gesetzen in utilitaristischer Tradition als das Resultat von Wert-Erwartungs-Überlegungen erklärt werden kann, die ihrerseits durch die sozialen

---

Delinquency, die für den vorliegenden Zusammenhang ausgewählt wurde. Siehe Stefanie Eifler, *Kriminalsoziologie*. Bielefeld: transcript 2002.

50   Hirschi, *Causes of Delinquency*, S. 10
51   Ebd.
52   Ebd.
53   Vgl. Charis E. Kuhn et al., *Researching Theories of Crime and Deviance*. New York: Oxford University Press 2009.

Bande strukturiert werden. Damit umfasst die Kontrolltheorie – wenn auch eher implizit – sowohl die *Logik der Situation* als auch die *Logik der Selektion* als Elemente der soziologischen Erklärung der Befolgung von Gesetzen.

Die bisherigen Ausführungen haben verdeutlicht, dass die Abschreckungstheorie, die Theorie der Befolgung von Gesetzen und die Kontrolltheorie im vorliegenden Zusammenhang zwar jeweils Erklärungsbeiträge leisten, aber auch Erklärungsprobleme offen lassen. Die Einordnung in das Makro-Mikro-Makro-Modell soziologischer Erklärungen hat gezeigt, dass die Ansätze sowohl im Hinblick auf die Logik der Situation als auch die Logik der Selektion präzisiert werden müssen. Im Mittelpunkt sollte dabei die Frage stehen, welche Rolle die moralischen Überzeugungen von Akteuren im Kontext von Entscheidungen für oder gegen die Befolgung von Gesetzen spielen. In diesem Zusammenhang bedarf es einer Klärung, ob Normorientierungen auch im Rahmen einer Logik der Selektion zu einer Berücksichtigung normbezogener Komponenten sozialen Handelns führen sollten.

Im Hinblick auf das Ziel, die Befolgung und Inanspruchnahme von Gesetzen im Rahmen eines Makro-Mikro-Makro-Modells soziologischer Erklärungen zu analysieren, steht die weitere theoretische Analyse folglich vor der Aufgabe, die Beziehungen zwischen der sozialen Situation und dem sozialen Handeln von Akteuren auszuarbeiten. Wie bereits dargelegt wurde, sind dabei die Prozesse der Definition der Situation im Rahmen einer Logik der Situation klärungsbedürftig und normbezogene Komponenten des sozialen Handelns im Rahmen einer Logik der Selektion zu berücksichtigen. Ein heuristisches Schema, das diese Elaboration anleiten kann, steht mit dem Modell der Frame-Selektion[54] zur Verfügung, das auf der Grundlage der Frame-Selektions-Theorie[55] entwickelt wurde.

2. Das Modell der Frame-Selektion

Im Rahmen des Modells der Frame-Selektion[56] wird die Definition der Situation mit dem sozialen Handeln von Akteuren verknüpft. Insbesondere werden die sozialen und kognitiven Prozesse dargestellt, die zwischen der sozialen Situation und dem sozialen Handeln der Akteure vermitteln, wobei drei Schritte analytisch voneinander unterschieden werden: In einem ersten Schritt erfolgt die Definition der Situation, in der sich die Akteure befinden (Frame-Selektion); ein zweiter Schritt dient der Erkundung der verschiedenen Handlungsmöglichkeiten, die vor

---

54 Kroneberg, Die Definition der Situation und die variable Rationalität der Akteure; Kroneberg,
    Wertrationalität und das Modell der Frame-Selektion.
55 Esser, *Soziologie*, Bd. 6.
56 Kroneberg, Die Definition der Situation und die variable Rationalität der Akteure.

dem Hintergrund der jeweiligen Definition der Situation bestehen (Skript-Selektion); in einem dritten Schritt wird eine dieser Handlungsmöglichkeiten realisiert (Handlungs-Selektion). Ebenso wie im Rahmen der Frame-Selektions-Theorie[57] wird auch im Rahmen des Modells der Frame-Selektion die Annahme formuliert, dass die einzelnen Selektionsschritte in zwei Modi ablaufen können, nämlich in einem automatisch-spontanen oder einem reflektiert-kalkulierenden Modus. Diese Unterscheidung folgt aus dem sozialpsychologischen Ansatz von Russell H. Fazio,[58] der die Möglichkeit eines direkten Einflusses von sozialen Einstellungen auf Verhalten von der Möglichkeit eines über Prozesse der Intentionsbildung vermittelten indirekten Einflusses von sozialen Einstellungen auf Verhalten unterscheidet und beide Möglichkeiten innerhalb eines Einstellungs-Verhaltens-Modells integriert. Die im Modell der Frame-Selektion spezifizierten Elemente und Prozesses einer Verknüpfung zwischen der sozialen Situation und dem sozialen Handeln von Akteuren werden in Abbildung 2 schematisch dargestellt.

Im Modell der Frame-Selektion wird ein Frame als ein gedankliches Modell aufgefasst, das die Definition der Situation anleitet: „Es sind kollektiv verbreitete, in den Gedächtnissen der Akteure verankerte kulturelle Muster, ‚kollektive Repräsentationen' typischer Situationen, und die ‚Werte' als generalisierbare kognitiv-emotionale Ordnungsschemata, die alles andere, die Zwecke und die Mittel, die Präferenzen und die Erwartungen, strukturieren."[59] Frames werden vor dem Hintergrund einer sozialen Situation selegiert, zu der Esser zufolge „die Interessen der Akteure, die geltenden institutionellen Regeln und die kulturellen Rahmungen durch kollektiv geteilte Vorstellungen und Weltbilder" gehören.[60] Die Selektion eines Frames erfolgt aufgrund von Zeichen in der Situation (*cues*) entweder in einem automatisch-spontanen (as-Modus) oder in einem reflektiert-kalkulierenden Modus (rc-Modus), und zwar abhängig davon, wie gut die Zeichen in der Situation zu den im Gedächtnis gespeicherten gedanklichen Modellen passen. Eine Frame-Selektion im as-Modus findet umso eher statt, je höher diese Passung – bezeichnet als als match m_i – ist. Der match m_i wird dabei als multiplikative Verknüpfung des Ausmaßes, in dem ein Frame mental verankert ist (a_i), in dem Zeichen in der Situation auf den Frame hinweisen (o_i) und in dem

57   Esser, *Soziologie. Spezielle Grundlagen*, Bd. 6.
58   Russell H. Fazio, Multiple Processes by which Attitudes Guide Behavior: The Mode Model as an Integrative Framework, in: *Advances in Experimental Social Psychology* 23, 1990, S. 75-109.
59   Hartmut Esser, Die Rationalität der Werte. Die Typen des Handelns und das Modell der soziologischen Erklärung, S. 153-187, in: Gert Albert et al. (Hg.), *Das Weber-Paradigma. Studien zur Weiterentwicklung von Max Webers Forschungsprogramm*. Tübingen: Mohr Siebeck 2003, hier S. 159.
60   Ebd., S. 158

Frame und Zeichen mental verbunden sind (v_i), konzeptualisiert.[61] Ist der match m_i gering, erfolgt die Frame-Selektion im rc-Modus und wird mit der SEU-Theorie dargestellt.

Abbildung 2: Das Modell der Frame-Selektion

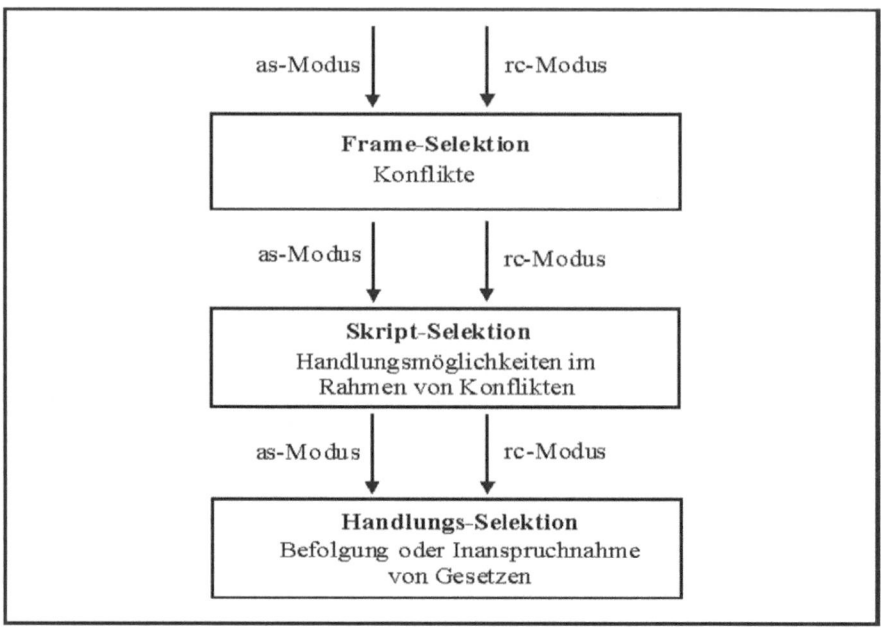

Vor dem Hintergrund einer Definition der Situation werden in einem nächsten Schritt verschiedene mögliche Handlungsabläufe bzw. „ganze Bündel von mental gespeicherten Handlungssequenzen"[62] aktiviert. Die innerhalb eines Frames möglichen Handlungsabläufe werden in Anlehnung an die kognitionspsychologische Theorie von Robert P. Abelson[63] als Skripte bezeichnet. Aus der Perspektive der Skripttheorie ist das Wissen von Personen über soziale Situationen in Form von Schemata kognitiv organisiert und verfügbar, wobei Skripte eine be-

---

61   Kroneberg Wertrationalität und das Modell der Frame-Selektion, S. 218
62   Esser, Die Rationalität der Werte, S. 159
63   Robert P. Abelson, Script Processing in Attitude Formation and Decision Making, S. 33-67 in: John S. Carroll und John W. Payne (Hg.), *Cognition and Social Behavior*. Hillsdale: Lawrence Erlbaum 1976; Roger Schank und Robert P. Abelson, *Scripts, Plans, Goals and Understanding*. Hillsdale: Lawrence Erlbaum 1977.

sondere Form solcher Schemata darstellen, die aus Vignetten bestehen. Vignetten sind die „raw constituents of remembered episodes in the individual's experience",[64] „an encoding of an event of short duration, in general including both an image (often visual) of the perceived event and conceptual representation of the event".[65] Innerhalb eines Skripts sind Vignetten sequentiell angeordnet: „The simplest version would consist of two panels, one setting up a situation and the second resolving it, for example, a transgression followed by a punishment, or a decision followed by a success."[66] Folglich kann ein Skript als „a coherent sequence of events expected by the individual, involving him either as a participant or as the observer",[67] bezeichnet werden. Ein Skript ist „a hypothesized cognitive structure that when activated organizes comprehension of event-based situations. In its weak sense, it is a bundle of inferences about the potential occurence of a set of events [...]. In its strong sense, it involves expectations about the order as well as the occurence of events".[68] Skripte beziehen sich auf „die auf die Situation bezogenen typischen *Erwartungen* [...] über die typische Wirksamkeit typischer Mittel".[69] Ebenso wie Frames können auch Skripte entweder in einem as-Modus oder in einem rc-Modus aktiviert werden. Ein Skript wird umso eher im as-Modus aktiviert, je höher das Produkt aus der mentalen Zugänglichkeit ($a_{j|i}$) und der mentalen Verankerung des Skripts (a_j) innerhalb eines Frames m_i ist. Ist der Wert dieses Produkts niedrig, weil ein Skript in nur geringem Maße mental zugänglich und/oder verankert ist, so erfolgt die Skript-Selektion im rc-Modus und wird mit der SEU-Theorie modelliert.[70]

Im Anschluss an die Skript-Selektion wird eine der aktivierten Handlungsmöglichkeiten entweder in einem as-Modus oder in einem rc-Modus selegiert. Der Modus der Handlungs-Selektion hängt dabei von dem Ausmaß ab, in dem ein Skript das Handeln regelt ($a_{k|j}$), das mit der Aktivierung eines Skripts vor dem Hintergrund eines Frames multiplikativ verknüpft ist. Eine Handlungsmöglichkeit wird umso eher im as-Modus selegiert bzw. realisiert, je stärker sie durch ein Skript gesteuert wird. Ist demgegenüber der Einfluss eines Skripts nur schwach ausgeprägt, so erfolgt die Handlungs-Selektion im rc-Modus und wird mit der SEU-Theorie konzeptualisiert.[71]

---

64   Ebd., S. 34.
65   Ebd.
66   Ebd.
67   Ebd., S. 33
68   Robert P. Abelson, Psychological Status of the Script Concept, in: *American Psychologist* 36, 1981, S. 715–729, hier S. 717.
69   Esser, *Soziologie*, Bd. 6, S. 218.
70   Kroneberg, Wertrationalität und das Modell der Frame-Selektion, S. 218
71   Ebd., S. 219

Die Frame-Selektions-Theorie ebenso wie das Modell der Frame-Selektion wurden im Rahmen aktueller Weiterentwicklungen um den Idealtyp des wertrationalen Handelns ergänzt.[72] Während Greve[73] wertrationale Begründungen im Kontext von Entscheidungen für bestimmte Formen sozialen Handelns analysiert hat, hat Mateusz Stachura[74] die Wichtigkeit einer Unterscheidung zwischen der Definition der Situation und dem sozialen Handeln herausgestellt, indem er wertrationale Aspekte der Frame-Selektion beschrieben und diese von wertrationalen Komponenten der Handlungs-Selektion unterschieden hat. Die Besonderheit, die dabei in den Blick genommen wird, besteht darin, dass Frames einen unmittelbaren Bezug zu Werten bzw. Wertorientierungen als ‚Richtpunkten des Handelns' besitzen können.[75] In diesem Sinne lassen sich Frames, die einen eindeutigen Wertbezug aufweisen, von solchen, innerhalb derer konkurrierende Wertbezüge gelten, unterscheiden. Die Frame-Selektion kann auch in sozialen Situationen, die durch Wertbezüge geprägt sind, in einem as-Modus oder in einem rc-Modus erfolgen. Die Wertorientierung resultiert im as-Modus unmittelbar aus dem match m_i. Besteht eine Situation der Unsicherheit im Hinblick auf die Geltung oder Passung von Werten und die angesichts konkurrierender Wertbezüge relevanten Ziele, führt dies zu einem Prozess der „wertrationalen Definition der Situation".[76] Die Wertorientierung wird dabei im rc-Modus als Überzeugung herausgebildet, nämlich als „*bewusst gebildete[r]* Angemessenheitsglauben p_i"[77]. Diese Überzeugung resultiert aus drei Komponenten, und zwar der Reflektion über Zeichen in der Situation (o_i), über den Bezug zwischen Zeichen und Wertorientierungen (v_i) und die Geltung der Wertbezüge (a_i).[78] Sofern eine Definition der Situation durch Wertorientierungen geprägt ist, werden im Prozess der Skript-Selektion ebenso wie im Prozess der Handlungs-Selektion normbezogene Handlungsmöglichkeiten entweder in einem as-Modus oder in einem rc-Modus aktiviert und realisiert.[79]

Diese Überlegungen zur Unterscheidung zwischen einer wertrationalen Definition der Situation und wertrationalen Aspekten des sozialen Handelns werden

---

72   Esser, Die Rationalität der Werte; Kroneberg, Wertrationalität und das Modell der Frame-Selektion.

73   Jens Greve, Handlungserklärungen und die zwei Rationalitäten? Neuere Ansätze zur Integration von Wert- und Zweckrationalität in einem Handlungsmodell, in: *Kölner Zeitschrift für Soziologie und Sozialpsychologie* 55, 2003, S. 621-653.

74   Mateusz Stachura, Logik der Situationsdefinition und Logik der Handlungsselektion. Der Fall des wertrationalen Handelns, in: *Kölner Zeitschrift für Soziologie und Sozialpsychologie* 58, 2006, S. 433-452.

75   Kroneberg, Wertrationalität und das Modell der Frame-Selektion.

76   Stachura, Logik der Situationsdefinition und Logik der Handlungsselektion, S. 449.

77   Kroneberg, Wertrationalität und das Modell der Frame-Selektion, S. 225.

78   Ebd., S. 227

79   Ebd., S. 230 ff.

im Folgenden aufgegriffen, um die möglichen Einflussbeziehungen von moralischen Überzeugungen auf die Befolgung oder Inanspruchnahme von Gesetzen systematisch auszuarbeiten.

3. „Rahmen" als Bedingungen für die Befolgung oder Inanspruchnahme von Gesetzen

In der Tradition Theodor Geigers[80] kann die Effektivität oder Wirksamkeit des Rechts zum einen an dessen Durchsetzung durch Instanzen sozialer Kontrolle und zum anderen an dessen kausalen Wirkungen auf das soziale Handeln oder die sozialen Beziehungen von Akteuren bemessen werden. Dabei spielt in der theoretischen Analyse der sozialen Bedingungen der Befolgung oder Inanspruchnahme von Gesetzen das Wissen von Akteuren um die Geltung und die Verbindlichkeit von rechtlichen Normen eine wichtige Rolle. Heinrich Popitz[81] zufolge ergibt sich die verhaltenssteuernde Wirkung rechtlicher Normen zwar daraus, dass Akteure das wahre Ausmaß von begangenen und sanktionierten Gesetzesübertretungen unbekannt sind. Diese These setzt aber voraus, dass die Inhalte rechtlicher Normen im Wissen von Akteuren verankert sind. Nur vor diesem Hintergrund können die Prinzipien der Verhaltenssteuerung durch rechtliche Normen, die in den besprochenen Theorien der Befolgung von Gesetzen formuliert wurden, überhaupt „in Kraft"[82] treten. Diesen Ansätzen zufolge werden Gesetzesübertretungen unterlassen, weil Akteure entweder überwiegend negative formelle und/oder informelle Sanktionen erwarten oder von der Richtigkeit und/oder Verbindlichkeit der rechtlichen Vorgaben überzeugt sind.[83]

---

80   Theodor Geiger, *Vorstudien zu einer Soziologie des Rechts*, Berlin: Duncker & Humblot 1987.

81   In seiner Studie über die Präventivwirkung des Nichtwissens entwickelte Popitz die These, dass Normen nur dann ihre verhaltenssteuernde Wirkung entfalten können, wenn das „tatsächliche" Ausmaß von Normverstößen im Dunkelfeld verbleibt, wenn also weder bekannt wird, wie häufig abweichendes Verhalten ausgeführt wird noch wie häufig entdecktes abweichendes Verhalten toleriert bzw. nicht negativ sanktioniert wird. Diese Überlegung wird auf der Grundlage der englischen Satire *On Being Found Out* von William Makepeace Thackerey entwickelt, die das Bild einer Gesellschaft zeichnet, in der jeder Normverstoß entdeckt und bestraft wird. Popitz zufolge verlieren unter solchen Umständen sowohl Normen als auch negative Sanktionen ihre verhaltenssteuernde Kraft. Die These von der Präventivwirkung des Nichtwissens besagt, dass die Verhaltensgeltung von Normen davon abhängig ist, dass das genaue Ausmaß von Normverstößen unbekannt bleibt und dass die negative Sanktion eine Ausnahmeerscheinung darstellt. Siehe Heinrich Popitz, *Über die Präventivwirkung des Nichtwissens. Dunkelziffer, Norm und Strafe.* Tübingen: J. C. B. Mohr (Paul Siebeck) 1968.

82   Mit der Formulierung des „In-Kraft-Tretens" rechtlicher Normen verbindet sich im vorliegenden Zusammenhang – anders als bei Wagner in diesem Band – keine ontologisierende Aussage.

83   Siehe Abschnitt 1 dieses Beitrags

Diesen Überlegungen steht eine Auffassung entgegen, die bereits von Auguste Comte[84] vertreten wurde: Demnach befolgen Akteure die meisten Gesetze, obwohl sie weder den Inhalt dieser Gesetze kennen, noch wissen, auf welche sozialen Sachverhalte genau sich diese Gesetze beziehen. Diese Überlegung verweist auf die Beobachtung, dass die *Wirklichkeit der Alltagswelt*[85] als eine geordnete Wirklichkeit erfahren wird. Das Alltagshandeln ist dabei ebenso durch eingelebte Gewohnheiten geprägt wie an gesellschaftliche Regeln gebunden, wobei sich mit Weber die zu Konventionen geronnenen Sitten vom Recht abgrenzen lassen. Nach Weber bezeichnet der Begriff der Konvention „die *innerhalb eines Menschenkreises* als ‚geltend' gebilligte und durch Mißbilligung gegen Abweichungen garantierte ‚Sitte'".[86] Das Recht steht im Kontext von Konventionen und wird durch diese gestützt. Rechtsnormen, die nicht in den Sitten verankert sind, können das soziale Handeln und die sozialen Beziehungen von Akteuren nicht strukturhaft prägen. Der Bestand der Konventionen ebenso wie der Bestand des Rechts wird durch Prozesse sozialer Kontrolle gewahrt: „Eine Ordnung soll heißen […] Konvention, wenn ihre Geltung äußerlich garantiert ist durch die Chance, bei Abweichung innerhalb eines angebbaren Menschenkreises auf eine (relativ) allgemeine und praktisch fühlbare Missbilligung zu stoßen."[87] Das Recht wird als Ordnungsgefüge von dem Bereich der Konventionen dadurch abgegrenzt, dass es Instanzen sozialer Kontrolle gibt, die die Durchsetzung der rechtlichen Normen gewährleisten: „Eine Ordnung soll heißen […] Recht, wenn sie äußerlich garantiert ist durch die Chance [des] (physischen oder psychischen) *Zwanges* durch ein auf Erzwingung der Innehaltung oder Ahndung der Verletzung gerichtetes Handeln eines *eigens* darauf eingestellten *Stabes* von Menschen."[88]

Im Hinblick auf die Frage, warum Gesetze befolgt oder in Anspruch genommen werden, konkurrieren vor dem Hintergrund dieser Überlegungen also mehrere mögliche Antworten: Eine soziale Ordnung beruht entweder auf eingelebter Gewohnheit, auf Überzeugungen hinsichtlich der Richtigkeit und/oder Verbindlichkeit von Normen oder auf der Furcht vor sozialer Missbilligung bzw. vor formeller Bestrafung.

Das Modell der Frame-Selektion[89] erlaubt es nun, diese Überlegungen systematisch in die Analyse der kausalen Wirkungen von Institutionen einzubezie-

---

84   Auguste Comte, *Soziologie*, 3 Bde. Jena: Fischer 1907-1911.
85   Peter L. Berger und Thomas Luckmann, *Die gesellschaftliche Konstruktion der Wirklichkeit. Eine Theorie der Wissenssoziologie*. Frankfurt am Main: S. Fischer 1969.
86   Weber, *Wirtschaft und Gesellschaft*, S. 18
87   Ebd., S. 17.
88   Ebd., S. 17
89   Kroneberg, Die Definition der Situation und die variable Rationalität der Akteure; Kroneberg, Wertrationalität und das Modell der Frame-Selektion.

hen und zu erklären, welche sozialen Situationen dazu führen, dass Gesetze als Verbote oder Gebote befolgt oder als Regelungsangebote für soziale Beziehungen in Anspruch genommen werden.[90] Indem dieses Modell von der Idee dreier Phasen ausgeht, die zwischen der sozialen Situation und dem sozialen Handeln von Akteuren vermitteln, und in diesem Zusammenhang zwischen der Definition der Situation (Frame-Selektion), der Wahrnehmung verschiedener Handlungsmöglichkeiten (Skript-Selektion) und der Ausführung einer bestimmten Form sozialen Handelns (Handlungs-Selektion) unterscheidet, können verschiedene Annahmen über die möglichen kausalen Wirkungen von Institutionen innerhalb eines integrativen Bezugsrahmens, nämlich innerhalb des Makro-Mikro-Makro-Modells soziologischer Erklärungen thematisiert werden.

Die Definition der Situation, die Wahrnehmung verschiedener Handlungsmöglichkeiten und die Ausführung bestimmter Formen sozialen Handelns werden entweder in einem automatisch-spontanen Modus (as-Modus) oder in einem reflektiert-kalkulierenden Modus (rc-Modus) prozessiert. Auch wenn sich an einen im as-Modus selegierten Frame prinzipiell eine Skript- und Handlungs-Selektion im rc-Modus oder an einen im rc-Modus selegierten Frame prinzipiell eine Skript- und Handlungs-Selektion im as-Modus anschließen können, scheint im vorliegenden Zusammenhang die Annahme plausibler, dass alle Selektionen im Hinblick auf die Befolgung oder Inanspruchnahme von Gesetzen entweder durchgängig im as- oder rc-Modus prozessiert werden.

Die Überlegung, dass Akteure im Zuge der Routinen ihres Alltags die meisten Gesetze befolgen oder in Anspruch nehmen, ohne deren Inhalte zu kennen oder ohne sich deren Inhalte zu vergegenwärtigen, kann im Rahmen des Modells der Frame-Selektion als eine automatisch-spontan bestehende Verbindung zwischen der sozialen Situation und dem sozialen Handeln von Akteuren konzeptualisiert werden. Eine Frame-Selektion wird umso eher im as-Modus prozessiert, je stärker ein Frame mental verankert ist (a_i), je stärker Zeichen in der Situation auf den Frame hinweisen (o_i) und je stärker Frame und Zeichen mental verbunden sind (v_i). Die Selektion eines Skripts wird umso wahrscheinlicher, je stärker es innerhalb des selegierten Frames mental zugänglich ($a_{j|i}$) und verankert (a_j) ist, und die Handlungs-Selektion erfolgt anschließend im as-Modus, je stärker das aufgerufene Skript das Handeln steuert ($a_{k|j}$). Eine Definition der Situation auf der Grundlage von *Konventionen* (Frame-Selektion) kann in diesem Sinne als eine Voreinstellung des Alltagshandelns aufgefasst werden, die die Befolgung oder Inanspruchnahme von Gesetzen unbedingt beinhaltet (Skript-Selektion) und auch bewirkt (Handlungs-Selektion). Rechtliche Vorgaben in Form von Verboten werden in diesem Sinne befolgt, weil „man" im Rahmen der alltäglichen

---

90   Blankenburg, Über die Unwirksamkeit von Gesetzten.

Handlungsvollzüge fremde Sachen unhinterfragt durch Kauf oder Tausch erwirbt oder andere vor Gefahren warnt; und rechtliche Vorgaben, die die Form von Geboten haben, werden befolgt, weil „man" anderen in Notsituationen im Rahmen der eigenen Möglichkeiten Hilfe leistet. Rechtliche Vorgaben in Form von Regelungsangeboten wirken vor dem Hintergrund dieser Überlegungen, weil „man" vor dem Hintergrund bestimmter sozialer Konstellationen eine eheliche Lebensgemeinschaft begründet.[91] Eine starke Übereinstimmung mit konventionellen Wertsystemen legt eine unbedingte Befolgung oder Inanspruchnahme von Normen nahe und führt unhinterfragt zur Realisierung der entsprechenden Aktivitäten. Mit Weber könnte in diesem Zusammenhang von traditionalem Handeln gesprochen werden.[92] Die Frame-, Skript- und Handlungs-Selektion in einem automatisch-spontanen Modus entspricht der von Wolfgang Stroebe vorgeschlagenen sozial-kognitiven Analyse normbezogenen Handelns.[93]

Die Überlegung, dass das Wissen über normative Vorgaben eine entscheidende Rolle im Hinblick auf die Befolgung oder Inanspruchnahme von Gesetzen spielt, führt zu einer anderen Konzeptualisierung der Beziehungen zwischen der sozialen Situation und dem sozialen Handeln von Akteuren. Im Zuge der Routinen des Alltagshandelns können Ereignisse oder Entwicklungen eintreten, die zu Zweifeln an der Richtigkeit und/oder Angemessenheit der eingelebten Gewohnheiten führen. An die Stelle eindeutiger Wertbezüge im Rahmen von Konventionen können in solchen Situationen konfligierende Ziele oder Interessen treten.

---

91   William I. Thomas, *The Unadjusted Girl: With Cases and Standpoint for Behavior Analysis*. Boston: Little, Brown and Company, 1923, S. ? hat in diesem Zusammenhang betont, dass sich die Definition der Situation als *Voreinstellung* im Sinne einer *life-policy* auffassen lässt: „Preliminary to any self-determined act of behavior there is always a stage of examination and deliberation which we may call the *definition of the situation*. And actually not only concrete acts are dependent on the definition of the situation, but gradually a whole life-policy and the personality of the individual himself follow from a series of such definitions." Auch an anderer Stelle hat er die Verankerung der Definition der Situation im Geflecht sozialer Beziehungen betont: „The situation in which the person finds himself is taken as containing the configuration of the factors conditioning the behavior reaction. Of course, it is not the spatial material situation which is meant, but the situation of social relationships. It involves all the institutions and mores – family, gang, church, school, the press, the movies, and the attitudes and values of other persons with which his own come in conflict or co-operation. The individual always possesses a repertory of attitudes (tendencies to act) and values (goals toward which the action is directed)". Siehe William I. Thomas, The Relation of Research to the Social Process, S. 175-194 in: W. F. G. Swann et al., *Essays on Research in the Social Sciences. Papers Presented in a General Seminar Conducted by the Committee on Training of the Brookings Institution, 1930-31*. Washington: The Brookings Institution 1931, hier S. 176-177.

92   Weber, *Wirtschaft und Gesellschaft*, S. 12.

93   Wolfgang Stroebe, Wann und wie beeinflussen Normen das Verhalten? Eine sozial-kognitive Analyse, S. 101-118 in: Andreas Diekmann et al. (Hg.), *Rational Choice: Theoretische Analysen und empirische Resultate*. Wiesbaden: VS Verlag für Sozialwissenschaften 2008.

Ereignisse oder Entwicklungen, die sich durch uneindeutige oder uneindeutig werdende Wertbezüge auszeichnen, können als *Konflikte* bezeichnet werden, die eine Entscheidung über die Definition der Situation erfordern. Dabei kann das Wissen um die Unterscheidung zwischen Recht und Unrecht salient und explizit in die Definition der Situation einbezogen werden. Entsprechend können auch konfligierende Wertideen Bestandteile des Frames werden. Diese Überlegungen können im Rahmen des Modells der Frame-Selektion als eine reflektiert-kalkulierende Verbindung zwischen der sozialen Situation und dem sozialen Handeln von Akteuren konzeptualisiert werden.

Konflikte führen dazu, dass die Schritte der Frame-, Skript- und Handlungs-Selektion in einem reflektiert-kalkulierenden Modus erfolgen (siehe Abb. 2).

Im Hinblick auf rechtliche Normen, die die Form von Verboten oder Geboten haben, wird die Unterscheidung zwischen Recht und Unrecht Element des Frames. Ziele und Interessen von Akteuren stehen den rechtlich geschützten Interessen anderer Akteure oder den rechtlich geschützten Interessen der Gesellschaft, den so genannten Rechtsgütern, gegenüber. Innerhalb eines solchen Frames werden zwei Skripte aktiviert bzw. selegiert: Ein Skript ermöglicht die Verfolgung der eigenen Interessen und ist möglicherweise mit negativen Sanktionen verbunden, ein anderes Skript entspricht den rechtlich geschützten Interessen bzw. den rechtlichen Vorgaben. Auf der Ebene der Handlungs-Selektion erfordern diese beiden Skripte eine Entscheidung über die Übertretung oder Befolgung der rechtlichen Normen. Da eines der Skripte mit dem Risiko negativer Sanktionen verbunden ist und das andere mit positiven Sanktionen einhergeht, wurde bereits der Vorschlag gemacht, die Entscheidung zwischen der Übertretung oder Befolgung von rechtlichen Normen als Appetenz-Aversions-Konflikte im Sinne Kurt Lewins[94] zu konzeptualisieren. Im Kontext der Erklärung der Befolgung von Gesetzen könnte das bisher für die Analyse kriminellen Handelns vorgeschlagene SEU-Modell im Sinne eines additiven Modells ergänzt werden: Neben dem Nutzen einer Übertretung von Gesetzen könnte der Nutzen einer Befolgung von Gesetzen – als Differenz zwischen dem Nutzen, der aus einem guten Gewissen und dem Schaden, der aus dem Verzicht auf die Verfolgung der eigenen Interessen resultiert – zusätzlich spezifiziert und auf die Wahrscheinlichkeit einer Übertretung oder Befolgung von Gesetzen bezogen werden.[95]

Im Hinblick auf die Analyse der Befolgung verschiedener Gesetze wäre es erforderlich, die konfligierenden Wertbezüge bzw. Interessen jeweils spezifisch zu formulieren. Das Verbot, zu stehlen, resultiert möglicherweise in einem Konflikt zwischen dem Interesse an einer materiellen Bereicherung und dem recht-

---

94   Kurt Lewin, *Die psychologische Situation bei Lohn und Strafe*, Leipzig: Hirzel 1931. Siehe hierzu Eifler, *Kriminalität im Alltag*.
95   Siehe Abschnitt 1 dieses Beitrags.

lich geschützten Eigentum. Das Gebot, auf Gefahren im Rahmen einer Produkt-
haftung hinzuweisen, führt möglicherweise zu einem Konflikt zwischen dem
Interesse an materieller Bereicherung und der rechtlich geschützten Wertidee der
Gesundheit bzw. der körperlichen Unversehrtheit. Schließlich führt das Gebot,
eine geplante Straftat, von der man Kenntnis erhalten hat, anzuzeigen, zu einem
Konflikt zwischen einem Eigeninteresse und der Solidarität mit der öffentlichen
Ordnung. Für jeden Frame, der sich durch konfligierende Wertbezüge auszeich-
net, müssen folglich bereichsspezifische Formulierungen gefunden werden.[96]

Frames mit konfligierenden Wertbezügen führen zu einer Skript- und Handlungs-Selektion im reflektiert-kalkulierenden Modus. In diesem Zusammenhang
können mögliche Einflüsse von moralischen Überzeugungen auf die Befolgung
von Gesetzen spezifiziert werden. Moralische Überzeugungen oder Normorientierungen können als Bestandteile der Definition der Situation Einfluss auf die
Erwartung von positiven und negativen informellen und formellen Sanktionen
der Übertretung oder Befolgung von Gesetzen nehmen und darüber die Entscheidung für eine Übertretung oder Befolgung von Gesetzen erklären.[97]

Im Hinblick auf rechtliche Normen, die die Form von Regelungsangeboten
für soziale Beziehungen haben, wird die Möglichkeit einer Konfliktregulierung
durch das Recht Element des Frames und erklärt letztlich die Inanspruchnahme
von Gesetzen. Eine Verbindung zwischen der sozialen Situation und dem sozialen Handeln von Akteuren, die durchaus dem Modell der Frame-Selektion entspricht, findet sich bereits bei Blankenburg: „Bei Privatnormen, dem reinen Typ
von Regelungsangebot, hängt die Mobilisierung von mehreren Voraussetzungen
ab: 1. das jeweilige Interesse muss zunächst als ein rechtliches Problem perzipiert werden; 2. darüber hinaus müßten Kenntnisse vorliegen, auf welchem Weg
(etwa durch Aufsuchen eines Anwalts) die rechtliche Durchsetzung betrieben
werden kann; 3. letztlich müssen finanzielle Sperren und soziale Distanz über-
wunden werden, um diesen Weg zu gehen."[98] Im Hinblick auf die Frame-,
Skript-, und Handlungs-Selektion ist von einem reflektiert-kalkulierenden Modus auszugehen: Die Inanspruchnahme von Regelungsangeboten für soziale
Beziehungen erfordert es, dass ein Konflikt entweder bereits eingetreten ist oder
aber für die Zukunft erwartet wird, und dass die Möglichkeit einer Konfliktlösung auf rechtlichem Wege wahrgenommen wird. Die Inanspruchnahme des

---

96   Siehe in ähnlicher Weise, wenn auch nicht im Rahmen einer Idee konfligierender Wertbezüge,
     Opps Konzeptualisierung der Zielrelevanz eines Gesetzes in diesem Band.
97   Im Kontext der Analyse kriminellen Handelns wurde bereits gezeigt, dass ein solches Media-
     tormodell, das vor allem die wertrationalen Komponenten einer Entscheidung für die Übertre-
     tung oder Befolgung von Gesetzen betrachtet, besonders erklärungskräftig ist. Siehe Eifler,
     Kriminalität im Alltag.
98   Blankenburg, Über die Unwirksamkeit von Gesetzen, S. 52.

Rechts erfolgt in diesem Sinne instrumentell und ist abhängig von ökonomischen, sozialen und kulturellen Randbedingungen. Ob rechtliche Wege bei der Konfliktlösung im Rahmen sozialer Beziehungen beschritten werden oder nicht, hängt neben dem Wissen um die Möglichkeit vor allem von materiellen Ressourcen, von eigenen und stellvertretenden Erfahrungen und von kulturellen Bewertungen ab.

Erforderlich wäre es in diesem Zusammenhang, bereichsspezifische Ausarbeitungen der Inanspruchnahme von Gesetzen vorzunehmen. So müsste beispielsweise untersucht werden, unter welchen Bedingungen das Sachenrecht herangezogen wird, um den Kauf von Sachen abzusichern, oder angesichts welcher Konstellationen im Rahmen sozialer Beziehungen das Erbrecht genutzt wird, um anhand von Testamenten Erbstreitigkeiten zu verhindern oder auszuräumen.

Abschließende Bemerkungen

Die Aufgabe des vorliegenden Beitrags war es, die kausalen Wirkungen von Institutionen mit dem Modell der Frame-Selektion differenziert zu formulieren. In diesem Zusammenhang wurde die These vertreten, dass das Modell der Frame-Selektion auf die Analyse der Beziehungen zwischen sozialer Situation und Handeln angewendet werden kann und insbesondere die Situationslogik und die Selektionslogik innerhalb eines Makro-Mikro-Makro-Modells soziologischer Erklärungen zu spezifizieren erlaubt. Den Ausgangspunkt der theoretischen Analyse bildete die Überlegung, dass Gesetze effektiv sein bzw. wirken können, indem sie befolgt oder in Anspruch genommen werden.

Das Modell der Frame-Selektion gliedert die Beziehung zwischen der sozialen Situation und dem sozialen Handeln in drei Schritte, nämlich die Selektion eines Frames, die Selektion von Skripten und die Realisierung dieses Skripts durch die Handlungs-Selektion. Im vorliegenden Zusammenhang wurde es auf die Wirksamkeit von Gesetzen, die als Verbote oder Gebote bestimmte Formen sozialen Handelns verbindlich vorschreiben, und von Gesetzen, die als Regelungsangebote für soziale Beziehungen vorgesehen sind, angewendet.

Im Kontext der Analyse der Befolgung von Gesetzen ermöglicht es das Modell der Frame-Selektion, die unbedingte und unhinterfragte Befolgung von Gesetzen auf der Grundlage von Konventionen von einer überlegten und begründeten Befolgung von Gesetzen im Rahmen von Konflikten zu unterscheiden: In diesem Zusammenhang wurden die Routinen des Alltagshandelns als eine Befolgung von Gesetzen im Sinne einer automatisch-spontanen Frame-, Skript- und Handlungs-Selektion konzeptualisiert, und das Auftreten von konfligierenden Interessen und Wertbezügen im Zuge der Routinen des Alltagshandelns wurden mit einer reflektiert-kalkulierenden Frame-, Skript- und Handlungs-Selektion in Verbindung gebracht.

Eine relevante Erweiterungsmöglichkeit der hier vorgestellten Überlegungen besteht darin, die soziale Situation der Akteure wesentlich genauer als im vorliegenden Zusammenhang geschehen auf die Definition der Situation zu beziehen. Aspekte der sozialen Situation können – ähnlich wie dies spiegelbildlich bereits im Hinblick auf die Analyse krimineller Aktivitäten formuliert wurde – die Frame-Selektion, insbesondere die Intensität einer Bindung an Konventionen, aber auch die Intensität erlebter Interessenkonflikte angesichts von uneindeutigen Wertbezügen maßgeblich prägen.[99] Zusätzlich könnten im Hinblick auf die automatisch-spontane Befolgung von Gesetzen im Zuge der Routinen des Alltagshandelns die Bedingungen analysiert werden, unter denen der Frame „Konvention" entweder verlassen, aufrechterhalten oder aufgenommen wird.[100] Derartige soziale Prozesse könnten als Frame-Wechsel in die eine oder andere Richtung konzeptualisiert werden. Sie ähneln möglicherweise Prozessen der Übernahme oder Veränderung von Ideologien und könnten in Anlehnung und Erweiterung der Überlegungen von Annette Schnabel[101] weitergehend analysiert werden.

Schließlich wurde gezeigt, dass das Modell der Frame-Selektion als allgemeiner Bezugsrahmen auch für die Analyse der Inanspruchnahme von Gesetzen geeignet ist. Im Mittelpunkt stand die These, dass eine Inanspruchnahme von Regelungsangeboten für soziale Beziehungen instrumentell erfolgt, weshalb von einer Frame-, Skript- und Handlungs-Selektion in einem reflektiert-kalkulierenden Modus ausgegangen wurde. Grundsätzlich ist es in diesem Zusammenhang erforderlich, bereichsspezifische Ausarbeitungen der Inanspruchnahme von Gesetzen zu entwickeln und dabei insbesondere Annahmen über Einflüsse der sozialen Situation von Akteuren auf die Definition der Situation auszuarbeiten. Für die Frame-Selektion ist vermutlich von Bedeutung, dass über die Inanspruchnahme von Regelungsangeboten im Kontext sozialer Beziehungen

---

99   Stefanie Eifler, Die situationsbezogene Analyse kriminellen Handelns mit dem Modell der Frame-Selektion, S. 164-192 in: Jens Greve et al. (Hg.), *Das Mikro-Makro-Modell der soziologischen Erklärung*. Wiesbaden: VS Verlag für Sozialwissenschaften 2008.

100 Auch unkonventionelle Lebensstile können als automatisch-spontane Prozesse der Frame-, Skript- und Handlungs-Selektion und damit als life-policies im oben eingeführten Sinne analysiert werden. Unkonventionelle Lebensstile können, müssen aber nicht mit einer Übertretung von Gesetzen einhergehen.

101 Annette Schnabel, Wo kämen wir hin, wenn wir Ideologien reduzierten? Ideologien in methodologisch-individualistischer Perspektive, S. 79-107 in: Jens Greve et al. (Hg.), *Das Mikro-Makro-Modell der soziologischen Erklärung*. Wiesbaden: VS Verlag für Sozialwissenschaften 2008.

entschieden wird, beispielsweise im Kontext von Dyaden, wenn es um den Abschluss eines Ehevertrages geht, oder im Kontext größerer sozialer Gebilde wie Familien, wenn es um die Formulierung von Erbschaftsregelungen im Rahmen von Testamenten geht. Künftige Analysen der sozialen Bedingungen der Inanspruchnahme von Gesetzen sollten das Potenzial des Modells der Frame-Selektion nutzen und es in die skizzierten Richtungen weiterentwickeln.

Wie wirkt Recht?
Methodische Aspekte bei der Erforschung von Wirkungszusammenhängen[1]

Hubert Treiber

Wolf Linder zum 65. Geburtstag

1. Einleitung

Mit Hilfe von zwei detaillierten Fallstudien aus dem Bereich des Öffentlichen Rechts, die allerdings nur verkürzt wiedergegeben werden, soll vor allem erörtert werden, welche methodischen Aspekte mit der Erforschung von Wirkungszusammenhängen verbunden sind.[2] Die Erörterung solcher Gesichtspunkte drängt sich gewissermaßen von selbst auf, wenn der harmlos erscheinenden Frage nachgegangen wird, wie Recht wirkt. Die erste Fallstudie skizziert Entstehung und Anwendung des Städtebauförderungsgesetzes (StBauFG) von 1971 anhand einschlägiger Untersuchungen von Hellmut Wollmann, Wolf Linder sowie Fritz W. Scharpf und seinen Mitarbeitern.[3] Wie es scheint, war das StBauFG mit sei-

---

1   Gerd Grasshoff (Bern), Wolf Linder (Bern), Günther Schmid (Berlin), Kay Waechter (Hannover) und Gerhard Wagner (Frankfurt am Main) haben dankenswerterweise eine erste Fassung gelesen und mit hilfreicher Kritik nicht gespart. Gerd Grasshoff sei darüber hinaus für die Gelegenheit zur Diskussion der v. Kries'schen Spielraumtheorie gedankt. Michael Heidelberger (Tübingen) hat mir freundlicherweise die Letztfassung seines Artikels zu Max Weber und Johannes v. Kries zugänglich gemacht.
2   Diese Fragestellung verdient auch deshalb Beachtung, weil sich die Wirkungsforschung neuerdings der Befragung bedient und dies nicht ausschließlich zu heuristischen Zwecken. Siehe Michael W. Bauer et al., *Modernisierung der Umweltverwaltung. Reformstrategien und Effekte in den Bundesländern.* Berlin: edition sigma 2007, S. 15-16: „Im Fokus der vorliegenden Analyse steht der Einfluss der Verwaltungsreformen auf die Aufgabenerfüllung in der Umweltverwaltung der einzelnen Bundesländer. Es wird untersucht, welche institutionellen (organisatorischen, personellen, rechtlichen) und prozessualen Veränderungen sich in der Umweltverwaltung der Länder in den letzten Jahren ergaben und welche Wirkungen diese Veränderungen auf die Problemlösungsfähigkeit staatlicher Umweltpolitik haben." Zu den Erhebungsmethoden siehe S. 17ff. („qualitative Leitfadengespräche"; Online-Befragung).
3   Wolf Linder, *Der Fall Massenverkehr. Verwaltungsplanung und städtische Lebensbedingungen.* Frankfurt am Main: Athenäum 1973; Hellmut Wollmann, Der Altstadtsanierung erster Teil als Cityerweiterungsplanung – der Fall Heidelberg, S. 221-272 in: Rolf-Richard Grauhan (Hg.), *Lokale Politikforschung 2.* Frankfurt am Main, New York: Campus 1975; Hellmut Wollmann, Das Städtebauförderungsgesetz als Instrument staatlicher Intervention – wo und für

nen beiden *gleichrangigen* Tatbeständen der Bausubstanz- und Funktionsschwächesanierung eine Reaktion auf die in München zu beobachtenden Folgen einer Expansion des tertiären Sektors in citynahe Wohnbereiche, die mit dem Stichwort einer Verdrängung der mittelständischen Wohn- und Gewerbestruktur fürs erste gekennzeichnet werden können. Doch bei der Implementation des Gesetzes, genauer: bereits bei der Antragsstellung bzw. Inanspruchnahme des Gesetzes wurde aus der „vorgegebenen Gleichrangigkeit" der beiden Tatbestände tendenziell eine Bevorzugung des Tatbestands der Funktionsschwächesanierung. Die zweite Fallstudie zum Vollzug der Lex Furgler in der Schweiz bietet sich allein schon deshalb an, weil es der Gesetzgeber ganz offensichtlich unterlassen hat, dem von ihm 1961 verabschiedeten Gesetz über den „Erwerb von Grundstücken durch Personen im Ausland"[4] damit zu verfolgende Ziele ausdrücklich zu benennen. Dies ist insofern ungewöhnlich, als solche üblicherweise einem Gesetz vorangestellt werden und diesem dann Wirksamkeit bescheinigt wird, wenn die mit ihm intendierten programmatischen Ziele erreicht werden. Neben den Besonderheiten der Schweizer Konkordanzdemokratie[5] zeichnet sich dieses Beispiel aber dadurch aus, dass „der schweizerische Föderalismus [...] Ungleichheit und Ungewissheit der Umsetzung zentraler Politiken als Preis politischer Autonomie der Kantone [toleriert]".[6] Bei beiden Fallstudien wurde bewusst eine Perspektive gewählt, die an Stelle der vom Gesetzgeber proklamierten (oder vom Forscher vorgegebenen) Ziele, die es zu verwirklichen gilt,[7] die Relation von Angebot und Nachfrage (Gebrauch) setzt. Zugleich soll damit deutlich gemacht werden, dass hierbei in der Regel nur Tendenzaussagen möglich sind, welche auf hypothetischen Generalisierungen beruhen, so dass es angebracht erscheint, sich zu fragen, durch welche Operationen (bzw. logischen Strukturen) sich die hierzu herangezogenen Möglichkeitsurteile auszeichnen. Insofern ist in diesem Zusammenhang auch auf Scharpf einzugehen, der sich mit dieser Frage beschäftigt hat und sich hierbei auf Empfehlungen Max Webers beruft. Da diese Empfeh-

---

wen?, in: *Leviathan* 2, 1974, S. 199-231; Fritz W. Scharpf et al., *Politikverflechtung. Theorie und Empirie des kooperativen Föderalismus.* Kronberg/Ts.: Scriptor 1976.

4   Jean-Daniel Delley et al., *Grundstückserwerb durch Ausländer in der Schweiz. Empirische Untersuchung des Vollzugs der Lex Furgler.* Bern, Stuttgart: Haupt 1982.

5   Gerhard Lehmbruch, *Proporzdemokratie. Politisches System und politische Kultur in der Schweiz und in Österreich.* Tübingen: J. C. B. Mohr (Paul Siebeck) 1967.

6   Wolf Linder, Die deutsche Föderalismusreform – von außen betrachtet. Ein Vergleich von Systemproblemen des deutschen und des schweizerischen Föderalismus, in: *Politische Vierteljahresschrift* 48, 2007, S. 3-16, hier S. 5.

7   Hubert Treiber, *Zur Umsetzung von Rechtsnormen. Begrenztes Steuerungspotential von Gesetzen und Verordnungen.* Baden-Baden: Nomos 1996, siehe insbesondere S. 5-9. Gerade beim StBauFG ließen sich die beiden Sanierungstatbestände als vom Gesetzgeber proklamierte Ziele begreifen, die sich allerdings wechselseitig ausschließen.

lungen auf der Rezeption der v. Kries'schen „Theorie der objektiven Möglichkeit" beruhen, wird diese zunächst skizziert, um dann zu fragen, inwieweit durch die Rezeption Webers eine pragmatische Wendung herbeigeführt wurde. In der abschließenden Betrachtung wird noch kurz die häufiger anzutreffende Situation angesprochen, dass „im Schatten von Recht" von der Verwaltung kooperative Handlungsformen gewählt werden, so dass sich die Frage nach der Wirksamkeit unter völlig anderen Vorzeichen neu stellt.

2. Zum Gebrauch bzw. Nicht-Gebrauch von Recht: Das Städtebauförderungsgesetz von 1971

Die nachfolgende Skizze konzentriert sich auf Aspekte bei der Entstehung und beim Vollzug des StBauFGs von 1971, das die „beiden Sanierungstatbestände der Bausubstanz- und Funktionsschwächesanierung formell gleichrangig nebeneinander" nennt.[8] Steht der eine Tatbestand für Modernisierungsmaßnahmen, so der andere für Flächenabriss und damit einhergehende Nutzungsänderungen (Wohnnutzung gegen Nutzung durch den tertiären Sektor).

Es ist offensichtlich, dass beim StBauFG der Gesetzgeber (die Ministerialverwaltung) das reale Geschehen mit all seinen Begleiterscheinungen bei der Stadtentwicklung Münchens seit den 1960er Jahren zur Kenntnis genommen hat. Wie in anderen deutschen Großstädten ließ sich auch in München beobachten, wie sich in der Innenstadt (City) die Dienstleistungsangebote des tertiären Sektors zunehmend konzentrierten. Private wie öffentliche Dienstleistungen ließen sich in der Innenstadt nieder, daran auch ablesbar, dass der tertiäre Sektor erheblich an Bedeutung gewann bei der Zurverfügungstellung von Arbeitsplätzen. Die ebenfalls zu beobachtende räumliche Trennung von Wohnen und Arbeiten – die einerseits in der Konzentration von Arbeitsplätzen im Zentrum, andererseits in der Verlagerung der Wohnfunktion in den Außenraum zum Ausdruck kommt – verweist auf die zunehmende Bedeutung des Pendler- und Berufsverkehrs bzw. auf die immer schwieriger werdende Aufgabe der Bewältigung des gestiegenen Verkehrsaufkommens, wozu in München die 1964/65 getroffene Entscheidung zur „Errichtung eines Massenverkehrssystems in Stadt und Region"[9] zu rechnen ist. Die schließliche Verwirklichung dieses Massenverkehrssystems, das zu den Olympischen Spielen 1972 verfügbar sein sollte, führte in Übereinstimmung mit dem Münchner Stadtentwicklungsplan zu einer „Arbeitsteilung" zwischen städti-

---

8   Wollmann, Das Städtebauförderungsgesetz als Instrument staatlicher Intervention, S. 231.
9   Linder, *Der Fall Massenverkehr*, S. 33 u. 33ff.

schen U-Bahnen und regionalen S-Bahnen, welche auf den alten Trassen der beiden Vorortnetze der Bahn sternförmig auf das Zentrum hinführten.[10] Diese sternförmige Ausrichtung des Massenverkehrssystems beschleunigte in München die allgemein zu beobachtenden sozio-ökonomischen Prozesse und ihre Folgen: die Konzentration des tertiären Sektors in einer räumlich begrenzten City (welche sich dadurch zu einer Geschäftscity wandelte) und die damit einhergehende Expansion des tertiären Sektors in City-nahe Wohngebiete, wovon in München größere Altbau-Wohngebiete wie das Lehel betroffen waren. Dort entzündete sich 1969/70 der „Zielkonflikt zwischen dem Citykonzept des Stadtentwicklungsplans und dem Ziel der Erhaltung des ‚historisch und organisch entstandenen Gefüges der Stadt'"[11] und führte zeitweilig zu massiven sozialen Protesten, die von der Stadtverwaltung mit einer so genannten „offenen Planung" zwar aufgefangen wurden, jedoch die innerhalb des städtischen Verwaltungsapparats angelegten Konflikte zwischen Planungs- und Vollzugsaufgaben immer wieder virulent werden ließen.

Eine Skizze der Entwurfsgeschichte zum StBauFG vermag aufzuzeigen, wie die eben geschilderten Vorgänge in München von der Ministerialbürokratie verarbeitet wurden. Kannte der Entwurf 65 (E 65) als einzigen Sanierungstatbestand die Bausubstanzsanierung, die als Fortsetzung einer Wohnungsbaupolitik mit anderen Mitteln – als so genannte „Konjunkturreserve" – verstanden werden kann, so zeichnet sich der E 68 vor allem dadurch aus, dass er mit der Funktionsschwächesanierung einen weiteren Sanierungstatbestand einführte und bei der Bausubstanzsanierung auf Modernisierungsmaßnahmen abstellte. Wenn auch auf diese Weise erneut „konjunktur- und mittelstandspolitische Zielsetzungen"[12] angesprochen waren, die der E 70 ebenfalls aufgriff, wurde damit doch zum Ausdruck gebracht, dass „Abriss" und „Modernisierung von Gebäuden" legale Sanierungsmaßnahmen darstellen. Wie der Regierungsbegründung zum E 68 zu entnehmen ist, hatte der Gesetzgeber bei der Einführung des Tatbestands der Funktionsschwächesanierung die Vorgänge in München von Augen. Die Regierungsbegründung spricht im „Bereich der Verdichtungsräume" von einem „umfassenden Strukturwandel" bzw. von beobachtbaren, weitgehenden „Strukturveränderungen", welche sich „durch eine ständige, erhebliche Zunahme der Arbeitskräfte im Dienstleistungsbereich, dem sog. tertiären Sektor (öffentliche und private Verwaltungen, Handel, Banken, Versicherungen usw.)" auszeichnen, um dann fortzufahren: „Die Dienstleistungsbetriebe suchen und finden ihre Standor-

---

10   Zu den Details siehe ebd.
11   Rolf-Richard Grauhan und Wolf Linder, *Politik der Verstädterung.* Frankfurt am Main: Fischer Athenäum 1974, S. 127.
12   Wollmann, Das Städtebauförderungsgesetz als Instrument staatlicher Intervention, S. 208.

te vorwiegend in den Städten und innerhalb der Städte in den Stadtkernen. Hier konzentrieren sich mehr und mehr die gehobenen und höchsten Dienstleistungen. Die Betriebe beanspruchen neue und größere Flächen. Der Bedarf ist oft nur dadurch zu befriedigen, daß die Unternehmen auf angrenzende, d. h. citynahe Wohngebiete ausweichen. Sie fügen sich in diese Gebiete aber nicht organisch ein und verändern die Funktion der angrenzenden Wohnbezirke allmählich insgesamt [...]. Der Verkehrsstrom vor allem in den Zentren der Städte als den Standorten der Dienstleistungsbetriebe wächst [...]. Die Vermehrung der Arbeitsplätze im tertiären Sektor, der Dienste leistenden Berufe sowie die Zunahme der Verkehrsvorgänge treffen auf Stadtstrukturen, die den an sie gestellten Anforderungen nicht gewachsen sind [...]. Im Ergebnis führen diese Vorgänge zu einer Überlastung und damit einer wachsenden Funktionsschwäche der Stadtkerne".[13]

Nachdem in den E 70 auch eine „denkmalpflegerische Zielsetzung"[14] aufgenommen worden war, die mit den bereits erwähnten beiden Tatbeständen in das StBauFG Eingang fand, zeichnete sich dieses durch konfligierende Zielsetzungen aus. Neben der vom Gesetz gewollten Erhaltung „denkmalpflegerischer Bausubstanz"[15] findet sich auf der einen Seite der Tatbestand der Bausubstanzsanierung mit einem spezifischen Modernisierungsanliegen, wodurch der Grund und Haus besitzende Mittelstand sowie das Handwerk und kleinere, mittelständische Unternehmen privilegiert werden, wohingegen auf der anderen Seite der formal gleichrangige Tatbestand der Funktionsschwächesanierung auf „stadtentwicklungsbezogene Funktionsveränderungen" abstellt und kapitalkräftigen Investoren (insbesondere des tertiären Sektors) „entgegenkommt". Da die Funktionsschwächesanierung tendenziell auf Flächenabriss und Neubebauung hinausläuft, ist mit ihr eine Verdrängung der mittelständischen Wohn- und Gewerbestruktur verbunden, so dass die mit der Bausubstanzsanierung intendierten Zielvorstellungen verletzt, aber auch „denkmalpflegerische Zielsetzungen" in Frage gestellt werden. Sofern die Funktionsschwächesanierung auf „stadtentwick-

---

13   BR-Drs. 530/68, S. 30-31 zitiert nach Wollmann, Das Städtebauförderungsgesetz als Instrument staatlicher Intervention, S. 208.

14   E 70, § 9, I zitiert nach Wollmann, Das Städtebauförderungsgesetz als Instrument staatlicher Intervention, S. 211: In dem Sanierungsgebiet ist „bei der Aufstellung von Bebauungsplänen auf die Erhaltung von Bauten, Straßen, Plätzen oder Ortsteilen von geschichtlicher, künstlerischer oder städtebaulicher Bedeutung Rücksicht zu nehmen".

15   Laut Wollmann, Der Altstadtsanierung erster Teil als Cityerweiterungsplanung, S. 253-262 hatte in Heidelberg diese „denkmalpflegerische Zielsetzung", die durch ein entsprechendes Landesgesetz unterstützt wurde, dazu geführt, dass aus „denkmalpflegerischen und stadtbildbewahrenden Motiven" die Fassade eines Baukomplexes zu erhalten war, wohingegen „hinter der Fassade" geänderte Nutzungs- und Funktionsbestimmungen zugelassen wurden.

lungsbezogene Funktionsveränderungen" ausgerichtet ist und diese Zielsetzung mit der vom Bund betriebenen Raumordnungs- und Strukturpolitik kompatibel ist, könnte dies so verstanden werden, dass der Gesetzgeber der Funktionsschwächesanierung gegenüber der Bausubstanzsanierung den Vorzug geben möchte. Wenn außerdem der Gesetzgeber, um Sanierungsruinen zu vermeiden, wiederholt die „zügige Durchführung" der Baumaßnahmen, die wegen Art. 14 GG den Eigentümern zufällt, verlangt[16] und jene Behörde, welche in den Ländern die von den Kommunen gestellten Anträge bündelt und nach dem Kriterium „aussiebt", ob die „zügige Durchführung" gewährleistet wird, ist mit hoher *Wahrscheinlichkeit* zu erwarten, dass die Antrag stellenden Kommunen von der vom Gesetz eingeräumten Wahlmöglichkeit zugunsten der Funktionsschwächesanierung *Gebrauch* machen. Dies deshalb, weil diese Option den Interessen des tertiären Sektors entgegenkommt und das dort vorhandene anlagebereite Kapital eine „zügige Durchführung" und damit der Antragsstellung Erfolg verspricht, der gefährdet ist, wenn die Durchführung der Funktionsschwächesanierung auf kapitalschwache Kleineigentümer (Erbengemeinschaften) angewiesen ist.

Anhand einer Fallstudie Wollmanns zur Sanierung der Heidelberger Altstadt lässt sich geradezu lehrbuchhaft zeigen, weshalb sich die Kommune (Verwaltung) erwartungsgemäß für eine Funktionsschwächesanierung vorentschieden hat: Sie verlegte das förmlich festzulegende Sanierungsgebiet dorthin, wo im Rahmen der „Cityentwicklungs- und Cityerweiterungsplanung im Bereich Bismarckplatz"[17] das Expansionsinteresse des tertiären Sektors am ehesten zu befriedigen war. Und dies, obwohl die Bausubstanz in dem künftigen Sanierungsgebiet „wesentlich besser [war] als in der Kernaltstadt" beim Karlstor,[18] die ursprünglich infolge des baulichen Zustandes der Altstadthäuser, die freilich von als „‚sozial schwach' einzustufende[n] Kleineigentümer[n]" bewohnt wurden,[19] als Sanierungsgebiet vorgesehen war. Als sich mit den verschiedenen Entwürfen zum StBauFG dessen Intentionen samt Entscheidungsregeln abzuzeichnen begannen, antizipierte die Verwaltung der Stadt Heidelberg die für eine erfolgreiche Antragsstellung erforderlichen „Voraussetzungen" und wählte an Stelle der ursprünglich vorgesehenen Bausubstanzsanierung (Modernisierung) die als aussichtsreicher geltende Funktionsschwächesanierung.

---

16   StBauFG §§ 1,1; 5, 2; 13, 2.
17   Wollmann, Der Altstadtsanierung erster Teil als Cityerweiterungsplanung, S. 233.
18   Ebd., S. 226.
19   Ebd., S. 228.

Abb. 1: Zum Gebrauch/Nichtgebrauch der vom StBauFG angebotenen Wahlmöglichkeiten

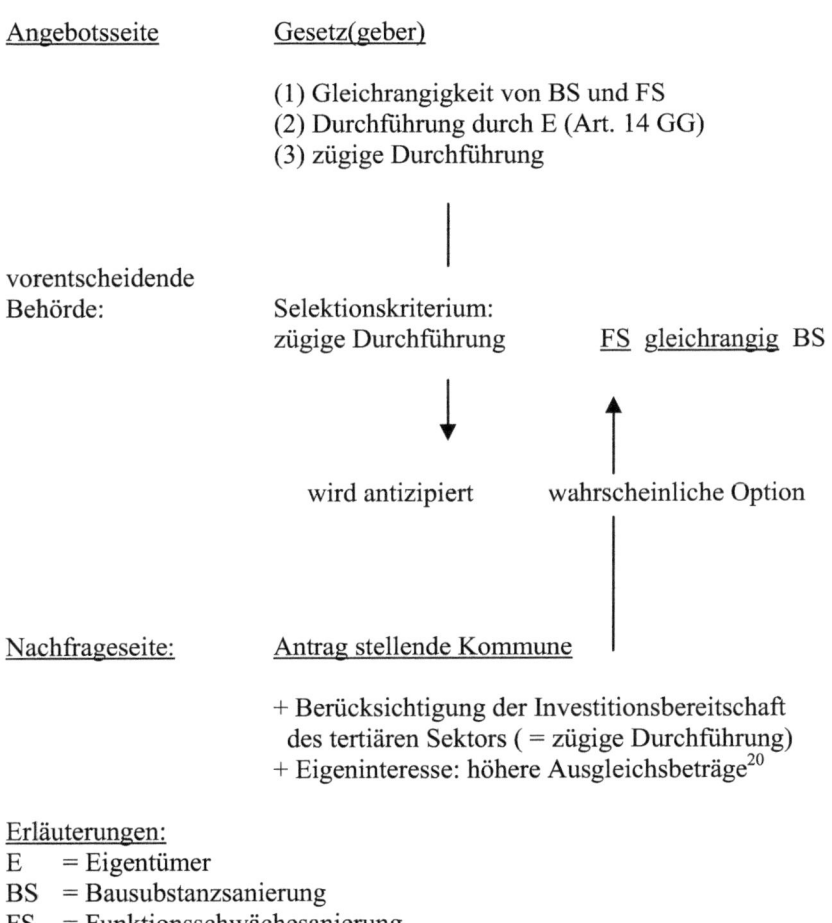

Angebotsseite   Gesetz(geber)

(1) Gleichrangigkeit von BS und FS
(2) Durchführung durch E (Art. 14 GG)
(3) zügige Durchführung

vorentscheidende
Behörde: Selektionskriterium:
zügige Durchführung   FS gleichrangig BS

wird antizipiert   wahrscheinliche Option

Nachfrageseite: Antrag stellende Kommune

+ Berücksichtigung der Investitionsbereitschaft
des tertiären Sektors (= zügige Durchführung)
+ Eigeninteresse: höhere Ausgleichsbeträge[20]

Erläuterungen:
E   = Eigentümer
BS = Bausubstanzsanierung
FS = Funktionsschwächesanierung

---

20   Bei Funktionsschwächesanierungen konnten infolge verdichteter und hochgezonter Neubebauung höhere Ausgleichsbeträge für die durch die Sanierung bedingte Erhöhung des Grund-
stückswerts (§ 41 StBauFG) erwartet werden als bei Bausubstanzsanierungen. Siehe Scharpf et
al., *Politikverflechtung*, S. 170.

Wie ist nun die Frage nach der Wirkung/Wirksamkeit von Recht mit Blick auf das StBauFG zu beantworten? Genau betrachtet, macht das Gesetz ein Angebot und eröffnet mit den beiden sich einander ausschließenden Optionen BS und FS eine Wahlmöglichkeit. Die Antrag stellende Kommune kann von einer dieser beiden Optionen Gebrauch machen und die jeweils andere Option verwerfen. Will sie ihre Erfolgschancen erhöhen, hat sie auf FS zu setzen, weil mit dieser Option die „zügige Durchführung" am ehesten garantiert wird und damit zugleich auch ein entscheidungsrelevantes Selektionskriterium der vorentscheidenden Behörde erfüllt ist. Ein Eigeninteresse der Antrag stellenden Kommune an höheren Ausgleichbeträgen mag hinzukommen. Indem sich alle am Entscheidungs- und Vorauswahlprozess Beteiligten egoistisch-rational verhalten, kommt mit einer großen Wahrscheinlichkeit das schließliche Resultat: die Wahl der FS als Sanierungsmaßnahme zustande. Insofern der Gesetzgeber BS und FS als „ebenbürtige" Wahlmöglichkeiten anbietet, aber zugleich die „zügige Durchführung" fordert, kann unterstellt werden, dass er auf diese Weise die Nachfrage zu lenken versucht und auch tatsächlich bis zu einem gewissen Grad zu lenken vermag. Für eine solche Lenkungsabsicht spricht auch die angesprochene Verklammerung von „stadtentwicklungsbezogener Funktionsveränderung mit der Raumordnungs- und Strukturpolitik des Bundes"[21] – wenn auch die Nachfrage nach der BS als einer, wenn auch nur unter ganz bestimmten Bedingungen (kapitalkräftige Eigentümer) wahrscheinlichen Option stets präsent bleibt. Freilich werden mit der Wahl der Option FS die von Gesetzgeber proklamierten übrigen Zielvorstellungen völlig negiert, so dass der „Wille des Gesetzgebers" als Bezugspunkt für Aussagen zur Wirksamkeit Zweifel aufkommen lässt. Auch wenn zum erwartbaren Gebrauch der vom StBauFG angebotenen Optionen nicht nur die Fallstudie zu Heidelberg zur Verfügung steht, sondern auch Ergebnisse der Politikverflechtungsstudie von Scharpf und seinen Mitarbeitern aus dem Jahre 1976 herangezogen werden können,[22] erweist sich auch hier die noch zu erörternde Problematik der generalisierenden Betrachtung des Einzelfalles (weniger Fälle) als relevant.

---

21   Wollmann, Das Städtebauförderungsgesetz als Instrument staatlicher Intervention, S. 207 u. 212.
22   Scharpf et al., *Politikverflechtung*, S. 170.

3. Wechselwirkungen zwischen „selektiver Effektivität" kantonaler Verwaltungen und „selektiver Ineffektivität" des Gesetzgebers

Die Fallstudie zur Gesetzgebung und zum Vollzug der Bundesbeschlüsse zur Regelung des „Grundstückserwerbs durch Ausländer in der Schweiz" zeichnet sich zunächst dadurch aus, dass der Gesetzgeber (Bundesrat) von sich aus nicht tätig werden wollte, sondern erst unter Druck, d. h. durch die Androhung einer Volksinitiative seitens eines „überparteilichen Komitees" hierzu bereit war. Eine weitere Besonderheit, auf die zurückzukommen ist, besteht darin, dass der Gesetzgeber es unterließ, irgendwelche intendierten Ziele zu benennen. D. h. der 1961 verabschiedete und zunächst auf fünf Jahre befristete Bundesbeschluss (Lex v. Moos) nannte keine Ziele: „Jede Anspielung auf die Gefahr der Boden-überfremdung wird verworfen."[23] Hierauf konnte auch deshalb verzichtet werden, weil die vom Gesetz (Bundesbeschluss) vorgesehene Erteilung einer Bewilligung zum Erwerb eines Grundstücks (Eigentum) davon abhängig gemacht wurde, dass ein ausländischer Gesuchsteller den Nachweis eines „berechtigten Interesses" zu erbringen hatte. Der unbestimmte Rechtsbegriff des „berechtigten Interesses" (der nach herrschender Lehre nur *eine* verbindliche Auslegung zulässt) ist ein wichtiger Schlüsselbegriff zum Verständnis der Gesetzesarchitektur überhaupt, wie er in der Phase des Gesetzgebungsprozesses die Konsensbildung bei den unterschiedlichen, ja entgegengesetzten Interessen (bei Parteien und Kantonen) erheblich erleichterte und bei der Anwendung des Gesetzes einen erheblichen Handlungsspielraum eröffnete. D. h. die divergierenden Interessen zwischen Bund und Kantonen einerseits und einzelnen Kantonen untereinander andererseits wurden auf einen einheitsstiftenden gemeinsamen Begriff gebracht, der von den das Gesetz (den Bundesbeschluss) anwendenden kantonalen Verwaltungen „verschieden verstanden werden" konnte.[24] Fürs erste lief dies darauf hinaus, dass die großen Touristenkantone (Graubünden, Wallis) weiterhin eine großzügige Bewilligungspraxis betrieben und Kantone mit restriktiver Bewilligungspraxis wie Luzern diese im Großen und Ganzen beibehalten konnten, auch wenn sie nunmehr gezwungen waren, bei Vorliegen der Bewilligungsvoraussetzungen ihre restriktive Haltung aufzugeben, weil einem abgewiesenen Antragsteller die Beschwerde bzw. der Rechtsweg offen stand. Hieran änderte sich zunächst auch wenig, als der Bund 1974 mit der Lex Furgler beim Eigentumserwerb durch Ausländer eine restriktivere Politik ankündigte. Während der Geltungsdauer des ersten Bundesbeschlusses von 1961 bis 1971 hatte sich der Bund

---

23   Delley et al., *Grundstückserwerb durch Ausländer in der Schweiz*, S. 31.
24   Ebd., S. 208.

(Gesetzgeber) auffällig zurückgehalten. Vor allem das zur Umsetzung der Bundesbeschlüsse vorgesehene Verfahren sowie der dazu einzurichtende Instanzenzug, die allesamt auf passive Institutionalisierung hin angelegt waren, können für die vom Bund gezeigte „Zurückhaltung" verantwortlich gemacht werden: „Nach diesem System hat der Bund [...] keine Aktionsmöglichkeiten, wenn auf kantonaler Ebene kein Konflikt entsteht. [...] [S]eine Rolle [erschöpft] sich darin, die restriktive Praxis der erstinstanzlichen Behörden gegen zu großzügige Entscheide der kantonalen Beschwerdeinstanzen zu schützen."[25]

Erst mit der 1974 verabschiedeten Lex Furgler, die eine Bewilligungspflicht statuiert, scheint sich der Bund auf eine restriktiver zu handhabende Bewilligungspolitik besinnen zu wollen. Es besteht nunmehr ein Rechtsanspruch auf Bewilligung, sofern durch das Vorliegen bestimmter, überprüfbarer Voraussetzungen das „berechtigte Interesse" als nachgewiesen gilt. Das stärkere Engagement des Bundes kommt auch darin zum Ausdruck, dass die Durchführungsverordnung umfangreicher und detaillierter geworden ist. Gegenüber dem Gesetzestext, der unverändert bleibt, wird ab jetzt die Durchführungsverordnung immer wieder Änderungen unterzogen, um beispielsweise auf „Gegenstrategien" (welche eine Ausnahmeregelung zur Regel werden ließen) flexibel reagieren zu können. Die Bewilligung wird insbesondere dann verweigert, wenn das Grundstück/Eigentum in einem Fremdenverkehrsort begehrt wird, wo der Anteil an ausländischem Eigentum einen bestimmten Schwellenwert überschritten hat (Bewilligungssperre). Ausländern kann jedoch eine (von ihnen zu beantragende) Ausnahmebewilligung erteilt werden, wenn sich das Gesuch auf eine Zweitwohnung bezieht, welche zu einem mehrere Wohneinheiten umfassenden Bauprojekt gehört, dessen Betreiber bereits eine Ausnahmebewilligung erworben hat. Hierbei wird eine Quotenregelung wirksam. Da von einigen kantonalen Behörden die Ausnahmeregelung zur Regel gemacht wurde, statuierte der Gesetzgeber 1980 eine Kontingentierung, d. h. die Zuteilung einer festgesetzten Anzahl von Bewilligungen an Gemeinden, deren Zahl an zulässigen Bewilligungen noch nicht ausgeschöpft ist.

Dass mit den gesetzgeberischen Aktivitäten gewisse Lenkungseffekte („Wirkung") erzielt wurden (wie der Trend zu Zweitwohnungen), lässt sich nicht bestreiten. Es lässt sich aber auch nicht bestreiten, dass hierbei auch unerwünschte Nebeneffekte auftraten. So die Ausweisung möglichst großer Bauzonen, von deren Ausmaß der Zeitpunkt der Verhängung der Bewilligungssperre abhing. Mit der Zuteilung von Kontingenten konnte dann die Zahl von Bewilligungen reduziert werden, es entstand jedoch ein Verteilungsproblem mit der Folge, dass

---

25   Ebd., S. 34.

sich die Bautätigkeit in andere, nicht gesperrte Gemeinden verlagerte, was zu einer unerwünschten Zersiedelung der Landschaft führte. Auf jeden Fall widersprechen die Befunde der skizzierten Fallstudie der juristischen Lehrmeinung, die sich von der Vorstellung einer Kaskade von Gesetz, Rechtsverordnung und Verwaltungsvorschrift leiten lässt und deshalb einen „letzten Bezugspunkt" benötigt – die Perspektive des „hypothetischen Gesetzgebers", dessen Willen der Jurist mit Hilfe bestimmter Auslegungsmethoden zu ermitteln versucht. In vergleichbarer Lage befanden sich auch diejenigen Forscher, welchen wir die hier behandelte Untersuchung verdanken. Sie rekonstruierten zunächst die historische Ausgangslage und deren Entwicklung anhand der den Gesetzgebungsprozess begleitenden parlamentarischen und öffentlichen Debatte sowie der vorhandenen Gesetzgebungsmaterialien – unter Einbeziehung auch so genannter außerrechtlichen Faktoren. Da sich die Forscher dem damals gängigen Implementationsansatz verschrieben hatten, hatten sie mit der Einsicht keine Schwierigkeiten, dass „eine gesetzeskonforme Anwendung eines Gesetzes nicht immer [unbedingt] dessen Erfolg garantiert".[26] Es entging ihnen aber auch nicht, dass neben einer Reihe anderer Faktoren vor allem die kantonale (Vollzugs-)Politik eine entscheidende Größe darstellt: „Schon allein aus der Tatsache, dass eine kantonale Politik existiert, kann man schliessen, dass die Kantonsbehörden dem Gesetz einen Inhalt gaben, der nicht schon von Zentrum festgelegt wurde".[27] So gesehen bekommt „die Krise des ‚Vollzugsföderalismus' [...] ein anderes Profil. Zumindest im Lichte der Erfahrungen der Lex Furgler ist sie weniger ein Überfahrenwerden der Kantone durch Allmacht und Allzuständigkeit des Bundes, der die Gliedstaaten überfordert oder lähmt. Weit eher gewinnen wir ein Bild aktiver, einfallsreicher Kantone, welche das zentralstaatliche Programm mit einem reichen Arsenal politischer wie administrativer Eigenmittel umformen und selektiv (aus-)nutzen, wie es den regionalen Sonderwünschen entspricht".[28] Die Auffassung, dass es

---

26 Ebd., S. 13.
27 Ebd., S. 206.
28 Wolf Linder, *Politische Entscheidung und Gesetzesvollzug in der Schweiz*. Bern, Stuttgart: Haupt 1987, S. 102. Siehe auch Wolf Linder, *Schweizerische Demokratie. Institutionen – Prozesse – Perspektiven*. Bern, Stuttgart, Wien: Haupt 2005, S. 182: „Die Kantone hatten ihre Kompetenzen im Gesetz für ihre eigenen Ziele in ganz verschiedener Richtung genutzt und den Vollzug in noch unterschiedlicherer Weise gestaltet. Während Luzern die Begrenzung des Grundstückserwerbs mit einer sanften Tourismusentwicklung verband und ziemlich genau den Zielen des Bundes folgte, instrumentalisierten andere Kantone das Bundesgesetz für völlig andere Absichten: Genf betrieb sozialen Wohnungsbau, das Wallis Tourismusentwicklung. Beide nutzten ein ähnliches Anreizsystem: die (von ausländischen Personen) begehrte Bewilligung wurde an Bedingungen geknüpft, die indirekt zur Finanzierung des sozialen Wohnungsbaus bzw. der Tourismusprojekte beitrugen." Die Bewilligungspraxis ließ in einigen Kantonen die

die Vollzugsbehörden sind, die einem Gesetz einen Inhalt geben, teilen auch Thomas Ellwein und Pia Wollscheid, wenn sie davon ausgehen, dass die Differenz zwischen dem, was der Verwaltung seitens des Gesetzgebers vorgegeben wird, und dem, was sie „im Schatten vorgegebener Rechtsnormen" schließlich daraus macht, nicht das „viel zitierte Vollzugsdefizit [ist], sondern eine der möglichen Verwirklichungen dessen, was [seitens der Verwaltung tatsächlich] gewollt wird".[29] Ganz ähnlich ist die von Theodor Geiger eingenommene Position, die besagt, dass „die Auslegung eines Normsatzes nicht [den] Bedeutungsumfang [richtig oder irrig] feststellt, sondern der Norm geradezu erst ihren Bedeutungsumfang gibt".[30] So lässt sich als vorläufiger Befund festhalten: Gemessen an den proklamierten Intentionen des Gesetzgebers ist von „selektiver Ineffektivität" zu sprechen, wohingegen die „reale Autonomie" der kantonalen Behörden diesen zu einer „selektiven Effektivität" ihrer eigenen Vorstellungen verhilft.

Die Frage nach der Wirkung von Recht bzw. von Gesetzen verweist auf besondere Schwierigkeiten, die nunmehr diskutiert werden sollen. Diese Schwierigkeiten rühren daher, dass „Wirkungen typischerweise aus der Interaktion mehrerer oder vieler Faktoren hervorgehen, deren isolierte Kausalität – anders als in den experimentellen Naturwissenschaften – im Allgemeinen nicht durch systematisch variierte und kontrollierte Experimente ermittelt werden kann".[31] Diese Problematik verschärft sich in gewisser Weise bei Interaktionsanalysen (Scharpf), denen daran gelegen ist, die Bedingungen zu identifizieren, „unter denen effektive Problemlösungen in der institutionell strukturierten Interaktion politischer Akteure auf der Meso- und Makroebene erreicht oder verfehlt werden".[32] Die „Verschärfung" ist dadurch gegeben, dass „die politisch handelnden (korporativen) Akteure unter unterschiedlichen institutionellen Rahmenbedingungen auf unterschiedliche situative Herausforderungen mit unterschiedlichen kognitiven und normativen Handlungsorientierungen reagieren und dass deshalb die erklärungsrelevanten Faktorenkonstellationen nicht oft in identischer Form auftreten".[33] Bei dieser Ausgangslage stellt sich die Frage: „wie kommt man von

---

Zahl der Bewilligungen zurückgehen, wohingegen sie in anderen Kantonen (z. B. Wallis) anstieg.

29   Thomas Ellwein und Pia Wollscheid, Die Vorschriften der Gewerbeaufsicht. Zugänge zu einer Analyse, in: *Zeitschrift für Gesetzgebung* 1, 1986, S. 315-337, hier S. 320.

30   Theodor Geiger, *Vorstudien zu einer Soziologie des Rechts.* Neuwied, Berlin: Luchterhand 1964, S. 244 u. 246.

31   Fritz W. Scharpf, Kontingente Generalisierung in der Politikforschung, S. 213-235 in: Renate Mayntz (Hg.): *Akteure – Mechanismen – Modelle. Zur Theoriefähigkeit makro-sozialer Analysen.* Frankfurt, New York: Campus 2002, hier S. 214.

32   Ebd., S. 213.

33   Ebd., S. 214.

der Beschreibung des Einzelfalls zur generalisierenden Erklärung, wenn man diese nicht auf eine große Zahl von Beobachtungen stützen kann"?[34]

Auch bei der Studie zum „Grundstückserwerb durch Ausländer in der Schweiz" stellt sich diese Frage, wenn wir der These Linders folgen,[35] welche im Sinne einer hypothetischen Generalisierung auf der Basis einer überschaubaren Reihe von Fallstudien „den Grad des Konsensus auf der Bundesebene und auf der kantonalen Ebene als ausschlaggebend für den Grad der Umsetzung von Bundesgesetzen"[36] ansieht und hierbei vier erwartbare (wahrscheinliche) Konstellationen unterscheidet:[37]

Abb. 2: Tendenzen bei/Grad der Umsetzung von Bundesgesetzen in der Schweiz (Linder-These)[38]

	Kantone: Konsens hoch	Kantone: Konsens niedrig
Bund: Konsens hoch	I. Chance zur gesicherten Umsetzung („maximalistische Umsetzung")	II. unvollständige Teil-Umsetzung wahrscheinlich
Bund: Konsens niedrig	III. Chance zur Instrumentalisierung des zentralstaatlichen Programms	IV. Geringe Umsetzungschancen („minimalistische Umsetzung")

Erläuterungen:

I.: Hohe Übereinstimmung / Zustimmung bei Bund und Kantonen „führt erwartungsgemäß zu relativ guter [gesicherter] Umsetzung der Bundespolitik in den Kantonen" (Beispiel: die nur als Empfehlung ausgesprochene „Alimentenbevorschussung für Kinder alleinstehender/geschiedener Frauen" wurde in den 1980er Jahren von den Kantonen aufgegriffen und weitgehend umgesetzt);

II.: Hohe Zustimmung beim Bund / niedrige Zustimmung bei den Kantonen „führt in der Regel bloss zur unvollständigen Umsetzung der Bundespolitik" (Beispiel: die Wohnbauförderung der 1970er Jahre);

---

34   Ebd., S. 221.
35   Linder, *Schweizerische Demokratie*, S. 183.
36   Dietmar Braun, Dezentraler und unitarischer Föderalismus. Die Schweiz und Deutschland im Vergleich, in: *Swiss Political Science Review* 9, 2003, S. 57-89, hier S. 72. Besonders einschlägig sind Brauns Ausführungen auf S. 71-81.
37   Siehe Michael Heidelberger, Kausalität. Eine Problemübersicht, in: *Neue Hefte für Philosophie* 32/33, 1992, S. 130-153, hier S. 151, mit dem Hinweis auf die Unterscheidung zweier „Arten von Kausalitäten": der „Tendenz einer Ereignis*art*, eine andere zu verursachen, und [des] Grad[s], mit dem ein spezielles Einzelereignis (ein token) ein anderes tatsächlich beeinflußt hat."
38   Linder, *Schweizerische Demokratie*, S. 183 (leicht modifiziert); zu den Details siehe ebd., S. 183-184; die „maximalistische" und „minimalistische" Umsetzung sind übernommen von Monica Battaglini und Oliver Giraud, Policy Styles and the Swiss Executive Federalism. Comparing Diverging Styles of Cantonal Implementation on the Federal Law on Unemployment, in: Sonderheft „Föderalismus" der *Schweizer Zeitschrift für Politikwissenschaft* 9, 2003, S. 285-308.

III.: Niedrige Zustimmung beim Bund / hoher Konsens unter den Kantonen verweist auf ein „diffuses Interesse" des Bundes sowie auf starke, aber unterschiedliche Präferenzen der einzelnen Kantone. Dies führt, wie beim Grundstückserwerb durch Ausländer, in der Regel „zu völlig unterschiedlichen Vollzugsergebnissen", die nicht mit den zentralstaatlichen Intentionen übereinstimmen müssen.[39] IV.: Niedrige Zustimmung auf beiden Seiten (Bund/Kantone) lässt geringe Umsetzungschancen erwarten (Beispiel: Volksinitiative zum Moorschutz).

Es ist offensichtlich, dass die Linder-These von kausalen Zusammenhängen ausgeht, deren wahrscheinliches Auftreten sie in Aussicht stellt (im Sinne erwartbarer Tendenzen sowie erwartbarer Gradabstufungen). Bei dem Versuch, die logische Struktur solcher generalisierenden Betrachtungen des Einzelfalls (bzw. von wenigen Fällen) aufzuzeigen, bietet sich an, zunächst Scharpf zu folgen.[40] Dieser stieß bei dem Unterfangen, im Rückblick diejenigen Schritte zu identifizieren, welche bei seiner Politikverflechtungsstudie von 1976 dazu führten,[41] „für die erwartbaren Ergebnisse der verflochtenen Politik hypothetische ‚Generalisationen'" zu gewinnen,[42] auf Max Webers Anleitung „zur Erklärung komplexer historischer Sachverhalte" aus den „Kritische[n] Studien" von 1906.[43] Mit der Bezugnahme auf Webers Hinweis, „Möglichkeitsurteile" beruhten auf „Isolationen" und „Generalisationen",[44] ist jedoch die Ankunft bei Johannes v. Kries angesagt,[45] den Max Weber ausweislich rezipiert hat.

---

39   Linder, *Schweizerische Demokratie*, S. 183. Die in Klammern angeführten Beispiele sind ebenfalls dieser Studie Linders entnommen und betreffen jeweils entweder durchgeführte Fallstudien oder konkrete Politiken und deren Umsetzung.

40   Scharpf, Kontingente Generalisierung in der Politikforschung, S. 221-226.

41   Scharpf et al., *Politikverflechtung*; ferner: Fritz W. Scharpf, Die Theorie der Politikverflechtung: ein kurzgefaßter Leitfaden, S. 21-31 in: Joachim Jens Hesse (Hg.), *Politikverflechtung im föderalen Staat. Studien zum Planungs- und Finanzierungsverbund zwischen Bund, Ländern und Gemeinden*. Baden-Baden: Nomos 1978.

42   Scharpf, Kontingente Generalisierung in der Politikforschung, S. 224.

43   Max Weber, Kritische Studien auf dem Gebiet der kulturwissenschaftlichen Logik, S. 215-290 in: Max Weber, *Gesammelte Aufsätze zur Wissenschaftslehre*. Tübingen: J. C. B. Mohr (Paul Siebeck) 1988, insbesondere Teil II: Objektive Möglichkeit und adäquate Verursachung in der historischen Kausalbetrachtung, S. 266-290.

44   Ebd., S. 275-276.

45   Johannes von Kries, *Die Principien der Wahrscheinlichkeits-Rechnung. Eine logische Untersuchung*. Tübingen: J. C. B. Mohr (Paul Siebeck) 1927. Siehe auch Michael Heidelberger, Origins of the Logical Theory of Probability: von Kries, Wittgenstein, Waismann, in: *International Studies in the Philosophy of Science* 15, 2001, S. 177-188, hier 177-178: „Nomological claims characterize classes of things and are expressed as laws of nature, whereas ontological claims refer to contingent individual features of singular events, or to actually obtaining singular boundary conditions. [...]. Ontological claims 'contain the purely factual; what cannot be reduced to any general necessitiy'". Die *Principien der Wahrscheinlichkeits-Rechnung* nennt Andreas Kamlah „the most intelligent and sophisticated book on probability in Germany before World War I." Siehe Andreas Kamlah, The Decline of the Laplacian Theory of Probability: A

4. Exkurs: Zur Theorie der „objektiven Möglichkeit" resp. zur Spielraumtheorie von v. Kries[46]

Bei der Skizzierung der auf v. Kries zurückgehenden Theorie der „objektiven Möglichkeit" empfiehlt es sich, mit folgender Überlegung zu beginnen: „Dass unter gewissen Umständen ein Ereigniss sowohl eintreten als ausbleiben könne, dass Beides objectiv möglich sei, das ist eine Behauptung, die einen durchaus haltbaren und verständlichen Sinn hat, wenn darin die Bezeichnung der bedingenden Umstände eine allgemeine, ungenaue, eine Anzahl verschiedener Verhaltungsweisen einschliessende ist."[47] Was v. Kries damit meint, verrät er mit seinem Typhus-Beispiel,[48] mit dem er zeigen möchte, wie „eine auf die Beobachtung der betreffenden Fälle selbst zu gründende Gewinnung von Wahrscheinlichkeits-Sätzen" vorzugehen hat.[49] Die eine gewisse Gleichartigkeit zeigenden Krankheitserscheinungen, die mit der Diagnose „Typhus" belegt werden, führen bei einer bestimmten Zahl von Erkrankten einerseits zum Tod, andererseits zur Genesung, darüber hinaus erscheint der jeweilige Ausgang ungewiss, da unsere Kenntnis der jeweiligen Einzelfälle unvollständig ist. Bei einer solchen Ausgangslage scheint v. Kries eine Analogie zu Zufalls-Spielen gegeben.[50] D. h. er betrachtet „in unserer Erfahrungswelt wiederholt auftretende [...] Ereignisse" dergestalt, „als ob sie durch einen Zufallsgenerator zustande kommen," was jedoch impliziert, dass diejenigen „Prozesse, die die [...] Ereignisse hervorbringen, stets nach gleichen Regeln ablaufen"[51] – eine Voraussetzung, die v. Kries beispielsweise bei dem von ihm erdachten Stoß-Spiel erfüllt sieht,[52] die aber bei sozialen Prozessen bzw. Ereignissen nicht gegeben ist.

Study of Stumpf, von Kries, and Meinong, S. 91-116 in: Lorenz Krüger et al. (Hg.), *The Probabilistic Revolution*, Bd. 1: *Ideas in History*. Cambridge, Mass., London: Bradford u. MIT-Press 1987, hier S. 110.

46   Ich bin versucht, Webers Äußerung, ihm sei „der Umfang, in welchem [...] v. Kries' Gedanken ‚geplündert' werden, [...] fast génant", hinsichtlich der zitierten Arbeiten Heidelbergers zu v. Kries zu wiederholen. Siehe Weber, *Gesammelte Aufsätze zur Wissenschaftslehre*, S. 288 Fn. 1.

47   Johannes von Kries, Ueber den Begriff der objectiven Möglichkeit und einige Anwendungen desselben, in: *Vierteljahrsschrift für wissenschaftliche Philosophie* 12, 1888, S. 180-240, hier S. 181.

48   v. Kries, *Die Principien der Wahrscheinlichkeits-Rechnung*, S. 140.

49   Ebd., S. 140.

50   Ebd., S. 140-141.

51   Götz Rohwer und Ulrich Pötter, *Wahrscheinlichkeit. Begriff und Rhetorik in der Sozialforschung*. Weinheim, München: Juventa 2002, S. 133 u. 129.

52   v. Kries, *Die Principien der Wahrscheinlichkeits-Rechnung*, S. 49ff.

Wenn v. Kries die Analogie zu idealen Zufalls-Spielen (Zufallsgeneratoren) bemüht, dann auch deshalb, weil er somit über einen „Maßstab" verfügt (darin vergleichbar mit der Funktion des Idealtypus bei Weber).[53] Diese Maßstabsfunktion bietet sich an, weil ideale Zufalls-Spiele „allgemeingiltige" Wahrscheinlichkeiten besitzen,[54] d. h. die jeweils erzielten Resultate „gleichwahrscheinlich [sind], [...] den gleichen Spielraum, die gleiche objektive Möglichkeit" haben, somit einen „objektiven Sinn" besitzen.[55] Daher, so v. Kries, ist es „zulässig zu sagen, dass die (allgemeingiltige) Wahrscheinlichkeit eines Erfolgs ebenso gross ist, wie seine (objective) Möglichkeit, dass derselbe Zahlenwerth Wahrscheinlichkeit und Möglichkeit angebe".[56] Somit erfüllen die Spielräume eines idealen Zufalls-Spiels die theoretisch geforderten Kriterien der Indifferenz, Ursprünglichkeit und Vergleichbarkeit („Princip der Spielräume"),[57] so dass sich v. Kries berechtigt sieht, hierauf eine an relativen Häufigkeiten anknüpfende numerische Theorie der Wahrscheinlichkeit zu gründen. Voraussetzung hierfür ist allerdings, dass sich die empirisch gewonnenen numerischen Werte den Werten eines idealen Zufalls-Spiels genügend annähern.[58] Um zu prüfen, ob diese Voraussetzung erfüllt ist, will v. Kries die von Wilhelm Lexis übernommene Dispersionsmethode (eine Art Varianzanalyse) angewandt sehen.[59] Doch mit dieser Methode

---

53 Michael Heidelberger, Erklären und Verstehen bei Max Weber, unter Rückgriff auf Johannes von Kries, in: Uljana Feest (Hg.), *Historical Perspectives on Erklären and Verstehen. An Interdisciplinary Workshop.* Berlin (Preprint 324): Max Planck Institut für Wissenschaftsgeschichte 2007, S. 225-235, hier S. 230. In überarbeiteter Fassung: Michael Heidelberger, From Mill via von Kries to Max Weber: Causality, Explanation, and Understanding, in: Uljana Feest (Hg.), *Historical Perspectives on Erklären and Verstehen.* Dordrecht et al.: Springer 2010, S. 241-265.

54 v. Kries, Ueber den Begriff der objectiven Möglichkeit und einige Anwendungen desselben, S. 188.

55 Heidelberger, Erklären und Verstehen bei Max Weber, S. 231.

56 v. Kries, Ueber den Begriff der objectiven Möglichkeit und einige Anwendungen desselben, S. 190.

57 Zu den Details dieser theoretisch begründeten Forderungen siehe v. Kries, *Die Principien der Wahrscheinlichkeits-Rechnung,* S. 34ff. u. 60-74; Heidelberger, Origins of the Logical Theory of Probability, S. 39f.; Andreas Kamlah, Probability as a Quasi-theoretical Concept – J. v. Kries' Sophisticated Account After a Century, in: *Erkenntnis* 19, 1983, S. 239-251, hier S. 244ff. Mit der Beachtung dieser drei Kriterien versucht v. Kries, *Die Principien der Wahrscheinlichkeits-Rechnung,* S. 8ff. die mit Bertrand's Paradoxon verbundenen Schwierigkeiten zu vermeiden.

58 Heidelberger, Origins of the Logical Theory of Probability, S. 42.

59 v. Kries, *Die Principien der Wahrscheinlichkeits-Rechnung,* S. 104ff. Zu Wilhelm Lexis, der Weber seit der gemeinsamen Mitgliedschaft in der Börsen-Enquête-Kommission persönlich bekannt war, siehe den Abschnitt „Kausalität in der Diskussion der Statistiker" bei Bjarne Jacobsen, *Max Weber und Friedrich Albert Lange. Rezeption und Innovation.* Wiesbaden: Deutscher Universitätsverlag 1999, S. 133-142. Lexis hat übrigens auch die *Principien der Wahr-*

„kann man bestenfalls Hinweise darauf gewinnen, ob für zwei oder mehr statistische Gesamtheiten ein gemeinsamer Zufallsgenerator unterstellt werden kann", was bereits voraussetzt, „daß man die Elemente jeder Gesamtheit als durch einen Zufallsgenerator erzeugt auffassen kann", eine Annahme, die sich mit dem von Lexis übernommenen Verfahren jedoch nicht überprüfen lässt.[60]

Dem bereits vorgestellten Spielraumkonzept samt der grundlegenden Unterscheidung von nomologischen und ontologischen Bestimmungen[61] ist der Begriff des „begünstigenden Umstandes" hinzuzufügen, den v. Kries mit Hilfe eines ebenfalls der Wahrscheinlichkeitstheorie entnommenen Beispiels einführt.[62] Hat ein Würfel eine exzentrische Lage des Schwerpunkts, so wird dadurch eine bestimmte Augenzahl beim Würfeln „objektiv begünstigt". D. h. ändert man die ontologischen Bestimmungen dahingehend, dass der Schwerpunkt eines Würfels verschoben wird, so erhöht sich durch diesen „begünstigenden Umstand" der Spielraum einer ganz bestimmten Augenzahl in Relation zu den Spielräumen der anderen Augenzahlen. Auf diese Weise lässt sich durch den Vergleich mit dem Idealfall auch das häufigere Auftreten einer ganz bestimmten Augenzahl „erklären".[63] D. h. mit der Unterscheidung zwischen nomologischen und ontologischen Bestimmungen soll die Regularität F → W erfasst werden, bei der ein begünstigender, kausal relevanter Faktor F für die Wirkung W verantwortlich gemacht wird. F ist hierbei die nomologische Bestimmung, wohingegen die ontologischen Bestimmungen alle für den kausalen Vorgang faktisch erforderlichen Umstände umfassen. Um die Regularitäten identifizieren zu können, kann man in der Differenzsituation nicht alle ontologischen Bestimmungen heranziehen, weil sich auf diese Weise keine „gleichartige" Vergleichssituation finden lässt. Infolgedessen muss abstrahiert werden. Zufallsspiele erfüllen deshalb eine Vorbildfunktion, weil hier die Unbestimmtheit der nomologischen Bestimmungen „rein" zur Geltung kommt.

---

scheinlichkeits-Rechnung rezensiert; siehe Wilhelm Lexis, Über die Wahrscheinlichkeitsrechnung und deren Anwendung auf die Statistik, in: Jahrbücher für Nationalökonomie und Statistik 47 NF 13, 1886, S. 433-450.

60 Rohwer und Pötter, Wahrscheinlichkeit, S. 133.

61 Siehe v. Kries, Die Principien der Wahrscheinlichkeits-Rechnung, S. 86: „Die ontologischen Bestimmungen enthalten [...] das rein Thatsächliche, das, was sich nicht auf allgemeine Notwendigkeiten zurückführen lässt." Es handelt sich um die „rein thatsächlichen Bestimmungen der Einzelfälle [...], von welchen die Erfolge abhängen, und [...] es [ist] unsere Unkenntniss bezüglich dieser ontologischen Verhältnisse [...], welche uns den Erfolg jedesmal ungewiss erscheinen lässt."

62 v. Kries, Ueber den Begriff der objectiven Möglichkeit und einige Anwendungen desselben, S. 202.

63 Heidelberger, Erklären und Verstehen bei Max Weber, S. 231ff.

Abb. 3: Spielraumtheorie (v. Kries)

E Ganzer Spielraum nomologische Bestimmungen (begünstigender Umstand: A) *Autofahrer*: A/ N* ontologische Bestimmungen	Größerer Spielraum → größere Wahrscheinlichkeit E_H Kleinerer Spielraum → kleinere Wahrscheinlichkeit $E_{\neg H}$

E	= der ganze Spielraum
A	= bei Alkoholkonsum des Fahrers
N	= bei Nüchternheit des Fahrers
E_H	= Eintreten des Erfolgs (= Unfall)
$E_{\neg H}$	= Ausbleiben des Erfolgs (= kein Unfall)
	* = Erhobene Zahl von Autofahrern, die entweder betrunken oder nüchtern waren

Mit einem Weyma Lübbe[64] entlehnten Beispiel lässt sich das Anliegen, das v. Kries mit seiner Spielraumtheorie verfolgt, einsichtig machen bzw. lassen sich die obigen abstrakten Ausführungen veranschaulichen (siehe Abbildung 3). E umfasst den gesamten Spielraum „verschiedenartigen Verhaltens". Wenn man, so v. Kries,[65] all diejenigen Umstände, welche einerseits das Eintreten, andererseits das Ausbleiben eines Erfolgs bewirkten, gedanklich bündelt, teilt sich dadurch der ganze Spielraum in zwei Teile.

Im oberen Feld, das sich hier als „größerer Spielraum" erweist, ist mit größerer Wahrscheinlichkeit mit einem Eintritt des Erfolgs E_H (Unfall) zu rechnen: Der Alkoholgenuss des Fahrers erweist sich bei den jeweils gegebenen ontologischen Bedingungen unter Heranziehung nomologischen Erfahrungswissens als

---

64 Weyma Lübbe, Die Theorie der adäquaten Verursachung. Zum Verhältnis von philosophischem und juristischem Kausalitätsbegriff, in: *Journal for General Philosophy of Science* 24, 1993, S. 87-102, hier S. 94-95. Siehe aber auch Heidelberger, Kausalität, S. 130-153, insbesondere die Ausführungen zum kontrafaktischen Ansatz (S. 145ff.) und zum probabilistischen Konzept (S. 148ff.).

65 v. Kries, Ueber den Begriff der objectiven Möglichkeit und einige Anwendungen desselben, S. 183.

„begünstigender Umstand". Das untere, kleinere Feld bildet den „kleineren Spielraum": Bei den jeweils gegebenen Ausgangsbedingungen kommt es infolge der Nüchternheit des Fahrers mit einer geringeren Wahrscheinlichkeit zu einem Unfall.[66] Eine zahlenmäßige Bewertung ist dann möglich, „wenn [...] die Spielräume bedingender Umstände, die die eine und andere Erwartung verwirklichen, in einem zahlenmäßig angebbaren Verhältnis stehen und [...] dieses Größenverhältnis bekannt ist",[67] was Zufallsspiele auf jeden Fall auszeichnet (insofern sind bei ihnen die beiden Spielräume gleich groß). Durch kontrafaktische Differenzbildung und Verwendung „nomologischen Erfahrungswissens"[68] lässt sich der Alkoholgenuss als ein einen Unfall herbeiführender „begünstigender Umstand" ermitteln, d. h. zwischen Alkoholgenuss und Eintritt eines Unfalls wird ein „zu verallgemeinernder ursächlicher Zusammenhang" angenommen.[69] Bei der kontrafaktischen Differenzsituation wird gefragt, „was geschehen wäre, wenn in dem Complexe der Bedingungen (jenes für den Erfolg ausschlaggebende Moment [also Alkoholgenuss]) ... gefehlt, alles Uebrige aber sich genau gleich verhalten hätte".[70]

Auf diese Weise gefällte Möglichkeitsurteile beruhen „stets auf einer generalisierenden Betrachtung des Einzelfalles".[71] Es kommt also darauf an, welche

---

66 Kamlah, Probability as a Quasi-theoretical Concept, S. 244: „Technically, v. Kries' Spielräume are outcomes in a continuous manifold of random variables. These Spielräume are now measured by a function called 'probability'. A larger Spielraum contains more, and a smaller Spielraum less possible states: therefore we would attribute to it a larger probability than to a smaller Spielraum."

67 v. Kries, *Die Principien der Wahrscheinlichkeits-Rechnung*, S. VI. Zum obigen Beispiel: Es bestimmt sich die Wahrscheinlichkeit des Eintritts von EH durch das Verhältnis des den Eintritt von EH bewirkenden Spielraums zu dem gesamten Spielraum (EH + E$\neg$H). Die so erhältlichen Werte liegen zwischen 0 und 1. Siehe v. Kries, Ueber den Begriff der objectiven Möglichkeit und einige Anwendungen desselben, S. 184 Fn. 2; Heidelberger, Origins of the Logical Theory of Probability, S. 38f.

68 Es ist zu bedauern, dass in dem von Michael Hampe und Maria-Sibylla Lotter herausgegebenen Sammelband „*Die Erfahrungen, die wir machen, sprechen gegen die Erfahrungen, die wir haben". Über Formen der Erfahrung in den Wissenschaften.* Berlin: Duncker & Humblot 2000 der von v. Kries und Max Weber verwendete Erfahrungsbegriff nicht behandelt wird.

69 v. Kries, Ueber den Begriff der objectiven Möglichkeit und einige Anwendungen desselben, S. 201. Lübbe, Die Theorie der adäquaten Verursachung, S. 94-95 bringt das obige Beispiel „in der Sprache der Spielraumtheorie" wie folgt auf den Nenner: „Eine weitaus größere Mannigfaltigkeit unter allen möglicherweise hinzutretenden Umständen bewirkt im Verein mit der Alkoholisierung des Fahrers einen Unfall, als das im Verein mit der Nüchternheit des Fahrers der Fall ist – obgleich weder Nüchternheit den Unfall ausschließt noch die Trunkenheit ihn mit Sicherheit herbeiführt."

70 v. Kries, Ueber den Begriff der objectiven Möglichkeit und einige Anwendungen desselben, S. 198.

71 Ebd., S. 203 u. 220-221.

Rolle „eine notwendige Bedingung im Allgemeinen, also auch in anderen Zusammenhängen, für die Wirkung spielt".[72] Ist dies der mit Hilfe nomologischen Erfahrungswissens anzunehmende Fall, ist davon auszugehen, dass der so ermittelte „begünstigende Umstand" „die Wahrscheinlichkeit des Eintretens des [erwarteten Erfolgs] allgemein steigert".[73] Freilich scheint damit eine zirkuläre Argumentation verbunden zu sein. Einerseits ist nomologisches Erfahrungswissen erforderlich, um Kausaladäquanz von zufälliger Verursachung unterscheiden zu können, andererseits lässt sich nomologisches Erfahrungswissen nur durch kontrafaktische Differenzbildung gewinnen, bei der wiederum nomologisches Erfahrungwissen benötigt wird, um entscheiden zu können, ob ein aus dem komplexen Bedingungsgefüge isoliertes Moment überhaupt als begünstigender Umstand in Frage kommt.[74] Mit der im *Gedanken*experiment durchgeführten kontrafaktischen Differenzbildung stellt sich zudem die Frage nach der Begründung eines Kausalzusammenhangs, der (ohne übergreifende Theorie) nur durch *faktische* Differenzsituationen herzustellen ist, wie sie durch das Variieren verschiedener Parameter im Experiment gewonnen werden.

Bei seiner Rezeption von v. Kries hat Max Weber alles über Bord geworfen,[75] was dessen Theorie trotz der an ihr geübten Kritik in den Augen der mathematisch geschulten Wissenschaftshistoriker auszeichnet: Spielraumtheorie und die darauf aufbauende numerische Bestimmbarkeit von Wahrscheinlichkeiten. Was dann bleibt, ist neben Isolation und Generalisation der Gedanke des „begünstigenden Umstandes", der vor allem „auf dem Gebiet aller konkreten Kausalität [...] und so auch der historischen"[76] *analog* angewandt werden kann und auch angewandt wird, wie beliebige Beispiele aus dem Alltagsleben und der Geschichtswissenschaft zeigen. Lässt man diese Einschätzung gelten und nimmt den Befund hinzu, dass die v. Kries'sche „Theorie der adäquaten Verursachung" vor allem vom Strafrecht rezipiert worden ist, dann würde dies der Behauptung Evidenz verleihen, dass Weber der v. Kries'schen Theorie durch seine Rezeption den Status einer Alltagstheorie verliehen hat, die Handeln in Gegenwart und Geschichte einsichtig macht bzw. erklärt.

---

72   Heidelberger, Erklären und Verstehen bei Max Weber, S. 228.
73   Ebd., S. 228.
74   Auf die beträchtlichen Schwierigkeiten, die relevanten Sachverhaltselemente zu isolieren, wird hier nicht eingegangen.
75   Weber, *Gesammelte Aufsätze zur Wissenschaftslehre*, S. 284-285.
76   Ebd., S. 285.

5. Zurück zu Scharpfs „Erklärung singulärer Konstellationen"

Wenn nachstehend zu Scharpfs „Erklärung singulärer Konstellationen" zurück-
gekehrt und auf seine zu Demonstrationszwecken herangezogene Politikverflechtungsstudie von 1976 eingegangen wird, geschieht dies auch deshalb, weil
diese Studie zwei unterschiedliche Erklärungsarten bemüht, die mit der von v.
Kries getroffenen und von Weber geteilten „unterschiedliche[n] Wertschätzung
der Anfangsbedingungen und der Gesetze in den Kultur- und Naturwissenschaften" zu kennzeichnen sind,[77] was Heidelberger zu der plausiblen These veran-
lasste, „dass für Weber die Methoden der Natur- und Geisteswissenschaften weit
gleichartiger sind, als dies gemeinhin angenommen wird".[78] Die beiden Erklärungsarten lassen sich idealtypisch dahingehend kennzeichnen, dass die „Erklärung eines Ereignisses" entweder „durch Zurechnung einer Ursache zu einer
Person oder einem Sachverhalt und Erklärung durch Angabe eines unbekannten
Gesetzes" erfolgen kann.[79] Bei der zuerst genannten Erklärungsart sucht der
Forscher „zu konkreten einzelnen Erfolgen die ihnen zugehörigen konkreten
Ursachen, wobei die dabei nötigen Gesetzlichkeiten auch so konkret wie möglich
zu fassen sind", während bei der anderen Erklärungsart nach einem „allgemeinen
Gesetz" gesucht wird, „das die Verbindung zwischen Ursache und Wirkung
beherrscht, um Ereignisse auf abstrakte Weise, d. h. unter weitestmöglicher Ab-
sehung vom Einzelfall, erklären zu können".[80]

Im Rückblick versichert Scharpf, dass bei der 1976 veröffentlichen Studie
zur „Politikverflechtung" fürs erste die von Weber empfohlenen Schritte der
„Isolation" und „Generalisation" zur „Explikation eines theoretischen Interpretationsrahmens" auf der Basis weniger empirischer Fallstudien angewandt worden
seien: „Auf der Grundlage (bestimmter) Merkmalskombinationen ließen sich
dann bestimmte Kombinationen von Bedingungen ‚isolieren', für deren Wirkung
auf die Politik-Ergebnisse als abhängige Variable man dann entsprechend dem
Weber'schen Rezept auf ‚Erfahrungsregeln' gestützte ‚Generalisationen' suchen

---

77   Heidelberger, Erklären und Verstehen bei Max Weber, S. 227, der sich hierbei insbesondere
      auf Johannes von Kries, Johannes von Kries (Selbstdarstellung), S. 125-187 in: L. R. Grote
      (Hg.), *Die Medizin der Gegenwart in Selbstdarstellungen*, Bd. 4. Leipzig: Meiner 1925, hier
      S. 159-160 bezieht.
78   Heidelberger, Erklären und Verstehen bei Max Weber, S. 225.
79   Ebd., S. 226.
80   Ebd., S. 226; v. Kries, Ueber den Begriff der objectiven Möglichkeit und einige Anwendungen
      desselben, S. 195-196; Weber, *Gesammelte Aufsätze zur Wissenschaftslehre*, S. 270 u. 178-
      179.

konnte".[81] Allerdings können dieser Vorgehensweise jedoch beide Erklärungsarten zugerechnet werden, was es auseinander zu halten gilt.

Die erste Erklärungsart betrifft das „Gebiet der konkreten Kausalität" (Weber) und beruht bei der Politikverflechtungsstudie auf schrittweise vorgenommenen logischen Ableitungen. Ausgangspunkt ist die Aussage (Prämisse), dass „in
den untersuchten Verflechtungssystemen Niveaufixierungs-, Verteilungs- und
Interaktionsprobleme regelmäßig nicht gelöst werden".[82] Auf diese Aussage folgen dann die folgenden logischen Schritte: Die Lösung der genannten drei (De-
zentralisierungs-)Probleme erfordert konfliktsteigernde Steuerungsinstrumente. –
Bei der Politikverflechtung (in multilateralen Verbundsystemen) werden Entscheidungsregeln (wie formale Gleichbehandlung, Besitzstandswahrung, Ein-
griffsverzicht) praktiziert, die auf eine Minimierung des Konsensbedarfs zielen.
– Dies bedeutet, dass die Verwendung konfliktsteigernder Steuerungsinstrumente nicht in Frage kommt. – Da konfliktsteigernde Steuerungsinstrumente auszu-
schließen sind, lassen sich die oben genannten Probleme nicht lösen. Somit lautet
die zunächst gefundene Erklärung: Die eingangs identifizierten Problemlösungs-
defizite lassen sich somit schlussfolgernd den Tendenzen zur Minimierung des
Konsensbedarfs in Verflechtungssystemen kausal zurechnen. Zugleich hat die
empirische Untersuchung jedoch ergeben, dass die Gemeinschaftsaufgabe der
Regionalförderung „als ein Fall [erscheint], in dem die Anwendung konsensbil-
dender Strategien trotz der Tendenz zur Konfliktminimierung doch noch eine
teilweise Lösung von Niveaufixierungs- und Verteilungsproblemen ermöglicht".[83]

Für die erste Erklärungsart stehen demnach hier die mit Hilfe logischer
Operationen vorgenommenen eben skizzierten Ableitungen. Doch auch hier ist
„eine gültige Zurechnung irgend eines individuellen Erfolgs ohne die Verwendung ‚nomologischer' Kenntnis – Kenntnis der Regelmäßigkeiten der kausalen
Zusammenhänge – [...] nicht möglich".[84] Dies deshalb, weil es zu ermitteln gilt,
ob der durch kontrafaktische Differenzbildung identifizierte ‚kausale' Zusammenhang zwischen bestimmten isolierten Sachverhaltselementen und dem einge-
tretenen Erfolg „ein zu verallgemeinernder" ist, d. h. generell eine „Tendenz
besitzt, einen Erfolg solcher Art hervorzubringen".[85] Für eine Erklärung der
Abweichung – hier der Sonderfall der „regionalen Wirtschaftsförderung" – ge-

---

81   Scharpf, Kontingente Generalisierung in der Politikforschung, S. 222.
82   Scharpf et al., *Politikverflechtung*, S. 230.
83   Ebd., S. 232.
84   Weber, *Gesammelte Aufsätze zur Wissenschaftslehre*, S. 179.
85   v. Kries, Ueber den Begriff der objectiven Möglichkeit und einige Anwendungen desselben,
      S. 200-201.

nügt im Übrigen der Hinweis auf die Besonderheiten der Anfangsbedingungen unter Inanspruchnahme ontologischen Wissens (hier das Faktum einer „intensive[n] ‚Verwissenschaftlichung' des Planungsprozesses").[86]

Die Politikverflechtungsstudie kennt außerdem auch die zweite Erklärungsart, an die Scharpf vor allem denkt. Hinter dieser steht die Intention einer „Explikation eines theoretischen Interpretationsrahmens", der zur Weiterentwicklung einer Theorie genutzt wird, welche unter den Bedingungen der Politikverflechtung beobachtbare Tendenzen auf abstrakte Weise zu erklären vermag. Den allerersten Schritt hierzu bilden wiederum hypothetische Generalisierungen von „gesetzmäßigen" Zusammenhängen „auf der Basis von Untersuchungen eines singulären Sachverhalts oder einer geringen Anzahl vergleichbarer Fälle".[87] Damit diese Generalisierungen valide sind, ist auch hier der Rückgriff auf „nomologisches Erfahrungswissen" erforderlich, um den von einem „begünstigenden Umstand" bestimmten Kausalbeziehungen eine allgemein erhöhte Wahrscheinlichkeit zuweisen zu können. Sind Partialtheorien auf der Basis empirisch fundierter Generalisationen gefragt, ist der Einzelfall bzw. sind die wenigen Fallstudien „das Mittel zur allgemeinen Gesetzeserkenntnis" (zur Theoriebildung), wohingegen im anderen Fall die „ursächlichen" Zusammenhänge nur „Mittel der Erkenntnis" sind.[88]

Dies gilt es zu beachten, wenn sich die Frage nach der (hypothetischen) Generalisierbarkeit von Forschungsergebnissen auf der Basis weniger Fallstudien „zwingend" stellt, wie sich dies bei den Untersuchungen sowohl zum Städtebauförderungsgesetz in der BRD als auch zum Bundesbeschluss zum „Grundstückserwerb durch Ausländer" in der Schweiz gezeigt hat. Nur bei hypothetischer Generalisierung der erkannten kausalen Regelmäßigkeiten (vorsichtiger formuliert: Kausalvermutungen) ist es möglich, über die Einzelfallerklärung hinaus zu gehen: infolge einer allgemein erhöhten Wahrscheinlichkeit des identifizierten „begünstigenden Umstandes." Beim StBauFG ist ein objektiver „begünstigender Umstand" mit der Forderung nach „zügiger Durchführung" leicht auszumachen, wohingegen im Falle der Schweiz beide Erklärungsarten in Frage kommen können: Bei der skizzierten Fallstudie zur Lex Furgler ist der identifizierte „ursächliche" Zusammenhang „Mittel der Erkenntnis" (erste Erklärungsart),[89] wohingegen mit Blick auf die Besonderheiten des Schweizer Föderalismus die als erwartbar ausgegebenen Konstellationen (Linder-These) auf eine (Partial-)Theorie

---

86 Scharpf, Die Theorie der Politikverflechtung, S. 29.
87 Scharpf, Kontingente Generalisierung in der Politikforschung, S. 220.
88 Weber, *Gesammelte Aufsätze zur Wissenschaftslehre*, S. 179.
89 Braun, Dezentraler und unitarischer Föderalismus, S. 72 benennt explizit drei „verschiedene (konkrete) Gründe".

der Schweizerischen Politikverflechtung zielen,[90] die begrenzte Zahl von hierzu herangezogenen Fallstudien demnach das „Mittel zur allgemeinen Gesetzeserkenntnis" (Theoriebildung) bildet (zweite Erklärungsart).

Wer sich auf die Empfehlungen Max Webers (Isolierung, Generalisierung, Konstruktion von Möglichkeitsurteilen) beruft, wird jedoch mit einem eigentümlichen Sachverhalt konfrontiert: Einerseits können diese Empfehlungen ihre Affinität mit den Methoden der Naturwissenschaften nicht verleugnen, andererseits geht Weber davon aus, dass sowohl eine handelnde Person im „gewöhnlichen" Leben, wenn sie über ihr Tun reflektiert, als auch ein diese Person beobachtender Sozialwissenschaftler konkrete Ereignisverläufe „einer durch nomologisches Wissen kontrollierten Abstraktion" unterwerfen, d. h. ihre „Urteile über die Wahrscheinlichkeit von Ereignisverläufen" an das ihnen zugängliche (Erfahrungs-)Wissen über die Wirklichkeit anbinden und dabei auch das verfügbare ontologische Wissen (Faktenwissen) heranziehen.[91] Für Weber ist dies jedoch kein Widerspruch. Mit der Rezeption von v. Kries (und beispielsweise nicht von Helmholtz)[92] war es ihm möglich, sowohl der „Herausforderung durch die Naturwissenschaften" zu begegnen,[93] als auch die Fähigkeit des Menschen zu intentionalem Handeln zu berücksichtigen.[94]

---

90   Braun spricht in diesem Zusammenhang von der „Logik eines dezentralisierten Föderalismus", dessen Stabilität durch die Dominanz eines „Vielfaltsdiskurs[es]" gesichert wird; siehe ebd. S. 79 u. 85-86.

91   Weyma Lübbe, Der Normgeltungsbegriff als probabilistischer Begriff. Zur Logik des soziologischen Normbegriffs, in: *Zeitschrift für philosophische Forschung* 44, 1990, S. 583-602, hier S. 594-595 (in enger Anlehnung) sowie S. 588. Siehe hierzu vor allem Webers „Ohrfeigenbeispiel"; siehe Weber, *Gesammelte Aufsätze zur Wissenschaftslehre*, S. 279-280.

92   Höchst einschlägig: Gregor Schiemann, *Wahrheitsgewissheitsverlust. Hermann von Helmholtz' Mechanismus im Anbruch der Moderne. Eine Studie zum Übergang von klassischer zu moderner Naturphilosophie*. Darmstadt: Wissenschaftliche Buchgesellschaft 1997. Weber dürfte die Arbeit von Leo Koenigsberger zu Helmholtz, aber auch dessen *Vorträge und Reden* gekannt haben, worauf Helmholtz-Bezüge in „Wissenschaft als Beruf" hinweisen; siehe Max Weber, *Wissenschaft als Beruf 1917/1919. Politik als Beruf 1919. Max Weber Gesamtausgabe*, Abt. I, Bd. 17. Tübingen: J. C. B. Mohr (Paul Siebeck) 1992, S. 78 u. 82-83.

93   Otto Gerhard Oexle, Max Weber – Geschichte als Problemgeschichte, S. 11-37 in: Otto Gerhard Oexle (Hg.), *Das Problem der Problemgeschichte 1880-1932*. Göttingen: Wallstein 2001, insbesondere S. 15-20; sowie Heidelberger, Erklären und Verstehen bei Max Weber.

94   Welche Probleme sich Weber dadurch einhandelte, dass er v. Kries in den neukantianischen Bezugsrahmen integrieren musste, zeigen Gerhard Wagner und Heinz Zipprian: Methodologie und Ontologie. Zum Problem kausaler Erklärung bei Max Weber, in: *Zeitschrift für Soziologie* 14, 1985, S. 115-130.

6. Schlußbemerkung

Wirkungsforschung hat sich auch mit dem Gedanken vertraut zu machen, dass Gesetze nicht nur (einander widersprechende) Ziele offerieren, sondern Angebote machen, womit sie auf Seiten der Gesetzesadressaten Wahlmöglichkeiten eröffnen, die nach deren Inanspruchnahme nicht unbedingt mit den Intentionen der Gesetzesmacher übereinstimmen. Gerade das Beispiel aus der Schweiz hat gezeigt, dass sich unter den Bedingungen des dortigen Föderalismus Wechselwirkungen zwischen „selektiver Effektivität" der kantonalen Verwaltungen und „selektiver Ineffektivität" des Gesetzgebers beobachten lassen – als Tendenzen (Wahrscheinlichkeiten) und als Gradabstufungen. Wirkungsforschung sollte sich auch darüber im Klaren sein, dass solche Tendenzaussagen auf Generalisierungen des Einzelfalls (weniger Fälle) unter Zuhilfenahme „nomologischen (Erfahrungs-)Wissens" beruhen. Sofern sich solche Schritte auf Max Webers Rezeption der v. Kries'schen Theorie der objektiven Möglichkeit (bzw. adäquaten Verursachung) berufen, unterliegen sie einer *pragmatischen Wendung,* welche ihnen den Status einer alltagstheoretischen Erklärung verleiht.

Wirkungsforschung sollte sich darüber hinaus damit vertraut machen, dass häufiger im „(Halb-)Schatten von Recht"[95] geführte Verhandlungen anzutreffen sind.[96] Da beim kooperativen Rechtsvollzug zunächst Kooperation an die Stelle von Recht tritt, freilich unter dem Vorbehalt eines nach gescheiterten Verhandlungen abrufbaren hoheitlichen Letztentscheids, tritt an die Stelle von Wirkung der Verhandlungserfolg, der „von gegensätzlichen Motiven und Verhaltensstilen der Beteiligten" abhängig ist.[97] Verhandlungserfolg bemisst sich unter Verwendung wohlfahrtsökonomischer Bewertungskriterien zum einen danach, inwieweit auf Problemlösung ausgerichtete Verhaltensstile die jeweils „erreichbaren Koordinations- oder Kooperationsgewinne maximieren" (Scharpf), zum andern aber

---

95 Fritz W. Scharpf, Die Handlungsfähigkeit des Staates am Ende des zwanzigsten Jahrhunderts, in: *Politische Vierteljahresschrift* 32, 1991, S. 621-634, hier S. 629-630.; ferner Hubert Treiber, Zur Ohnmacht von Gemeinden: Gewerbepolitik im Halbschatten des Rechts, S. 281-299 in: Götz Frank und Heinrich-Wilhelm Langrehr (Hg.), Die *Gemeinde. Verfassung, Planung, Wirtschaft und das kommunale Selbstverwaltungsrecht. Festschrift zum 70. Geburtstag von Heiko Faber.* Tübingen: Mohr Siebeck 2007; sowie Leonie Breunung und Hubert Treiber, *Recht als Handlungsressource kommunaler Industrieansiedlungspolitik. Zum Gebrauch und Verzicht von Recht bei ungleicher Machtverteilung: Ergebnisse einer Langzeitfallstudie.* Baden-Baden: Nomos 2005.

96 Statt vieler: Arthur Benz, *Kooperative Verwaltung. Funktionen, Voraussetzungen und Folgen.* Baden-Baden: Nomos 1994.

97 Fritz W. Scharpf, Einleitung: Zur Theorie von Verhandlungssystemen, S. 11-27 in: Arthur Benz et al. (Hg.), *Horizontale Politikverflechtung. Zur Theorie von Verhandlungssystemen.* Frankfurt, New York: Campus 1992, hier S. 21.

auch danach, inwieweit auf konstruktive Lösungen zielende Verhandlungen durch Verteilungskonflikte überlagert werden, die an die Stelle von Problemlösen *bargaining* treten lassen. Sofern derartige Verhandlungen Effektivität sicher stellen wollen, ist zu vermuten, dass wichtige, Rechtsstaatlichkeit garantierende Prinzipien damit in Konflikt geraten (können), wie umgekehrt die Beachtung von Rechtsstaatlichkeit sichernden Prinzipien effektives Verwaltungshandeln erheblich beeinträchtigen (kann).[98]

---

98   Klaus König, *Verwaltungsstaat im Übergang. Transformation, Entwicklung, Modernisierung.* Baden-Baden: Nomos 1999, S. 47-48. König stellt in diesem Kontext auf einen Vergleich ab zwischen „legalistischen Bürokratien auf dem Kontinent und den managerialistischen Bürokratien schon jenseits des Kanals".

Kraft Gesetz
Überlegungen zur Kausalität von Rechtsnormen[1]

Gerhard Wagner

Wie wirkt Recht?

Die Frage, wie Recht wirkt, ist eine Frage nach der Kausalität von Rechtsnormen. Mit einem Hinweis zur Beantwortung dieser Frage wartet nicht nur die Umgangssprache, sondern auch der juristische Sprachgebrauch auf. So steht im Grundgesetz der Bundesrepublik Deutschland, dass Rechtsnormen durch „Inkraftsetzen"[2] „Gesetzeskraft"[3] erlangen; sie „treten in Kraft"[4], „bleiben in Kraft"[5] und „treten außer Kraft"[6]. Mit dieser Metapher scheint man anzunehmen, dass es wie in der physikalischen Natur auch im Recht Kräfte gibt, die etwas ursächlich bewirken können, nämlich normkonformes soziales Handeln.

Diese Metaphorik könnte man nun auf sich beruhen lassen und sich der rechtssoziologischen Effektivitätsforschung zuwenden. Man kann sie aber auch daraufhin prüfen, ob sie nicht doch auf einen empirischen Sachverhalt referiert. Das ist nicht abwegiger als ihre Dekonstruktion[7] und eröffnet – im Unterschied zu dieser – der Grundlagenforschung der Soziologie eine neue Perspektive, um die Kausalität von Rechtsnormen zu klären. Geht man die Komplexität des *juristischen* Rechtsbegriffs ausklammernd *soziologisch* davon aus, dass Rechtsnormen als „faktische Bestimmungsgründe realen menschlichen Handelns"[8] im Wesentlichen in ihrer Ordnungsfunktion bestehen, d. h. in dem, was sie an normkonformen Abläufen sozialen Handelns bewirken, dann kann man sie als Phänomene konzipieren, die funktional-kausale Eigenschaften haben, z. B. für die

---

1   Für Anregungen und Kritik danke ich Michael Esfeld, Claudius Härpfer, Guy Oakes, Hubert Rottleuthner und Hubert Treiber.

2   GG Art. 79(1), 127.

3   GG Art. 94(2), 119.

4   GG Art. 72(6), 82(2), 84(1), 91c(2), 111(1), 131, 132(1), 135(1 u. 7), 143b(2), 145(2), 146.

5   GG Art. 117(1 u. 2), 123(2), 142.

6   GG Art. 81(4), 110(4), 115e(2), 115k(2), 125c(2).

7   Jacques Derrida, *Gesetzeskraft. Der „mystische Grund der Autorität".* Frankfurt am Main: Suhrkamp 1991.

8   Max Weber, *Wirtschaft und Gesellschaft. Grundriss der verstehenden Soziologie.* Tübingen: J. C. B. Mohr (Paul Siebeck) 1980, S. 181.

Handelnden „verbindlich"[9] zu sein und einen „Zwang"[10] im Sinne eines „Müssens"[11] auf sie auszuüben. Wie neuere Ansätze in der Philosophie des Geistes und der Naturphilosophie zeigen, können solche Eigenschaften nur insofern wirksam sein, als sie mit fundamentalen physikalischen Eigenschaften, die ebenfalls als funktional-kausale Eigenschaften konzipiert und als Kräfte verstanden werden müssen, identisch sind.

Der folgende Beitrag möchte die Frage nach der Kausalität von Rechtsnormen mit Hilfe dieser neueren philosophischen Ansätze – insbesondere der Metaphysik Michael Esfelds – diskutieren,[12] um die Soziologie diesbezüglich mit der aktuellen philosophischen Forschung vertraut zu machen. Dies wird anhand einer Lektüre einschlägiger klassischer Texte Emile Durkheims geschehen, die sich für diesen Zweck als besonders anschlussfähig erweisen. Als Ergänzung werden noch einige konvergente Texte Max Webers zu Rate gezogen.[13] Ziel dieses Beitrags ist es, wie gesagt, der Soziologie eine neue Forschungsperspektive zu eröffnen, auch wenn er zugegebenermaßen mehr Fragen aufwerfen als Antworten geben dürfte.

Eigenschaften von Rechtsnormen und Eigenschaften des Geistes

Emile Durkheim hat in einem 1898 publizierten philosophischen Beitrag darauf aufmerksam gemacht, dass jedes Phänomen eine Realität ist, „die ihre Gegenwart durch besondere Wirkungen beweist".[14] Denn: „Alles was ist, ist auf eine bestimmte Weise, hat ausgeprägte Eigenschaften. Jede Eigenschaft aber offenbart sich in Äußerungen, die unterbleiben würden, wenn sie selbst nicht wäre;

---

9   Ebd., S. 16.
10   Ebd., S. 17.
11   Peter Stemmer, *Normativität. Eine ontologische Untersuchung*. Berlin, New York: de Gruyter 2008, S. 20-22.
12   Diese Ansätze stehen in einer geistigen Tradition, die man mit den Begriffen Physikalismus und Reduktionismus sowie dem Versuch, eine Einheitswissenschaft zu begründen, in Verbindung bringen kann; siehe z. B. Paul Oppenheim und Hilary Putnam, Einheit der Wissenschaft als Arbeitshypothese, S. 339-371 in: Lorenz Krüger (Hg.), *Erkenntnisprobleme der Naturwissenschaften. Texte zur Einführung in die Philosophie der Wissenschaften*. Köln, Berlin: Kiepenheuer & Witsch 1970.
13   Zur rechtssoziologischen Positionen Durkheims und Webers siehe Wolfgang Schluchter, The Sociology of Law as an Empirical Theory of Validity, in: *Journal of Classical Sociology* 2, 2002, S. 257-280 sowie Wolfgang Schluchter, *Grundlegungen der Soziologie. Eine Theoriegeschichte in systematischer Absicht*, Bd. 1. Tübingen: Mohr Siebeck 2006.
14   Emile Durkheim, Individuelle und kollektive Vorstellungen, S. 45-83 in: Emile Durkheim, *Soziologie und Philosophie*. Frankfurt am Main: Suhrkamp 1976, hier S. 46.

denn durch eben diese Äußerungen wird sie definiert."[15] Für Durkheim sind Eigenschaften also funktional-kausale Eigenschaften. Sie bestehen in den Wirkungen, die Phänomene hervorbringen können, indem sie die betreffenden Eigenschaften haben. Daher kann man Phänomene über Eigenschaften erkennen: „Selbst wenn also ein Phänomen dem Geist nicht deutlich vorstellbar ist, hat man gleichwohl nicht das Recht, es zu leugnen, sofern es sich durch fest umgrenzte Wirkungen ausdrückt, die ihrerseits vorstellbar sind und durch die es sich zu erkennen gibt."[16]

Dies gilt folglich auch für Rechtsnormen, die dem Geist schon allein deswegen nicht deutlich vorstellbar sind, weil sie laut Durkheim selbst „Vorstellungen" sind, nämlich Vorstellungen davon, wie zu handeln sei.[17] Der bewusstseinsphilosophischen Tradition entsprechend, in der er wie sein Zeitgenosse Max Weber stand, benutzte Durkheim den Begriff der Vorstellung, um die Bezugnahme des Geistes auf Phänomene zu konzipieren. Der Geist bezieht sich seines Erachtens auf Phänomene, indem er sie vorstellt. Ernst Tugendhat hat nachgewiesen, dass diese Konzeption auf einer Metapher basiert.[18] Die Bezugnahme wird optisch, nämlich als Anschauen von Bildern aufgefasst. Der Geist bringt die Phänomene also anschaulich vor sich. Das mag bei anschaulichen Phänomenen wie handelnden Menschen nachvollziehbar sein. Bei nicht anschaulichen Phänomenen wie Rechtsnormen führt die Metapher jedoch zu eben jener Undeutlichkeit, die Durkheim dazu brachte, das Augenmerk auf funktional-kausale Eigenschaften zu richten, deren Wirkungen deutlicher vorstellbar sind.

Bei Rechtsnormen sind es u. a. ihre Eigenschaften der Verbindlichkeit und Zwanghaftigkeit, die bewirken, dass Menschen normkonform handeln, was anschaulich und daher deutlicher vorstellbar ist. Rechtsnormen sind, wie Durkheim schon 1895 grundlegend betonte, „mit einer gebieterischen Macht ausgestattet, kraft deren sie sich einem jeden aufdrängen, er mag wollen oder nicht. Freilich, wer sich ihnen willig und gerne fügt, wird ihren zwingenden Charakter wenig oder gar nicht empfinden, da Zwang in diesem Falle überflüssig ist."[19] Während nun Zwanghaftigkeit vom Inhalt der Rechtsnorm abstrahiert, impliziert Verbindlichkeit dessen Kenntnis. Wer sich einer Rechtsnorm willig und gerne fügt, weil er sie für maßgeblich hält und sich ihr gegenüber zum Gehorsam verpflichtet ansieht, muss ihren begrifflichen Inhalt kennen. Dazu kann ein anderer Gebrauch

---

15   Ebd., S. 47.
16   Ebd., S. 66.
17   Ebd., S. 71-72.
18   Ernst Tugendhat, *Vorlesungen zur Einführung in die sprachanalytische Philosophie*. Frankfurt am Main: Suhrkamp 1976, S. 86-89, 350.
19   Emile Durkheim, *Die Regeln der soziologischen Methode*. Frankfurt am Main: Suhrkamp 1984, S. 106; siehe bereits Emile Durkheim, *Über soziale Arbeitsteilung. Studie über die Organisation höherer Gesellschaften*. Frankfurt am Main: Suhrkamp 1988.

des Vorstellungsbegriffs verhelfen. Anstatt etwas anschaulich vor sich zu bringen, kann sich der Geist vorstellen, dass etwas so oder so ist. Dann heißt „vorstellen" soviel wie: „glauben, dass …", „denken, dass …" oder „überzeugt sein, dass …", wobei die Pünktchen jeweils für einen Sachverhalt stehen. Dementsprechend lässt sich formulieren: „Der Geist stellt sich vor, dass so und nicht anders zu handeln ist." Der Geist nimmt eine „propositionale Einstellung" ein, seine Bezugnahme auf Phänomene ist eine „intentionale" Beziehung, wie in Anlehnung an Franz Brentano sowohl die auf die Bewusstseinsphilosophie folgende Sprachphilosophie als auch die Philosophie des Geistes formulieren.[20]

Ist Verbindlichkeit eine Eigenschaft einer Rechtsnorm, so ist Intentionalität die ihr entsprechende Eigenschaft des Geistes. Intentional sind mentale Zustände, die einen propositionalen Inhalt haben. Glaubenszustände, Gedanken, Überzeugungen, aber auch Handlungsabsichten sind Beispiele für solche Zustände. Zwanghaftigkeit als Eigenschaft einer Rechtsnorm gehört demgegenüber nicht zu den „intentionalen Zuständen". Zwang wird, wie Durkheim konstatierte, empfunden. Die ihm entsprechende Eigenschaft des Geistes ist ein spezifischer „sensorischer Zustand", den man den „Qualia" genannten qualitativen mentalen Zuständen zuordnet.[21] Intentionale Zustände und sensorische Zustände bilden die wichtigsten Gruppen mentaler Zustände, die man durchaus als Eigenschaften konzipieren kann.[22] So kann man hinsichtlich unseres Themas die Überzeugung von der Verbindlichkeit einer Rechtsnorm und die Empfindung ihrer Zwanghaftigkeit so auffassen, dass ein Mensch bestimmte mentale Eigenschaften hat, nämlich von einer Rechtsnorm überzeugt zu sein und ihren Zwang zu empfinden. Diese Eigenschaften sind ihrerseits funktional-kausale Eigenschaften. Denn *sie* sind es, welche die Wirkungen der Rechtsnormen in menschliches Handeln umsetzen. Die soziale Kausalität der Rechtsnormen braucht die mentale Kausalität handelnder Menschen: „Wenn man […] sagt, daß die […] Regel ‚Ursache' eines bestimmten Handelns sei, so ist dies natürlich höchst ungenau ausgedrückt: nicht das ‚ideelle Gelten' einer Norm, sondern die empirische Vorstellung des Handelnden, daß die Norm für sein Verhalten ‚gelten solle', ist der Grund."[23]

20   Tugendhat, *Vorlesungen zur Einführung in die sprachanalytische Philosophie*, S. 92, 106; Jaegwon Kim, *Philosophie des Geistes*. Wien, New York: Springer 1998, S. 15, 23-26.
21   Kim, *Philosophie des Geistes*, S. 14-15.
22   Ebd., S. 6.
23   Max Weber, R. Stammlers „Ueberwindung" der materialistischen Geschichtsauffassung, S. 291-359 in: Max Weber, *Gesammelte Aufsätze zur Wissenschaftslehre*. Tübingen: J. C. B. Mohr (Paul Siebeck) 1982, hier S. 330-331.

Die Supervenienz der Eigenschaften

Rechtsnormen sind Durkheim zufolge „kollektive Vorstellungen". Während „individuelle Vorstellungen" insofern „private" bzw. „persönliche" mentale Eigenschaften sind, als sie einzelne Menschen je für sich haben, sind „kollektive Vorstellungen" insofern „soziale" mentale Eigenschaften, als sie mehrere Menschen teilen.[24] Jeder Mensch kann seine ganz persönliche Vorstellung von einem Sachverhalt haben. Persönliche Vorstellungen können zu sozialen werden, „wenn sie sich unter dem Einfluß der besonderen Kräfte vereinigen, welche die Assoziation entwickelt; aufgrund dieser Vereinigung und der daraus resultierenden wechselseitigen Veränderung *werden sie etwas anderes*."[25] Wenn sich demzufolge mehrere Menschen mit ihren persönlichen Vorstellungen hinsichtlich eines Sachverhalts einigen, dann entsteht aus ihrer Verbindung eine soziale Vorstellung. Das gilt gleichermaßen für deskriptive Sachverhalte, z. B. dass die Erde keine Scheibe ist, wie für normative Sachverhalte, z. B. dass man Verträge einhalten soll. Beide werden von einer Mehrzahl von Menschen hinsichtlich ihrer Wahrheit bzw. Verbindlichkeit anerkannt, mithin intersubjektiv geteilt. Inwiefern man hier von „kollektiver Intentionalität" sprechen kann, wird zu prüfen sein.[26]

Durkheim argumentierte mit Hilfe einer „Analogie".[27] Werden individuelle Vorstellungen „von den Wirkungen und Gegenwirkungen der nervösen Elemente hervorgebracht", so werden kollektive Vorstellungen „von den Wirkungen und Gegenwirkungen der elementaren Psychen hervorgebracht".[28] Durch das „Hinzukommen" individueller und kollektiver Vorstellungen entstehen „besondere Arten des Seins".[29] Wie individuelle Vorstellungen einen anderen ontologischen Status gegenüber den biochemischen Eigenschaften des Gehirns haben, haben kollektive Vorstellungen einen anderen ontologischen Status gegenüber den individuellen Vorstellungen. *Als Vorstellungen* sind die kollektiven freilich ebenso von den biochemischen Eigenschaften des Gehirns abhängig wie die individuellen: „in der Natur gibt es keinen Bereich, der nicht von anderen Berei-

---

24 Durkheim, Individuelle und kollektive Vorstellungen, S. 73; siehe auch Durkheim, *Die Regeln der soziologischen Methode*, S. 105-107.

25 Durkheim, Individuelle und kollektive Vorstellungen, S. 73; siehe auch Durkheim, *Die Regeln der soziologischen Methode*, S. 99-100.

26 Hans Bernhard Schmid und David P. Schweikard (Hg.), *Kollektive Intentionalität. Eine Debatte über die Grundlagen des Sozialen*. Frankfurt am Main: Suhrkamp 2009; siehe auch Hans Bernhard Schmid, *Wir-Intentionalität. Kritik des ontologischen Individualismus und Rekonstruktion der Gemeinschaft*. Freiburg, München: Alber 2005.

27 Durkheim, Individuelle und kollektive Vorstellungen, S. 45-46.

28 Ebd., S. 71.

29 Ebd., S. 53, 70.

chen abhinge. Nichts also wäre absurder, als das psychische Leben zu einer Art Absolutum zu erheben, das nirgendwo herkäme und mit dem übrigen Universum nicht in Zusammenhang stünde. Es liegt auf der Hand, daß der Zustand des Gehirns alle geistigen Phänomene affiziert."[30] Durkheim betonte denn auch, dass ein soziales Phänomen „in gewisser Weise ebenfalls psychisch" und eine „rechtliche Norm" im Grunde eine „physiologische Tatsache" sei.[31]

Durkheims Rede vom Hinzukommen von Phänomenen, die einen anderen ontologischen Status haben, jedoch von ihrer jeweiligen ontologischen Basis, die sie hervorgebracht hat, abhängig sind, lässt sich im Sinne des Konzepts der Supervenienz (von lat. supervenire, hinzukommen) interpretieren. Damit bezeichnet man einen Zusammenhang der Abhängigkeit zwischen zwei Ebenen von Phänomenen, der die Aspekte Kovarianz und Determination umfasst.[32] Die supervenierende Ebene (B-Ebene) ist von ihrer Supervenienzbasis (A-Ebene) insofern abhängig, als es einen Unterschied zwischen B-Phänomenen nur aufgrund von Unterschieden zwischen A-Phänomenen geben kann, weil die A-Phänomene die B-Phänomene hervorbringen und festlegen. Da Abhängigkeit ein modaler Begriff ist, lässt sich dieser Zusammenhang in unterschiedlicher modaler Stärke formulieren, was in der heutigen Philosophie in der Sprache möglicher Welten geschieht. Zu schwacher Supervenienz gelangt man, wenn der Abhängigkeitszusammenhang nur in einer bestimmten möglichen Welt W gegeben sein soll; zu starker Supervenienz, wenn dieser Zusammenhang in beliebigen möglichen Welten gegeben sein soll, denn dann ist er nicht nur möglich, sondern notwendig. Betrachtet man diesen Zusammenhang mit Blick auf einzelne Phänomene, spricht man von lokaler Supervenienz, während mit Blick auf ganze Welten von globaler Supervenienz die Rede ist.

In der Philosophie des Geistes geht man davon aus, dass mentale Eigenschaften auf biochemischen Eigenschaften supervenieren, die ihrerseits auf physikalischen Eigenschaften supervenieren.[33] Diese Position ist u. a. durch das naturwissenschaftlich fundierte Prinzip der kosmischen Evolution begründet, demzufolge alles, was es in der Welt über Vorkommnisse fundamentaler physikalischer Eigenschaften hinaus gibt, aus Vorkommnissen fundamentaler physi-

---

30   Ebd., S. 70.
31   Durkheim, *Die Regeln der soziologischen Methode*, S. 94, 114.
32   Kim, *Philosophie des Geistes*, S. 10-14; siehe auch Paul Hoyningen-Huene, supervenient/Supervenienz, S. 144-145 in: Jürgen Mittelstraß (Hg.), *Enzyklopädie Philosophie und Wissenschaftstheorie*, Bd. 4. Stuttgart, Weimar: J. B. Metzler 2004 sowie Paul Hoyningen-Huene, Reduktion und Emergenz, S. 177-197 u. 346-347 in: Andreas Bartels und Manfred Stöckler (Hg.), *Wissenschaftstheorie. Ein Studienbuch*. Paderborn: Mentis 2007, hier S. 179-180.
33   Michael Esfeld, *Philosophie des Geistes. Eine Einführung*. Bern: Bern Studies in the History and Philosophy of Science 2005, S. 43-57.

kalischer Eigenschaften entstanden ist.[34] Hinsichtlich globaler Supervenienz ist diese Position unproblematisch und weithin akzeptiert. Hinsichtlich lokaler Supervenienz jedoch, wo es um die Abhängigkeit zwischen spezifischen Eigenschaften geht, wirft sie ein Problem bei den intentionalen mentalen Eigenschaften auf. Für dieses Problem hat sich der Begriff „Externalismus" eingebürgert, denn die begrifflichen Inhalte von Glaubensansichten, Gedanken, Überzeugungen und Handlungsabsichten hängen nicht nur von den internen, letztlich physikalischen Eigenschaften einzelner Menschen, sondern auch von ihrer Sprachgemeinschaft und sozialen Umwelt ab.[35] Wenn die internen Eigenschaften zweier Individuen I1 und I2 gleich sind, die soziale Umwelt aber verschieden ist, dann ist es nicht notwendig, dass I2 auch alle mentalen Eigenschaften wie I1 hat. Es kann Unterschiede geben, die von der Umwelt herrühren.

Regionale Supervenienz

Bei lokaler Supervenienz ist überhaupt keine Umwelt involviert, bei globaler Supervenienz ist die ganze Welt als Umwelt involviert. Um das Problem des Externalismus zu lösen, ist es also erforderlich, einen Teil der Welt in die Supervenienzbasis einzubeziehen, und zwar jenen Teil, den die Individuen I1 und I2 als ihre soziale Umwelt miteinander teilen.[36] Ich schlage daher vor, den Begriff der *regionalen Supervenienz*[37] heranzuziehen und die soziale Umwelt von I1 und I2 in einem spezifischen Sinne als „Milieu" zu bezeichnen.

Der Begriff Milieu ist die französische Übersetzung des Begriffs Medium, den Isaac Newton in seiner Physik auf zweierlei Weise gebrauchte. Zum einen wollte er damit seine Annahme eines Äthers (*aetherial medium*) pausibel machen, der seines Erachtens die Ausbreitung des Lichts und die Fernwirkung der Gravitationskräfte zwischen den Planeten ermöglichte.[38] Durkheim kannte diese Konnotation: „Wir wissen nicht, was ein schwereloses materielles Milieu ist, wir können uns keinerlei Begriff davon machen; und doch ist die Hypothese eines solchen Milieus notwendig, will man der Ausbreitung der Lichtwellen Rechnung

34   Michael Esfeld, Der neue Reduktionismus, S. 951-965 in: Günter Abel (Hg.), *Kreativität. XX. Deutscher Kongress für Philosophie. Kolloquien.* Hamburg: Meiner 2006, hier S. 954.
35   Esfeld, *Philosophie des Geistes*, S. 48-50, 135-147.
36   Ebd., S. 49.
37   Terence Horgan, Supervenience and Microphysics, in: *Pacific Philosophical Quarterly* 63, 1982, S. 29-43; siehe auch Terence Horgan, From Supervenience to Superdupervenience. Meeting the Demands of a Material World, in: *Mind* 102, 1993, S. 555-586.
38   Leo Spitzer, Milieu and Ambiance. An Essay in Historical Semantics, in: *Philosophy and Phenomenological Research* 3, 1942/43, S. 1-42 u. 169-218, hier S. 37-38.

tragen."[39] Durkheim präferierte jedoch die andere Bedeutung, die Newton dem Begriff gegeben hatte. Dieses *ambiant medium* „has a narrowly local significance, used for the practical purpose of emphasizing the immediately surrounding element of any given substance".[40] Diese zweite Bedeutung schloss die erste nicht aus, sondern beruhte auf einem Perspektivenwechsel: „The fluid [ether] is an intermediary between two bodies; it is their milieu; and insofar as the fluid penetrates all these bodies, they are situated in the middle of it [*au milieu de lui*]. According to Newton and the physics of central forces, one can speak of an environment, a milieu, because there exist centers of force. The notion of milieu is an essentially relative one. When we consider separately the body that receives an action transmitted by the milieu, we forget that a *milieu* is a medium, in between two centers, and we retain only its function as a centripetal transmitter, its position as that which surrounds a body. In this way, milieu tends to lose its relative meaning and to take of an absolute, a reality in itself."[41]

Während die Physik des 19. Jahrhunderts das mit dem Begriff *aetherial medium* Gemeinte als Feld konzipierte, wodurch es ebenfalls den Status einer eigenen Realität erhielt,[42] machte der Begriff *ambiant medium* eine Karriere in anderen Einzelwissenschaften, zunächst in der Biologie, wobei sich, weil man es hier mit lebenden Körpern zu tun hatte, die Vorstellung des umgebenden Milieus als etwas Bedingendes und Beeinflussendes verfestigte. Ihn von dem Zoologen Etienne Geoffroy Saint-Hilaire übernehmend, übertrug Honoré de Balzac diesen Begriff dann auf die Gesellschaft: „Das Tier ist ein Prinzip, das seine äußere Gestalt, oder genauer: seine Spezifikationen in der Umwelt, in dem Milieu annimmt, in dem es sich zu entwickeln hat. Die zoologischen Arten und Gattungen ergeben sich aus dieser Spezifikation. [...] Formt nicht auch die Gesellschaft aus dem Menschen je nach Umwelt, nach den Milieus, in denen er sich handelnd entfaltet, ebenso viele verschiedenartige Menschen, wie es in der Zoologie Spezies gibt?"[43] In diesem Sinne nahm die Soziologie den Begriff in Gebrauch, u. a. Durkheim: „Der immerwährende Druck, den das Kind erleidet, ist der Druck des sozialen Milieus selbst, das es nach seinem Vorbilde zu formen strebt. Die Eltern und Lehrer sind nur die Stellvertreter und Vermittler des Milieus."[44]

---

39   Durkheim, Individuelle und kollektive Vorstellungen, S. 65.
40   Spitzer, Milieu and Ambiance, S. 40.
41   Georges Canguilhem, The Living and Its Milieu, S. 98-120 u. 175-178 in: Georges Canguilhem, *Knowledge of Life*. New York: Fordham University Press 2008, hier S. 99-100.
42   Albert Einstein und Leopold Infeld, *Die Evolution der Physik*. Reinbek: Rowohlt 2004, S. 147-153, 153-156, 175, 272, 276.
43   Honoré de Balzac, Vorrede zur Menschlichen Komödie, S. 7-27 in: Honoré de Balzac, *Die Menschliche Komödie. Supplement.* Zürich: Diogenes 1998, hier S. 8-9.
44   Durkheim, *Die Regeln der soziologischen Methode*, S. 109.

Für Durkheim bestand ein solches Milieu aus „sozialen Tatsachen".[45] Dazu zählte er sowohl normative kollektive Vorstellungen, an denen sich die Menschen in ihrem sozialen Handeln orientieren, als auch faktische Abläufe sozialen Handelns, die solchen Vorstellungen folgen oder sich doch mit einer gewissen Regelmäßigkeit und/oder Verbreitung vollziehen. Für ein widerspruchsfreies Konzept regionaler Supervenienz ist es nun aber diesbezüglich nötig, das Eine vom Anderen zu trennen. Wenn man wie Durkheim kollektive Vorstellungen als etwas Supervenierendes begreifen will, dann können sie nicht gleichzeitig dem Milieu angehören, das in die Supervenienzbasis einbezogen werden soll. Daher muss man das Milieu auf die faktischen Abläufe sozialen Handelns einschränken. Dies ist aus zweierlei Gründen machbar:

Erstens werden solche sozialen Praktiken durch Handlungen, d. h. durch Bewegungen der Körper der Handelnden vollzogen, weswegen sie letztlich ebenfalls physikalischer Natur sind. Wie geistlos-körperlich soziale Praktiken sein können, erhellt das „traditionale Handeln", das „an der Grenze und oft jenseits dessen [steht], was man ein ‚sinnhaft' orientiertes Handeln überhaupt nennen kann. Denn es ist sehr oft nur ein dumpfes, in der Richtung der einmal eingelebten Einstellung ablaufendes Reagieren auf gewohnte Reize."[46] Die weit verbreiteten Abläufe traditionalen Handelns, die man „Sitten" nennt, beruhen auf „langer *Eingelebtheit*" und werden meistens „gedankenlos" wiederholt.[47]

Zweitens sind in dem an die Körper der Handelnden gebundenen Handlungssubstrat normative kollektive Vorstellungen nicht immer abwesend. Sitten sind insofern die Ausgangsbasis der Normbildung, als stets „das tatsächlich Hergebrachte der Vater des Geltenden gewesen" ist.[48] Die Beteiligten kommen entweder durch „Einverständnis" darin überein, dass manche Abläufe sozialen Handelns, *gerade weil* sie sich regelmäßig wiederholen und/oder massenhaft verbreitet sind, weiterhin so ablaufen sollen, wie sie bereits ablaufen; oder sie „vereinbaren" neue Abläufe.[49] Dadurch entstehen wechselseitige Erwartungen, Verbindlichkeiten und der Zwang, sich daran zu orientieren. Das können „Konventionen" oder „Rechtsnormen" sein, die zu „Maximen" des sozialen Handelns werden, so dass sie es in eine bestimmte Richtung lenken.[50]

---

45 Ebd., S. 105-114.
46 Weber, *Wirtschaft und Gesellschaft*, S. 12.
47 Ebd., S. 15.
48 Ebd., S. 15.
49 Ebd., S. 14, 181-194; Max Weber, Ueber einige Kategorien der verstehenden Soziologie, S. 427-474 in: Max Weber, *Gesammelte Aufsätze zur Wissenschaftslehre*. Tübingen: J. C. B. Mohr (Paul Siebeck) 1982, hier S. 456-474.
50 Weber, *Wirtschaft und Gesellschaft*, S. 16-19; Weber, R. Stammlers „Ueberwindung" der materialistischen Geschichtsauffassung, S. 322-359.

Allein, ob sie nun gedankenlos oder an Normen orientiert ablaufen, gilt für alle soziale Praktiken, dass sie „nicht eine Realität jenseits der physikalischen Zustände und ihrer Anordnungen besitzen" können, so wie umgekehrt nichts gegen die Annahme spricht, dass „bestimmte Anordnungen physikalischer Zustände soziale Praktiken sind".[51] Es ist also möglich, die (wenn man so will) *semantische* Dimension der Normen von der *strukturellen* Dimension der faktischen Handlungsabläufe zu trennen und nur dieses Handlungssubstrat in die Supervenienzbasis einzubeziehen.

Folglich besteht die Supervenienzbasis intentionaler mentaler Eigenschaften sowohl aus den physikalischen Eigenschaften der Individuen als auch aus den sozialen Eigenschaften ihrer Milieus, die als körpergebundene Abläufe sozialen Handelns letztlich ebenfalls physikalischer Natur sind. Auf dieser Folie lässt sich nun analog zur starken, Notwendigkeit ausdrückenden lokalen Supervenienz[52] für regionale Supervenienz formulieren: Mentale Eigenschaften supervenieren genau dann stark auf physikalischen und sozialen Eigenschaften, wenn alle Individuen I1 und I2 und alle Milieus M1 und M2 in allen möglichen Welten W1 und W2 folgende Bedingung erfüllen: Wenn alle physikalischen Eigenschaften des Individuums I2 in der Welt W2 gleich den physikalischen Eigenschaften des Individuums I1 in der Welt W1 sind und alle sozialen Eigenschaften des Milieus M2 von I2 in W2 gleich den sozialen Eigenschaften des Milieus M1 von I1 in W1 sind, dann hat I2 in W2 auch alle mentalen Eigenschaften, die I1 in W1 hat.

In diesem regionalen Sinn können intentionale mentale Eigenschaften auf den physikalischen Eigenschaften der Individuen und auf den sozialen Eigenschaften ihrer Milieus supervenieren. Für individuelle Vorstellungen ist dies unmittelbar einsichtig. Sie sind das Produkt des jeweiligen Habitus eines Menschen und seiner Gesellschaft, wobei natürlich auch der Habitus gesellschaftlich geprägt ist, so dass sich die Frage stellt, ob es individuelle Vorstellungen überhaupt geben kann. Allein, wie seine Begriffswahl zeigt, ging es Durkheim lediglich um die Unterscheidung von privaten bzw. persönlichen Vorstellungen einerseits und sozialen Vorstellungen andererseits, die man auch gesellschaftliche bzw. öffentliche nennen kann. Tatsächlich erinnert seine Begriffswahl an die Entstehung der bürgerlichen Gesellschaft im absolutistischen Staat.[53] Dort war jeder in der Geheimkammer seines Gewissens frei, seiner persönlichen Vorstellung hinsichtlich eines Sachverhalts nachzuhängen. Als manche aus ihrer Privat-

---

51   Esfeld, *Philosophie des Geistes*, S. 144.
52   Ebd., S. 48.
53   Reinhart Koselleck, *Kritik und Krise. Eine Studie zur Pathogenese der bürgerlichen Welt*. Frankfurt am Main: Suhrkamp 1973; Jürgen Habermas, *Strukturwandel der Öffentlichkeit. Untersuchungen zu einer Kategorie der bürgerlichen Gesellschaft*. Darmstadt, Neuwied: Luchterhand 1982.

sphären heraustraten, sich in die Öffentlichkeit der bürgerlichen Gesellschaft begaben und sich hinsichtlich eines Sachverhalts einigten, entstand aus ihrer Verbindung eine soziale Vorstellung. In diesem Sinn lässt sich denn auch behaupten, dass kollektive Vorstellungen als eine besondere, nämlich intersubjektiv geteilte Art intentionaler mentaler Eigenschaften auf individuellen Vorstellungen supervenieren, auch wenn sie *als Vorstellungen* auf den letztlich physikalischen Eigenschaften der beteiligten Individuen und ihrer Milieus supervenieren.

Die kausale Wirksamkeit der Eigenschaften

Vorstellungen sind für Durkheim keine wirkungslosen „Epiphänomene".[54] Ihr Hinzukommen erschöpft sich in keiner „überflüssigen Wiederholung", keiner Art „unbegreiflichem Luxus", vielmehr muss das Supervenierende fähig sein, „Wirkungen zu erzeugen, die ohne es nicht erfolgen würden".[55] Diese Wirkungen betreffen Körper und Geist: „Keine Vorstellung tritt auf, ohne auf Körper und Geist einzuwirken."[56] Was die Einwirkung auf den Körper betrifft, spricht man von einer „*vom-Mentalen-zum-Physikalischen*-Verursachung".[57] Wenn etwa die Handlungsabsicht, die rechte Hand zu heben, dafür ursächlich ist, dass diese Hand hochgeht, dann ist diese Absicht ursächlich für physikalische Veränderungen bis hin zu Veränderungen der Positionen mikrophysikalischer Teilchen der Hand. Was die Einwirkung auf den Geist betrifft, spricht man von einer „*vom-Mentalen-zum-Mentalen*-Verursachung".[58] So kann eine Überzeugung ursächlich für die Absicht sein, in einer entsprechenden Weise zu handeln. Die Verursachung mentaler Eigenschaften durch mentale Eigenschaften führt freilich ebenfalls zu körperlichen Veränderungen bis hin zu Veränderungen der physikalischen Eigenschaften der Gehirnzustände, auf denen sie letztlich supervenieren. Wenn mentale Eigenschaften wirksam sind, dann sind sie es stets bis hinunter zu den fundamentalen physikalischen Eigenschaften.

Damit stellt sich allerdings das Problem des kausalen Ausschlusses, denn seit der Kritik von Gottfried Wilhelm Leibniz am Geist-Körper-Interaktionismus von René Descartes[59] muss das Prinzip der kausalen Vollständigkeit des physika-

---

54   Durkheim, Individuelle und kollektive Vorstellungen, S. 46-55.
55   Ebd., S. 53.
56   Ebd., S. 62.
57   Kim, *Philosophie des Geistes*, S. 139.
58   Ebd., S. 139.
59   Gottfried Wilhelm Leibniz, *Grundwahrheiten der Philosophie. Monadologie.* Frankfurt am Main: Europäische Verlagsanstalt 1962, S. 135 (§ 80); siehe dazu grundlegend David Papineau, The History of The Completeness of Physics, S. 232-256 in: David Papineau, *Thinking*

lischen Bereichs berücksichtigt werden, das sich in der Philosophie des Geistes weitgehend durchgesetzt hat. Diesem Prinzip zufolge gilt: „für alle physikalischen Veränderungen gibt es vollständige physikalische Ursachen, insofern es überhaupt Ursachen gibt".[60] Angesichts regionaler Supervenienz bedeutet das für die „vom-Mentalen-zum-Physikalischen-Verursachung" das Folgende: Die Absicht, die Hand zu heben, superveniert als mentale Eigenschaft m1 letztlich auf der physikalischen Eigenschaft p1 des beabsichtigenden Individuums und der sozialen Eigenschaft s1 seines Milieus, die als Handlungssubstrat auch eine physikalische Eigenschaft ist, so dass wir der Einfachheit halber von P1 sprechen können. Wenn nun m1 eine physikalische Eigenschaft p2 verursachen soll, beispielsweise die Veränderungen der mikrophysikalischen Teilchen der Hand, die sich durch deren Anhebung ergeben, dann gibt es dem Prinzip der kausalen Vollständigkeit des physikalischen Bereichs zufolge auch physikalische Eigenschaften, welche mit P1 identisch sein können, die p2 vollständig verursachen und damit m1 ausschließen. Diesen Sachverhalt kann man folgendermaßen abbilden, wobei der gepunktete Pfeil die Supervenienz und der fett gedruckte Pfeil die tatsächliche Verursachung darstellt:

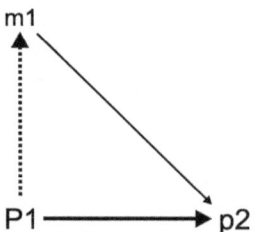

Bei der „vom-Mentalen-zum-Mentalen-Verursachung" ist der Zusammenhang komplexer. Wenn eine Überzeugung als mentale Eigenschaft m1 die Absicht, in einer entsprechenden Weise zu handeln, als mentale Eigenschaft m2 verursachen soll, kann sie dies angesichts der regionalen Supervenienz mentaler Eigenschaften auf letztlich physikalischen Eigenschaften und sozialen Eigenschaften nur dann, wenn sie auch deren Supervenienzbasis im Sinne einer hinreichenden physikalischen und sozialen Basis hervorbringt. m1 kann also m2 nur dadurch verursachen, dass es auch eine physikalische Eigenschaft p2 und eine soziale Eigenschaft s2 verursacht, wobei s2 als Handlungssubstrat auch eine physikali-

about Consciousness. Oxford: Oxford University Press 2002; siehe auch Esfeld, Philosophie des Geistes, S. 20-32.

60 Michael Esfeld, Kausalität, S. 89-107 u. 339-341 in: Andreas Bartels und Manfred Stöckler (Hg.), Wissenschaftstheorie. Ein Studienbuch. Paderborn: Mentis 2007, hier S. 104; siehe auch Esfeld, Philosophie des Geistes, S. 51 und Kim, Philosophie des Geistes, S. 165-166.

sche Eigenschaft ist, so dass wir der Einfachheit halber von P2 sprechen können. Dem Prinzip der kausalen Vollständigkeit des physikalischen Bereichs zufolge besitzt P2 nun aber vollständige physikalische Ursachen, die mit P1, auf dem m1 superveniert, identisch sein können. Indem P1 aber P2 verursacht, verursacht es auch das, was auf P2 superveniert, nämlich m2. Die physikalischen Ursachen P1 schließen folglich die mentale Ursache m1 aus. Diesen Sachverhalt kann man so abbilden, wobei die gepunkteten Pfeile die Supervenienz und die fett gedruckten Pfeile die tatsächliche Verursachung darstellen:

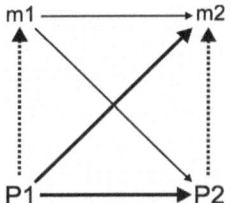

Eine solche „*vom-Mentalen-zum-Mentalen*-Verursachung" ist für die Beantwortung der Frage nach der Kausalität von Rechtsnormen von besonderem Interesse. Damit Recht wirken kann, müssen die Handelnden von der Verbindlichkeit einer Rechtsnorm überzeugt sein und ihren Zwang empfinden. Dann ist es wahrscheinlich, dass sie die Absicht fassen, in normkonformer Weise zu handeln. Die soziale Kausalität der Rechtsnorm braucht, wie gesagt, die mentale Kausalität handelnder Menschen. Sie hängt von dem Umstand ab, „daß eine ‚Rechtsordnung' empirisch, d. h. aber: als eine das Handeln von Menschen kausal mitbestimmende Vorstellung von etwas, das sein *soll*, als ‚Maxime' also, existent ist".[61] Das bedeutet im Einzelnen: Die intentionale mentale Eigenschaft, von der Verbindlichkeit der Rechtsnorm überzeugt zu sein (m1), muss ursächlich sein für die andere intentionale mentale Eigenschaft, nämlich die Absicht, in normkonformer Weise zu handeln (m2). Dass m1 eine kollektive Vorstellung ist, ändert daran nichts, da sie *als Vorstellung* ebenso wie individuelle Vorstellungen auf letztlich physikalischen Eigenschaften superveniert. Dasselbe gilt, auch wenn kein Milieu involviert sein muss, für die nicht-intentionale mentale Eigenschaft, den Zwang der Rechtsnorm zu empfinden (m1), die ebenfalls eine entsprechende Handlungsabsicht verursachen muss (m2).

Die Frage ist nun, wie mentale Verursachung angesichts des Prinzips der Vollständigkeit des physikalischen Bereichs konzipiert werden kann. Die plausibelste Antwort auf diese Frage ist die Identitätsthese, die von der Prämisse des

---

61 Weber, R. Stammlers „Ueberwindung der materialistischen Geschichtsauffassung, S. 347.

philosophischen Funktionalismus[62] ausgeht, dass alle chemischen, biologischen, mentalen und sozialen Eigenschaften funktional-kausale Eigenschaften sind. Diese Eigenschaften sind in der kosmischen Evolution als verschiedene Komplexitätsgrade von Konfigurationen von Vorkommnissen fundamentaler physikalischer Eigenschaften entstanden, die so beschaffen sind, dass sie auch die Wirkungen hervorbringen, welche die chemischen, biologischen, mentalen und sozialen Eigenschaften charakterisieren.[63] Die Identität dieser Eigenschaften mit den fundamentalen physikalischen Eigenschaften gewährleistet also ihre kausale Wirksamkeit. Was die mentale Verursachung betrifft, sind mentale Eigenschaften wie Überzeugungen und Empfindungen kausal wirksam, weil sie mit bestimmten, letztlich physikalischen Gehirnzuständen identisch sind.[64] Daher ist es sinnlos zu fragen, ob die Ursache ihre Wirkung qua mentaler (m) oder qua physikalischer Eigenschaft (p) hervorbringt: „Die Ursache ist mental qua physikalisch, nämlich dadurch, dass sie eine bestimmte, hochkomplexe Konfiguration von Vorkommnissen physikalischer Eigenschaften ist."[65] Folglich gibt es bei der „vom-Mentalen-zum-Mentalen-Verursachung" auch nur eine Kausalbeziehung zwischen m1 = P1 und m2 = P2. Diesen Sachverhalt kann man so abbilden, wobei m1 auf P1 und m2 auf P2 supervenieren:

$$m1 = P1 \longrightarrow m2 = P2$$

Eigenschaften als Kräfte

Mit welcher Art Eigenschaften haben wir es nun auf der fundamentalen physikalischen Ebene zu tun? Diese Frage lässt sich mit einem epistemologischen Argument beantworten, das sich schon bei Durkheim findet, der, wie erinnerlich, formulierte: „Selbst wenn also ein Phänomen dem Geist nicht deutlich vorstellbar ist, hat man gleichwohl nicht das Recht, es zu leugnen, sofern es sich durch

---

62 Jerry A. Fodor, Einzelwissenschaften. Oder: Eine Alternative zur Einheitswissenschaft als Arbeitshypothese, S. 134-158 in: Dieter Münch (Hg.), *Kognitionswissenschaft. Grundlagen, Probleme, Perspektiven*. Frankfurt am Main: Suhrkamp 1992.

63 Michael Esfeld, Mentale Verursachung und die neue Reduktionismus-Debatte in der Philosophie des Geistes, S. 25-40 in: Patrick Spät (Hg.), *Zur Zukunft der Philosophie des Geistes*. Paderborn: Mentis 2008, hier S. 35; siehe auch Michael Esfeld und Christian Sachse, *Kausale Strukturen. Einheit und Vielfalt in der Natur und den Naturwissenschaften*. Frankfurt am Main: Suhrkamp 2010; Michael Esfeld und Christian Sachse, Identität statt Emergenz. Plädoyer für einen konservativen Reduktionismus, in: Jens Greve und Annette Schnabel (Hg.), *Emergenz. Zur Analyse und Erklärung komplexer Strukturen*. Frankfurt am Main: Suhrkamp 2010.

64 Esfeld, Kausalität, S. 105.

65 Esfeld, Mentale Verursachung und die neue Reduktionismus-Debatte in der Philosophie des Geistes, S. 31.

fest umgrenzte Wirkungen ausdrückt, die ihrerseits vorstellbar sind und durch die es sich zu erkennen gibt."[66] Folgt man den grundlegenden Theorien der Physik – der Allgemeinen Relativitätstheorie und Quantentheorie –, dann gibt es auf der fundamentalen physikalischen Ebene metrische Relationen und Relationen der Zustandsverschränkung.[67] Was immer es damit im Einzelnen auf sich hat, sind jedenfalls die Zustandsverschränkungen nicht direkt beobachtbar. Dennoch nimmt man nicht nur an, dass sie sich in Experimenten zu erkennen geben, sondern geht auch davon aus, dass sie ursächlich sind für die beobachtbaren Phänomene, was eine bestimmte Konzeption von Kausalität impliziert: „Wenn man annimmt, dass die beobachtbaren Phänomene durch nicht direkt beobachtbare Entitäten kausal erklärt werden, dann setzt man voraus, dass es sich dabei um Kausalität nicht im Sinne bloßer regelmäßiger Korrelationen handelt, sondern um Kausalität im Sinne des Hervorbringens der beobachteten Phänomene durch die nicht direkt beobachteten Entitäten. Andernfalls bestände kein Grund, die nicht direkt beobachtbaren Entitäten anzuerkennen."[68]

Daraus folgt eine Konzeption von Kausalität, die metrische Relationen und Relationen der Zustandsverschränkung als „Strukturen" begreift, deren physikalische Eigenschaften „Kräfte" sind, weitere Eigenschaften derselben oder anderer Art hervorzubringen.[69] So gesehen können sie auch beobachtbare Phänomene mit Eigenschaften hervorbringen, die ihrerseits kausal wirksam werden, weil sie mit ihrer physikalischen Basis, auf der sie letztlich supervenieren, identisch sind, was es rechtfertigt, sie ebenfalls als Kräfte zu begreifen. Dies gilt demzufolge auch für Rechtsnormen. Insofern ihre funktional-kausalen Eigenschaften der Verbindlichkeit und Zwanghaftigkeit identisch sind mit Konfigurationen von Vorkommnissen fundamentaler physikalischer Eigenschaften, haben sie in einem nicht nur metaphorischen Sinne die Kraft, entsprechende Abläufe sozialen Handelns zu bewirken. Damit erweist sich die sowohl in der Umgangssprache als auch im juristischen Sprachgebrauch übliche Floskel der „Gesetzeskraft" als philosophisch begründbare Bezeichnung eines empirischen Sachverhalts, dessen weitere Klärung der rechtssoziologischen Effektivitätsforschung obliegt.

---

66 Durkheim, Individuelle und kollektive Vorstellungen, S. 66.
67 Michael Esfeld, *Einführung in die Naturphilosophie*. Darmstadt: Wissenschaftliche Buchgesellschaft 2002, S. 29-45, 46-72.
68 Michael Esfeld, *Naturphilosophie als Metaphysik der Natur*. Frankfurt am Main: Suhrkamp 2008, S. 161.
69 Ebd., S. 187; siehe auch Michael Esfeld, Die Metaphysik dispositionaler Eigenschaften, in: *Zeitschrift für philosophische Forschung* 62, 2008, S. 323-342; Sidney Shoemaker, Causality and Properties, S. 206-233 in: Sidney Shoemaker, *Identity, Cause, and Mind. Philosophical Essays*. Oxford: Clarendon Press 2003; Alexander Bird, *Nature's Metaphysics. Laws and Properties*. Oxford: Clarendon Press 2007.

Angaben zu den Autorinnen und Autoren

Stefanie Eifler, Professorin für Quantitative Methoden in den Sozialwissenschaften am Institut für Soziologie der Martin Luther-Universität Halle-Wittenberg. Forschungsschwerpunkte u. a.: Messen in den Sozialwissenschaften, Handlungstheorie, Soziologie sozialer Probleme. Publikationen u. a.: Evaluating the Validity of Self-Reported Deviant Behavior Using Vignette Analyses (in: *Quality & Quantity* 2007); Soziale Kontrolle im öffentlichen Raum (in: H.-J. Lange et al. (Hg.), *Auf der Suche nach neuer Sicherheit* 2008); *Kriminalität im Alltag. Eine handlungstheoretische Analyse von Gelegenheiten* (2009); Unterschiede zwischen subjektiven und objektiven Messungen von Zeichen öffentlicher Ordnung (in: M. Weichbold et al. (Hg.), *Umfrageforschung* 2009; mit D. Thume u. R. Schnell); Opportunities, Rational Choice, and Self-Control: On the Interaction of Person and Situation in a General Theory of Crime (in: *Crime & Delinquency* 2010; mit C. Seipel).

Doris Mathilde Lucke, Professorin für Soziologie am Institut für Politikwissenschaft und Soziologie der Rheinischen Friedrich-Wilhelms-Universität Bonn; von 1988-1996 Sprecherin der Sektion Rechtssoziologie in der Deutschen Gesellschaft für Soziologie (DGS). Forschungsschwerpunkte u. a.: Rechtssoziologie, Wissenssoziologie, Familiensoziologie, Akzeptanzforschung, Gender Studies. Publikationen u. a.: Rechtssoziologie, Familiensoziologie und Familienrecht. Eine Fallstudie am Beispiel einer Jahrhundertreform (in: H. Dreier (Hg.), *Rechtssoziologie am Ende des 20. Jahrhunderts* 2000); Doxa und Prudentia. Rationalitätenkonflikte und Kommunikationsprobleme als Paradoxien rechtlicher Professionalisierung (in: *Rechtstheorie* 2001); Germany (in: D. S. Clark (Hg.), *Encyclopedia of Law and Society* 2007); Die Augenbilde der Iustitia. Verschleierung im Recht (in: S. Sielke et al. (Hg.), *Perfekte Tarnung* 2010); Akzeptanz und Legitimation (in: J. Kopp u. B. Schäfers (Hg.), *Grundbegriffe der Soziologie* 2010). Seit 2000 Mitherausgeberin der *Zeitschrift für Rechtssoziologie*.

Karl-Dieter Opp, Professor Emeritus an der Universität Leipzig und Affiliate Professor an der University of Washington in Seattle. Forschungsschwerpunkte u. a.: Soziologische Theorie (bes. „Rational Choice"-Theorie), kollektives Handeln und politischer Protest, Normen und Institutionen, Methodologie der Sozialwissenschaften. Publikationen u. a.: *Methodologie der Sozialwissenschaften* (2005); *Region – Nation – Europa. Die Dynamik regionaler und überregionaler*

Identifikation (2006; mit K. Mühler); *Theories of Political Social Movements. A Multidisciplinary Introduction, Critique and Synthesis* (2009); Das individualistische Erklärungsprogramm in der Soziologie. Entwicklung, Stand und Probleme (in: *Zeitschrift für Soziologie* 2009); The Dynamics of Political Protest: Feedback Effects and Interdependence in the Explanation of Protest Participation (in: *European Sociological Review* 2010; mit B. Kittel).

Margret Rottleuthner-Lutter, Professorin für Soziologie mit dem Schwerpunkt Methoden der empirischen Sozialforschung und Statistik am Institut für Grundlagen der Gesellschaftswissenschaften der Goethe-Universität Frankfurt am Main. Forschungsschwerpunkte u. a.: Zeitreihenanalysen, Scheidungsforschung, Didaktik der Statistik. Publikationen u. a.: Evaluation einer legislativen Maßnahme. Ein Beispiel für den Einsatz von Zeitreihenanalysen in der Evaluationsforschung (in: *Zeitschrift für Soziologie* 1989); *Die Dauer von Gerichtsverfahren. Evaluation der ZPO-Vereinfachungsnovelle* (1990; mit H. Rottleuthner); *Gründe von Ehescheidungen in der Bundesrepublik Deutschland. Eine Inhaltsanalyse von Gerichtsakten* (1992); Die Entwicklung der Ehescheidung in Deutschland während der letzten 100 Jahre (in: W. Glatzer (Hg.), *Ansichten der Gesellschaft* 1999); Recht und Kausalität (in: M. Cottier et al. (Hg.), *Wie wirkt Recht?* 2010; mit H. Rottleuthner).

Hubert Rottleuthner, Professor für Rechtsphilosophie und Rechtssoziologie, seit 1975 Leiter des Instituts für Rechtssoziologie und Rechtstatsachenforschung am Fachbereich Rechtswissenschaft der Freien Universität Berlin. Forschungsschwerpunkte u. a.: empirische Rechtsforschung (Justiz-, Effektivitätsforschung), Recht im NS und in der DDR, theoretische Grundlagen des Rechts, Theorien der Gerechtigkeit und Ungerechtigkeiten. Publikationen u. a. *Foundations of Law* (2005); *Ein neuer Kampf der Religionen? Staat, Recht und religiöse Toleranz* (2006; mit M. Mahlmann); *Ungerechtigkeiten. Anmerkungen zur westlichen Leidkultur* (2008); *Karrieren und Kontinuitäten deutscher Justizjuristen vor und nach 1945* (2010); Recht und Kausalität (in: M. Cottier et al. (Hg.), *Wie wirkt Recht?* 2010; mit M. Rottleuthner-Lutter).

Hubert Treiber, Professor Emeritus an der Leibniz-Universität Hannover. Forschungsschwerpunkte: Rechtssoziologie, Verwaltungswissenschaft, Soziologische Theorie, Religionssoziologie, Wissenschaftsgeschichte. Publikationen u. a.: *Naturgesetz und Naturrechtsdenken im 17. Jahrhundert* (2002; mit G. Graßhoff); *Recht als Handlungsressource kommunaler Industrieansiedlungspolitik* (2005, mit L. Breunung); Der Eranos – Das Glanzstück im Heidelberger Mythenkranz? (in: W. Schluchter u. F. W. Graf (Hg.), *Asketischer Protestantismus und der*

Geist des modernen Kapitalismus 2005); Verwaltungsrechtswissenschaft als Steuerungswissenschaft – eine Revolution auf dem Papier? (in: *Kritische Justiz* 2007/08); Max Weber and Eugen Ehrlich: On the Janus-headed Construction of Weber's Ideal Type in the Sociology of Law (in: *Max Weber Studies* 2008); Herausgeber der *Gesammelten Werke* von Paul Rée (2004).

Gerhard Wagner, Professor für Soziologie mit dem Schwerpunkt Wissenschafts-theorie/Logik der Sozialwissenschaften am Institut für Grundlagen der Gesell-schaftswissenschaften der Goethe-Universität Frankfurt am Main. Forschungs-schwerpunkte: Philosophie der Sozialwissenschaften, Soziologische Theorie, Politische Soziologie und Kultursoziologie. Publikationen u. a.: Soziale Schäu-me. Zwischen Gemeinschaft und Gesellschaft (in: *Schweizerische Zeitschrift für Soziologie* 2006); *Eine Geschichte der Soziologie* (2007); Die Macht der Ehre. Eine Theorie und Methode zur Messung von Nationalprestige (in: P. Gostmann u. P.-U. Merz-Benz (Hg.), *Macht und Herrschaft* 2008; mit P. Gostmann); *Paulette am Strand. Roman zur Einführung in die Soziologie* (2008); *Communicating in the Third Space* (2009; mit K. Ikas); Herausgeber von Band I/7 *Zur Logik und Methodik der Sozialwissenschaften* der Max Weber-Gesamtausgabe.

Register